本书由农业科学创新工程经费资助出版

Study on Modern Agriculture
Demonstration Area Planning and
Financial Support Mobilization

现代农业示范区规划
建设和金融支持研究

王济民 等◎著

中国财经出版传媒集团

经济科学出版社
Economic Science Press

前　言

自 1978 年以来，我国农业持续发展并为总体经济发展做出了重大贡献，但是，农业生产及农村居民生活水平仍落后于工业生产和城市居民生活水平。农业基础设施不足且较为脆弱，技术发展及使用水平低，自然资源及环境的限制使农业发展面临更多挑战。同时，农业部门急需掌握现代化技术和经营模式以扩大生产规模，发展产业链及加强食品安全。农业现代化被认为是保障食品安全、发展农村经济和缩小城乡差距的基本途径。

为加快现代农业发展，中央提出"创建国家现代农业示范区"，以现代产业发展理念为指导，以新型农民为主体，以现代科学技术和物质装备为支撑，采用现代经营管理方式，引导向现代农业转型，促进全国实现农业现代化，并取得了明显效果。为充分发挥国家现代农业示范区在促进全国农业现代化中的作用，亚洲开发银行启动了现代农业示范区规划建设和金融支持研究，本书即是这项研究成果的集中体现。全书内容安排如下：第一，总结了我国农业现代化发展现状、典型模式，提出了推进农业现代化的政策建议；第二，对制约现代农业发展的重大因素展开深入研究，通过示范区调研摸清现代农业示范区金融供需状况，总结了典型融资模式，提出了政策建议；第三，为充分发挥规划在现代农业发展中的引领和指导作用，对现代农业示范区在规划编制中存在的问题进行了梳理，并提出若干解决办法；第四，广泛收集国外农业发达国家在利用金融和规划手段促进现代农业发展的典型做法和经验，为我国制定现代农业发展政策提供参考；第五，对研究成果进行了系统总结，提出利用金融和规划促进现代农业发展的总体政策建议。

本书是现代农业示范区规划建设和金融支持研究项目的集体智慧结晶。该项目由中国农业科学院农业经济与发展研究所王济民研究员任组长，主要负责项目的总体设计、组织协调、项目总结和政策建议，中国农业科学院农业经济与发展研究所蒋和平研究员负责中国农业现代化进展与政策专题、中国农业科学院农业经济与发展研究所夏英研究员负责中国现代农业发展金融支持研究专题，农业农村部农村社会事业发展中心詹慧龙研究员负责国家现代农业示范区规划编制与实施情况专题，浙江大学中国农村发展研究院、国际食物政策研究所北京办事处陈志钢研究员负责农业现代化金融支持的国际经验专题，中国农业科学院农业经济与发展研究所王济民研究员负责利用规划和金融支持手段加快农业现代化的建议专题。目前，项目已经结项，为了进一步扩大项目研究成果的影响，让更多人了解研究项目的内容、结论和建议，在中国农业科学院农业科技创新工程经费的资助下，我们决定将此研究成果编辑出版，希望能为进一步深化现代农业发展研究、科学制定农业现代化政策、加快农业现代化步伐起到积极的促进作用。

王济民

2020 年 10 月

目 录

第 2 篇 中国现代农业发展金融支持研究

第 5 篇　利用规划和金融支持手段加快现代农业
示范区实现现代化的建议

第 ① 篇
中国农业现代化进展与政策

实现全面建成小康社会及我国农业现代化发展的战略目标，需高度重视农业现代化对我国农业现代化发展和农村经济的重要推动作用。我国农业现代化进入新的发展时期，正面临新的任务和新的挑战。在此背景下，本篇对中国农业现代化进展进行了研究，对我国现代农业发展现状进行深入的分析，分析了我国现代农业发展取得成效，以及在发展过程中存在的问题。归纳和总结我国现代农业示范区成功的六种典型发展模式，研究了如何继续完善各种农业政策，深化农村改革，走出一条高质高效的新型农业现代化发展的道路。

第 *1* 章

中国现代农业发展现状
与存在的问题

1.1 中国现代农业的发展现状

1.1.1 主要农产品数量与质量快速提高

保障农产品生产是中国现代农业发展面临的首要问题。自 20 世纪 70 年代末农村经济体制改革以来，我国农业增长极为迅速。以联合国粮农组织（FAO）净农业生产指数[①]衡量，1961～1978 年中国农业产出增长最为平稳，年均增长率为 1.9%，但是，1978～2012 年，年产出增长率达到 4.0%，作物产量年均增长率为 3.2%，尽管畜产品起点较低，但以年均 5.8% 的高速度增长。近十年中，人均农业产出增速有所下滑，但仍达到 3% 的年均增长率，比全球 1.7% 的增长率高出近一倍（见图 1-1）。

中国粮食产量（谷物、粗粮）从 1978 年的 3.05 亿吨增加到 2012 年的 5.9 亿吨，增长了 93%；同期棉花产量增加 2 倍，油料作物产量增加 5 倍，糖料作物产量增加 4 倍，水果产量增长达到 34 倍；尽管耕地面积有所下降，但由于单产和复种指数的增加，作物产量仍取得了相当规模的增长；在此期间，小麦的单产年均增长 2.3%，玉米单产年均增长 1.7%，水稻单产年均增长 1.2%，大豆单产年均增长 1.2%。复种指数[②]从 20 世纪 80 年代中期的 1.4

---

① FAO 的农业生产指数表示与 2004～2006 年基准期相比的每年农业生产总量的相对水平。

② 复种指数：总播种面积与总耕种面积的比例关系。

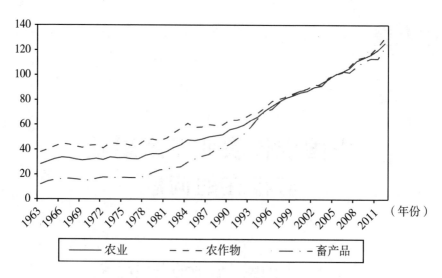

图 1 - 1　1963 ~ 2012 年中国农业生产指数变化情况
资料来源：粮农组织统计数据库，http://faostat.fao.org。

上升至 2012 年 1.8;[1] 畜产品与水产品的产量也有大幅增长，与 1978 年相比，肉类产量增长了 8 倍（见图 1 - 2）。

1.1.2　农业产业结构不断调整

新中国成立以来，特别是经过改革开放 40 多年的发展，中国农村产业结构调整取得了历史性成就。此前，在新中国成立后至改革开放之间的近 30 年时间里，中国农村就业结构几乎没有什么大的变化[2]，呈现"超稳定的局面"，改革开放以后，中国的乡镇企业、农村服务业蓬勃发展，进入"农业人口向第二、第三产业大规模转移的阶段"[3]，现代农业产业结构发生本质改革，突出反映在城镇化率，三大产业就业结构、三大产业产值比重、农业产业内部结构调整、农民人均纯收入及其家庭收入构成上。

据国家统计局资料，在城镇化率上，1952 年，中国的城镇率仅 10.6%，1978 年中国城镇率上升到 17.9%，2013 年，中国城镇率达到 53.7%；在

---

① 中国科学院遥感与数字地球研究所，《2013 年全球农情遥感速报》。
② 王苗苗. 求解我国现代农业发展面临的困境 [J]. 新农村, 2011 (4)：53, 55.
③ 张德元. 试析我国农村剩余劳动力的转移 [J]. 安徽农业大学学报（社会科学版），2001 (1)：15 - 16.

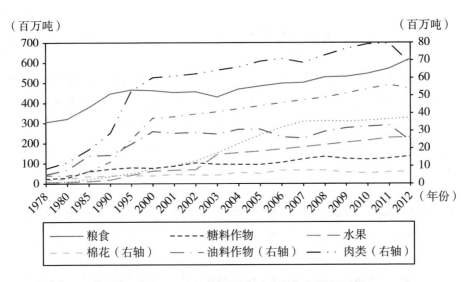

图 1 - 2　1978 ~ 2012 年中国主要农产品产量变化情况

资料来源：粮农组织统计数据库，http：//faostat. fao. org。

三大产业就业人口中，1952 年，中国从事第一产业的劳动力占全国比重为
93.29%，非农产业劳动者包括乡村党政群管理人员只占 5.08%，1978 年，
中国从事第一、第二、第三产业的劳动力比重调整为 70.5%、17.3%、
12.2%，2013 年，三产就业比重结构进一步调整为 31.4%、30.1%、
38.5%；在三大产业产值比重上，1978 年改革开放之初，中国国民生产总
值中，农业总产值占 28.2%，工业总产值占 47.9%，第三产业总产值
23.9%，2013 年，三大产业的产值比重为 10.0%、43.9%、46.1%；在整
个农业总产值中，1978 年，传统农业占 80.0%，林业占 3.4%，牧业占
15.0%，渔业占 1.6%，2012 年，传统农业下降至 52.5%，林业上升至
3.9%，牧业上升至 30.4%，渔业上升至 9.7%；在农民人均年收入上，
1978 年，中国农民人均年纯收入为 134 元，2013 年，中国农民人均纯收入
达到了 7907 元；随着农业产出份额降低，农业收入在农民家庭收入所占份
额也有所降低，中国改革开放初，中国农民家庭纯收入来自传统农业的大
约在 90%，2013 年，农民家庭生产纯收入来自传统农业下降至 43%，来
自非农产业的占 45%。①

---

① 陆学艺. "三农"新论——当前中国农业、农村、农民问题研究 [J]. 南方农业，2014
(8).

1.1.3　现代农业技术体系基本形成

中国实施改革开放以来，努力加强现代农业基础设施和现代农业技术体系建设，农业机械化水平和农田水利、交通、通信等现代农业基础设施条件得到了显著的提高。1978～2012 年，农业机械化程度提高了 7 倍之多，2012 年，大中型农用拖拉机、水稻收割机和玉米联合收割机数量分别为 490 万台、510 万台和 230 万台，小麦、水稻和玉米机械化播种与收割率提高了 55%；灌溉与水利基础设施也有了显著的改善，2011 年，中国有效灌溉面积达到了 6168 万公顷，较 1978 年增加了 37%，① 灌溉与水利设施的建设与完善提高了抵御自然灾害的能力，为保障中国现代农业生产能力打下了坚实的基础。

通过多年的努力建设，中国已初步形成了包括现代农业生物育种和良种繁育技术、高效缓释肥料施用技术、高效节水浇灌技术、设施和工厂农业生产技术、农产品深加工技术、高效病虫害综合防治技术等系列现代农业技术体系，开创了现代农业发展新格局。农业配套基础设施的完善，倾向于依靠科技提高劳动生产率的外部政策环境，以及增加农业产量和生态效益的基础设施的完善，使农业发展方式发生了转变。2012 年，中国农业科技进步贡献率达到了 54.5%，与农业改革初期的 27% 相比翻了一倍②。随着杂交稻、杂交玉米、杂交油菜籽和抗虫转基因棉等核心技术的突破，一些重大的农业技术领域已经在全球形成了竞争优势，农作物良种覆盖率超过 95%，③ 农业科技有效地提高了农产品抗病抗虫害能力，减少了作物和牲畜损失。通过科研创新，农业和可再生资源得到了优化配置，促进了可持续发展和资源节约利用。

---

① 吕炜，张晓颖，王伟同. 农机具购置补贴、农业生产效率与农村劳动力转移 [J]. 中国农村经济，2015 (8).

② 许世卫. 经合组织—粮农组织 2013—2022 年农业展望 [M]. 北京：中国农业科学技术出版社，2014.

③ 詹琳，陈健鹏. 全球现代种业的演进轨迹——基于三大跨国种业公司成长视角 [J]. 农业经济与管理，2014 (5).

1.2　中国现代农业发展存在的问题

1.2.1　传统农业产业结构特征明显

第一，农业生产率仍然偏低。2010 年，美国拥有耕地 24.45 亿亩，农业就业人口只有 284.6 万人，从事农业生产经营的劳动力的人均耕地 859 亩。按照 18 亿亩耕地和 2.52 亿农村劳动力计算，中国人均耕地只有 7 亩，美国现在农民人均拥有土地面积是中国未来城市化率达到 70% 时的 129 倍。[①] 大量人口束缚在农村小块耕地上，农业比较劳动生产率只有工业的 9% ，商品率只有 60% ，[②] 农村人口自然就业、农业生产和就业特征还处在较为典型的传统农业状态。

第二，农村产业内部结构不合理。农村产业结构是促进农村经济增长、实现城乡融合的关键。改革开放以来，中国农业年产值占国民经济总产值比重呈现下降趋势。但是，2000 年以后，从农村地区非农产业内部来看，农村地区三产比重变化不大，基本在 1∶2∶1.2 的水平上波动（见图 1 - 3），与之相关的就业结构也没有发生较大改变。农村"三大产业"之间的结构、比例仍然需要进一步调整。

第三，农业内部仍然呈现粮猪为主的特征。粮猪为主的农业结构是中国传统农业长期选择的结果。20 世纪 50 年代初，粮猪产值占全国农业总产值的比重约为 78% ，1980 年为 70.42% ，1990 年初，这个比重下降到 54% ，2005 年初基本保持在 22% 左右。[③] 这说明中国的农业结构仍然是以"粮食种植业为主，并辅以家庭肉猪饲养的局面"。由于这两种产品的附加值较低，在现代农业进程中，这种内部结构是工农两大产业的结构断层，与社会需求结构、就业结构、收入结构的协调发展日益产生矛盾的重要原因。

---

① 简新华. 中国土地私有化辨析 [J]. 当代经济研究，2013（1）.

② 王亚华，苏毅清. 乡村振兴——中国农村发展新战略 [J]. 中央社会主义学院学报，2017（6）.

③ 李丹，马彪. 基于"猪粮比"区间优化模型的生猪价格指数保险探究——以黑龙江省生猪市场价格为例 [J]. 价格理论与实践，2016（6）.

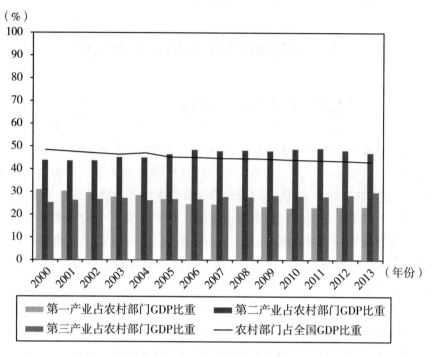

图 1 – 3 2000 ~ 2013 年中国农村地区产业结构情况
资料来源：《中国农村经济形势分析与预测（2013—2014）》。

1.2.2 现代农业市场机制不健全

目前，中国除了粮食主产区的农业生产方式呈现出明显的集约化、规模化与产业化特点，全国大部分地区的农业生产仍然以劳动密集型的小规模经营为主，机械化水平较低、单位耗能高、生产效率低，又面临国际与国内两个农业市场的夹击，不能有效地组织其农业生产，使得大多数农产品的生产具有盲目性，从而出现部分农产品产量年际间出现较大波动的情况。以中国粮食生产为例，1996 年以后粮食年产增长率每次达到高峰后，紧接着都会出现大幅度的产量下跌。每次下跌产量都在 300 万 ~ 1000 万吨，且都要经过若干年才能恢复到原来的产量水平，并且在后两次达到高峰后，立刻就产生了遍及全国范围的农民卖粮难问题，全国各地都程度不同地出现了仓库胀满、粮食积压、无处调运以及粮价跌落的情况，接着就是第二年的产量猛跌。直到 2004 年国务院实施粮食最低收购价格之后，中国的粮食产量变动才逐年恢复平衡状态（见图1-4）。

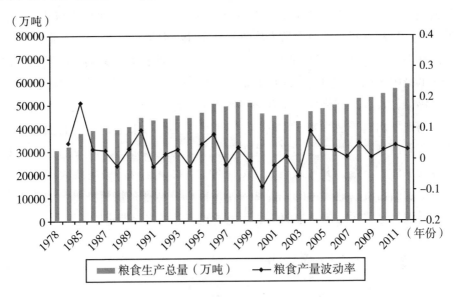

图1-4　1978~2012年中国粮食产量变动

资料来源：《中国统计年鉴》（1997~2013年）。

1.2.3　现代农业面临资源环境问题

由于长期受人多地少、农业生产技术落后的限制，中国的农业发展往往以追求农产品数量增长为主。在水资源方面，中国的淡水资源总量为28000亿立方米，占全球总量的6%，人均占有量只有2300立方米，仅为世界平均水平的25%，其中，农业用水约占全社会用水总量的72%。但是，农业灌溉用水利用率只有25%~40%，比农业发达国家低25~30个百分点；每立方米水粮食生产率1.0公斤左右，而发达国家灌溉水利用率约70%~80%，每立方米水粮食生产率在2.0公斤以上，许多地区农用水供需矛盾十分突出。[①]在耕地资源上，中国耕地资源面临人口压力大、总体质量不高以及土壤退化严重等问题。由于城市化发展与工业、交通运输等建设占地，农业结构调整，以及局部地区生态恶化，造成从20世纪50年代中期以来，中国耕地总面积

---

① 李卫华. 农业节水灌溉技术［J］. 农村新技术，2014（3）.

持续下降，1957 年，中国耕地面积为 1. 56 亿公顷，[①] 到 2013 年锐减为 1. 35
亿公顷，净减少 0. 21 亿公顷，平均年递减 37 万公顷。[②] 在耕地面积减少的情
况下，人口却逐年增加，导致人均耕地从 1949 年的 0. 26 公顷，下降到 2013
年的 0. 10 公顷，仅为世界平均水平的 1/2，已接近有关专家测算的维持温饱
的最低极限——人均耕地 0. 10 公顷的水平。[③] 其中，相当数量耕地受到中、
重度污染，大多不宜耕种；还有一定数量的耕地因开矿塌陷造成地表土层破
坏、因地下水超采已影响正常耕种。[④] 在农业生产污染上，中国农业污染量
占全国总污染量（指工业污染、生活污染及农业污染的总和）的 1/3 ~ 1/2，
已成为水体、土壤、大气污染的重要来源。[⑤] 农业自身污染主要表现为化肥
污染、农药污染、地膜污染、畜禽粪便污染以及秸秆焚烧污染等，农业生产
自身导致的这些污染已对中国生态环境的健康发展构成严重威胁。

[①]　傅超，郑娟尔，吴次芳. 建国以来我国耕地数量变化的历史考察与启示 ［J］. 国土资源科技
管理，2008（6）.
[②]　关于第二次全国土地调查主要数据成果的公报 ［EB/OL］. 中华人民共和国中央人民政府官
网，2013 – 12 – 31.
[③]　宋小青，吴志峰，欧阳竹. 1949 年以来中国耕地功能变化 ［J］. 地理学报，2014（4）.
[④]　聚焦土地整治：污染不容乐观 利用效率普通不高 ［EB/OL］. 人民网，2015 – 06 – 26.
[⑤]　刘桂平，周永春，方炎，尚琪，陈洁. 我国农业污染的现状及应对建议 ［J］. 国际技术经济
研究，2006（4）.

第 2 章

现代农业示范区建设典型模式分析

2.1 粮食生产带动型模式

2.1.1 粮食生产带动型模式的内涵

粮食生产带动型模式是指围绕提高粮食生产能力，以政府为主导，积极制定和落实强农惠农政策，大力推广和应用农业新技术，积极推进农业机械化；以农民专业合作组织为主要载体，推进土地规模经营；以农业龙头企业为核心，拉长以粮食为主导的产业链条；以培育种粮大户、农机大户为重点，提高农民的经营能力和整体素质。在实现粮食稳产高产的基础上，粮食主产区通过以粮养牧、以粮兴工、以粮活商、以粮强市等多种渠道，使粮食发展带动畜牧业、农产品加工业和商贸流通业的发展，促进农业增效、农民增收和农村进步共赢（见图 2 – 1）。

2.1.2 粮食生产带动型模式的特点

（1）种植结构调优，保证粮食持续稳定增产。按照把粮食生产作为示范区主导产业的发展思路，进一步明确了"增水稻、扩玉米、稳大豆、调优经济作物"的种植结构调整方向。2013 年，富锦市总播种面积 570 万亩，其中粮豆薯种植面积 544 万亩，经济作物 24.61 万亩；粮食总产预计超过 60 亿斤。①

---

① 本章数据均是课题组 2013 年实地调研取得。

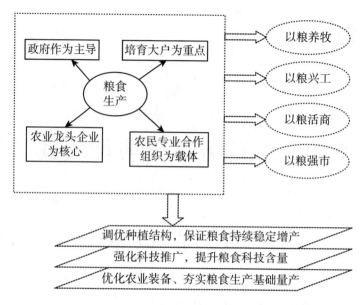

图 2 - 1　粮食生产带动型模式（以黑龙江富锦市为例）

（2）农产品加工企业的辐射带动作用明显加强。2012 年，富锦市农业产业化龙头企业达到 17 家，2010 年，龙头企业实现销售收入 7.2 亿元，带动产业化上规模、上档次、上效益，极大提高了农产品的仓储、加工和物流水平。

（3）强化科技推广，提升粮食产出的科技含量。作为全国首批粮食高产创建整县整建制推进试点县和水稻增产模式攻关试点县，截至 2012 年底，富锦市集中建设了 30 个高产创建万亩示范区；同时，建成各级科技示范园区 26 个，全部成为标准化程度高、科技含量高、辐射带动作用强的现代农业示范基地。通过实施农业部高产创建、标准粮田建设、测土配方施肥等项目，2013 年，承担省、地、市的试验、示范、推广项目 50 余项，农业先进技术应用达到千万余次。

2.1.3　粮食生产带动型模式取得的成效

（1）科技化水平不断提高。富锦市建成比较完善的市、镇、村三级农技推广网络，新成果、新技术转化、推广速度快，2012 年，全市农业科技贡献率达到 54%，标准化覆盖率达到 86%，优良品种普及率保持在 100%。全市水稻集中育秧小区和大棚总数分别达到 112 个和 3.2 万栋,大、中、小型水稻智能催芽车间达到 12 个,水稻催芽单批处理能力达到 2000 吨,可为 100 万亩水稻育苗提供芽种。

(2) 机械化程度不断增强。截至 2012 年底,富锦市共组建千万元大型现代农机合作社 11 个,购入 100 马力以上拖拉机 110 多台,农具 300 多台套,玉米、水稻等联合收割 103 台,大大提高了全市农机装备水平,全市农机总动力达到 72 万千瓦,大、中、小型拖拉机保有量 3.6 万台,农机田间作业综合机械化程度达到 91%。

(3) 农村经济发展活力增强。2013 年,富锦市土地流转面积达到 110 万亩,土地规模经营面积达到 400 万亩,分别占市属 570 万亩总耕地面积的 19.3% 和 70.2%。各类专业种植合作社和家庭农场在春耕生产期间发挥了示范引导和主力军作用,极大地提高了农业生产的组织化程度。全市农业保险面积达到 133.8 万亩,投保金额达到 401.4 万元,进一步提升了种植业的抗风险能力。

2.1.4　粮食生产带动型模式的适用范围

以黑龙江富锦市为代表的粮食生产带动型模式适用于以粮食生产为主导的现代农业示范区,同时对示范区内粮食的种植规模、农田基础设施、农业机械化水平以及粮食产业化发展均有一定要求。特别适合在中国的东北、黄淮海、长江中下游、西南和西北地区等主要粮食产区推行,特别是三江平原、松嫩平原、辽河平原、华北平原以及江汉平原等具备粮食生产基础良好的国家现代农业示范区进行快速推广。具体而言,主要包括以下三个方面内容。

(1) 示范区内基本形成粮食连片种植带,2012 年底,全市规模化面积占示范区内总耕地面积 85% 以上,主要粮食品种规模化种植水平达到 90% 以上;示范区内不同粮食品种布局合理,向优势产区集中,形成如水稻优势生产区、小麦优势生产区、玉米优势生产区等。

(2) 示范区内农业基础配套设施完善,2012 年底,全市标准农业田率达到 60% 以上,有效灌溉率达到 80% 以上,其中,旱涝保收率达到 75% 以上,综合机械化率达到 80% 以上;具备粮食新品种选育、配方施肥研究等研究能力;拥有农业气象服务、自然灾害防治和服务保障。

(3) 示范区粮食产业化体系基本建立,2012 年底,富锦市粮食加工总值占地方食品加工总值60%以上；农产品质量安全监管体系健全，"三品一标"认证产品占总耕地面积的40%以上；配置完整的粮食物流体系、配套农机购销、信息咨询和中介服务等配套辅助产业体系等。

2.2 金融服务带动型模式

2.2.1 金融服务带动型模式的内涵

金融服务带动型模式是指以金融支持为载体，建立和完善金融组织体系、支付体系、信用体系、保险体系、担保体系、基础金融服务体系"六大体系"，逐步破解农民贷款难、银行放贷难、农村支付结算难等农村金融服务问题。加大财政投入，重点扶持打造农业特色产业，积极培育有效金融需求主体，带动农户脱贫致富，促进现代农业经济的快速增长和农民收入的稳步提高（见图2-2）。

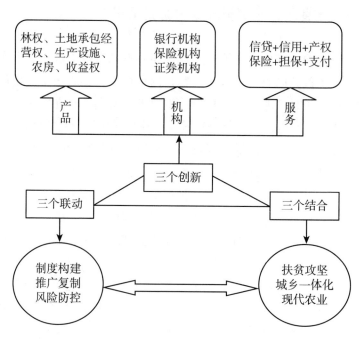

图2-2 金融服务带动型模式（以广西田东县为例）

2.2.2　金融服务带动型模式的特点

（1）进行金融机构、服务及产品的创新。首先进行机构创新。2012 年田东县引进国海证券股份有限公司并成立广西首家农村产权交易平台——田东县农村产权交易中心，2013 年组建 2 家小额贷款公司。截至 2012 年底，全县拥有银行金融机构 9 家，非银行金融机构 18 家，银行机构网点 45 个，银行网点和保险网点覆盖全部 10 个乡镇，金融机构种类齐全度位居广西县域首位，形成银行机构、保险机构、证券机构横向联动、服务城乡的立体格局。其次是产品创新。田东县于 2012 年在全国六个同类试验区中首创出台《开展农村产权抵押贷款试点工作的意见》，引导银行机构开展农村产权抵押贷款业务，全县开展林权、土地承包经营权、生产设施、农房、收益权等抵押贷款，突破了"银行放贷难，农民贷款难"的"瓶颈"。同时，积极鼓励金融机构开发金融产品。2012 年，全县各种涉农信贷、保险产品达 37 个，覆盖农业、农村及各个生产环节。最后是服务创新。构建以较小额度财政投入为撬动的"一室一权一评级，保险、担保加支付（体系）"的农村金融服务体系，形成金融服务"三农"的长效机制，形成可复制、易推广、能持续的"田东模式"的基本框架。

（2）金融改革创新与制度构建、推广复制、风险防控联动。一是改革创新与制度构建联动。建立了试验区工作联席会议制度，先后制定和出台了多份制度文件，形成"政府机构推动，金融机构参与，农民群众主体，社会力量协作"的运行机制。二是改革创新与推广复制联动。"农金村办"模式、农民资金互助社、贫困农户互助组、小额信用贷款、特色保险产品等受到广大农民群众的热烈欢迎。三是改革创新与风险防控联动。通过建立涉农贷款奖励机制、构建农业担保体系、建立风险补偿机制等，田东县加大对县投融资平台公司、担保机构、小额贷款公司的监管力度，有效分担金融机构服务"三农"的风险。

（3）农村金融改革与扶贫攻坚、发展现代农业、城乡一体化相结合。一是农村金融改革与扶贫攻坚工作相结合。田东县根据河谷四镇及两翼山区发展实际，立足县情，构建"特色产业＋合作社＋信用评级＋信贷＋保险＋担保"的金融扶贫模式。2013 年累计向扶贫龙头企业、贫困村发放扶贫贷款2.3 亿元。二是农村金融改革与发展现代农业相结合。田东县于 2012 年 12

月建立了广西首家农村综合产权交易中心，通过引进广西北部湾产权交易所进驻田东，拓展了产权交易领域，有效地解决了实现土地规模化经营与农业农村发展的资金问题。三是农村金融改革与城乡一体化相结合。发挥财政资金的撬动作用，鼓励银行金融机构给予新型城镇化项目信贷支持，利用农村产权抵押融资投入新农村建设、新型农民社区、城中村改造、村级活动场所建设等。

2.2.3　金融服务带动型模式取得的成效

（1）土地流转加快。田东县出台了《田东县农村土地承包经营权流转奖励暂行办法》和规模化立体种养奖励措施，依托田东县农村产权交易中心，有效促进了农村土地的有序流转。2013 年，新增土地流转面积 1.5 万亩，促进了农村土地向规模经营主体集中，全县土地适度规模经营比重达 33.5%，比 2012 年增加 3.9 个百分点。

（2）农村金融改革走在全国前列。田东县于 2012 年提出了率先在全国实现城乡金融服务"均等化"的目标，构建村级"三农"金融服务平台，形成了"金融服务室＋信用评级＋农村产权＋信贷＋保险＋支付工具"的农村金融服务模式，把金融服务向村屯一线延伸，逐步实现县域金融普惠。截至 2013 年 10 月末，全县存款余额 72.35 亿元，涉农贷款余额 53.48 亿元，增长 22.63%。

（3）新型农业经营体系初步建成。截至 2012 年底，田东县 16 家龙头企业的年销售收入达 28.3 亿元，增长 15.5%，销售收入过亿元的达到 4 家。推动发展"龙头企业＋合作社＋基地＋农户"的经营模式，龙头企业带动农户4.5 万户，带动农户增收 2.1 亿元，增长 16.6%。2013 年，新增农民专业合作社 30 家，全县现有农民专业合作社 195 家，全县有国家级示范合作社 1家，自治区级示范合作社 11 家，带动农户 3.26 万户，合作社社员户年人均纯收入比非社员户增收 600 元左右。

2.2.4　金融服务带动型模式的适用范围

以广西田东县为代表的金融服务带动型模式，以金融手段破解农业经营规模小、投入分散、融资难、风险大等制约"瓶颈"，通过整合财政与金融部门资源，搭建试点平台，构建了财政引导、金融支持、保险保障、订单营销"四位一体"的农业发展新机制，该模式基本适用于全国绝大多数现代农业示范区，可通过建立农业信贷投入增长激励机制、健全农业融资服务体系、创新农业金融服务产品、改善农业金融服务方式，使示范区具备金融服务拉动发展的基本条件。

（1）建立农业信贷投入增长激励机制，包括综合运用税收措施、费用补贴、增量奖励、以奖代补、奖补结合、绩效考核等激励政策，鼓励金融机构增加涉农贷款投放，同时研究设立农业风险补偿基金，对农业担保贷款损失或担保费予以补偿或补贴。

（2）健全农业融资服务体系，加快建立以政策性银行、商业银行和农村中小金融机构为主体，以农业投融资担保机构为重点，以农民资金互助合作社为补充，以农业信用体系建设为保障的农业融资服务体系。

（3）创新农业金融服务产品，引导金融机构大力开发"三权"（农民土地承包经营权、宅基地使用权、集体收益分配权）抵押、农机具抵押贷款、订单、仓单、保单、应收账款等质押贷款，根据农业生产周期合理确定贷款期限，满足示范区生产主体的融资需求。

（4）改善农业金融服务方式。推进有关金融机构开展农业贷款流程再造，适当降低新型经营主体贷款门槛、简化贷款手续、优化贷款期限结构，为新型经营主体提供高效便利的融资服务。

2.3　龙头企业带动型模式

2.3.1　龙头企业带动型模式的内涵

龙头企业带动型模式是指由龙头企业作为现代农业开发和经营主，本着"自愿、有偿、规范、有序"的原则，采用"公司＋基地＋农户"的产业化组织形式，向农民租赁土地使用权，将大量分散在广大农民手中的土地纳入企业的经营开发活动中，在基地进行农业科技成果推广和产业化开发，以此推动农业综合开发和现代农业建设（见图 2-3）。

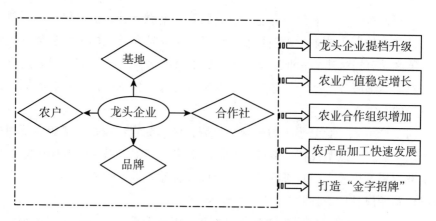

图 2-3　龙头企业带动型模式（以湖北监利县为例）

2.3.2　龙头企业带动型模式的特点

（1）以基地为依托，建设"第一车间"。立足资源优势，加大财政扶持，引导新型经营主体参与土地流转，建设优质水稻板块基地，推进标准化生产。以企业为龙头，增强"动力引擎"。坚持把做大做强龙头企业作为推进农业产业化的首要任务来抓，以龙头企业为核心，上联市场，下联合作社或农户，延长产业链，提高整体效益。

（2）以合作组织为桥梁，编织"坚韧纽带"。积极发展专业组织，鼓励引导农民成立专业合作社，采取"公司+合作社+基地+农户"模式运作，通过市场带龙头、龙头带基地、基地连农户，使农民与市场对接。以品牌为核心，打造"金字招牌"，完善农业质量标准体系和产品质量检测检验体系。

（3）农业科技广泛应用。一是整县推进水稻高产创建。2013 年，监利县完成省级水稻高产创建万亩示范片 33 个，面积 33.8 万亩，平均亩增产 25 公斤，亩节支增收 100 元。二是水稻生产机械化率达到 68%，其中机耕机种，机收机械化率达 100%。三是农业信息服务加强，综合利用媒体传播农业技术和农产品产、供、加、销等信息，加强了农业生产全程化服务。

2.3.3　龙头企业带动型模式取得的成效

（1）农业产值稳定增长。2012 年，监利县粮食播种面积 268.5 万亩，总产量 136.1 万吨，比 2011 年粮食总产 133.9 万吨增加 2.2 万吨，增长 1.6%；农产品加工业快速发展，2012 年，全县农产品加工业产值达 181 亿元，比 2011 年增长 38.17%。

（2）龙头企业提档升级。2012 年，截至 2012 年底，监利县共有农业产业化龙头企业 63 家，粮食加工企业占 50%，其中，国家级 1 家，省级 14 家，市级 20 家，基本形成粮食深加工、森工、纺织服装、水产品加工、油料加工、畜禽养殖及加工六大优势产业体系。

（3）农村专业合作社组建加快。2013 年，监利县组建的农民专业合作社组织发展到 420 家，其中，粮食生产合作社占 50% 左右，比 2011 年 86 家增加 252 家。2012 年获得国家级示范合作社 1 家，部级示范合作社 10 家，省级示范合作社 5 家，6 家获得市优秀合作社，18 家评为县级示范合作社，还涌现出福娃三丰水稻合作社等大型集中育秧联合社以及周老嘴镇胡杨村整村转化为合作社的优秀合作社。

2.3.4 龙头企业带动型模式的适用范围

以湖北监利县为代表的龙头企业带动型模式，通过农产品加工带动，以工业化理念和信息化手段加快推进示范区农业现代化，同时也创造了"四化同步"发展的崭新模式。由一家大型龙头企业或者龙头企业联合体带动整个示范区的现代农业发展的典型案例，还包括了广东新兴县依托著名的温氏集团、内蒙古科尔沁依托科尔沁牛业等，具体而言，推广这一模式的现代农业示范区一般具备以下四个特点。

（1）具有很强的区域生产带动性。龙头企业或者企业联合体通过订单收购等方式，采购示范区内的原料占其总产出的 50% 以上，或者生产基地占示范区耕地总面积 50% 以上。

（2）具有很强的区域就业带动性。龙头企业或者企业联合体为示范区内提供了占总劳动人口 40% 以上的就业岗位。

（3）具有很强的区域经济带动性。一般采用这一模式的现代农业示范区内的龙头企业或者企业联合体均处于较快的成长期，增长总值对示范区整体经济增长的贡献率达到 30% 以上。

（4）具有很强的城乡整合带动性。整个示范区在此种模式下，政府与企业作为共同投入主体，城镇、园区与新农村同步建设，加强了示范区的城乡一体化。

2.4 园区带动型模式

2.4.1 园区带动型模式的内涵

园区带动型模式是指立足于本区域耕地资源的约束和农业经济发展基础较好的优势，从农业的功能定位出发，以园区为抓手，以发展粮食生产和发展高效、精品、外向型农业为两个主线，以打造精品农业为主要目标，通过政府引导、企业运作，大力推进标准化生产和集约化经营，创新农业经营体制机制，充分聚集资金、人才、信息等先进生产要素的优势，突破耕地资源的约束，形成信息化、优质化和品牌化的现代农业辐射源，引领现代农业发展（见图 2 −4）。

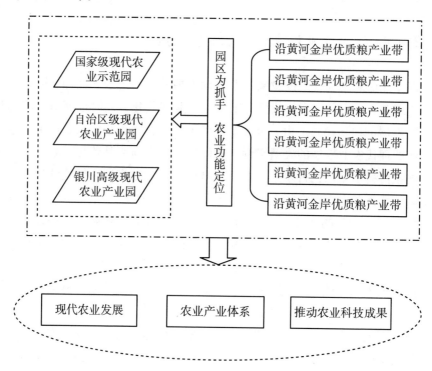

图 2 −4　园区带动型模式（以宁夏贺兰县为例）

2.4.2 园区带动型模式的特点

（1）优化特色产业布局。依据贺兰县地理特征及"一优三特两新"产业发展，进一步优化农业产业功能区规划。在已形成的沿黄河金岸优质粮产业带、沿汉延渠、唐徕渠系蔬菜产业带、沿艾依河适水产业带、沿贺兰山东麓草畜产业带、沿正源北街休闲农业产业带六大优势产业带的基础上，2013 年又明确了农作物制种和花卉苗木的产业布局，着力推进优势特色产业向规模化经营、标准化生产方向迈进。

（2）农业产业体系更加完善。一是推进园区化集聚，截至 2012 年底，贺兰县累计建成国家级现代农业示范园 3 个，自治区级现代农业产业园 7 个、银川市级现代农业产业园 6 个，园区建设规模达 12 万亩，园区产值占全县农业总产值的 40%。二是推进多元化发展，大力发展都市休闲观光农业。2013 年，贺兰县新建续建月亮湾等高标准休闲农庄 6 家，创建国家级休闲观光农业示范点 1 个，自治区级 1 个。三是扶持壮大制种产业。2013 年，依托敦煌种业、宁夏科丰、西夏种苗、宁夏天荣等企业，发展优质粮及瓜菜制种 8.02 万亩。

（3）推进农业科技成果引进转化。贺兰县率先引进水稻膜下滴灌和水稻钵育摆栽技术，2013 年，建立水稻膜下滴灌技术示范园区 3 个，示范总面积 2000 亩；落实水稻钵育摆栽技术示范点 4 个，完成大田示范面积 2000 亩；率先开展南美白对虾淡化养殖，实施养殖面积 1300 亩。开展与韩国金海市峰下村在有机水稻生产方面的学习交流，举办韩国有机农业培训班。建立粮食、瓜菜病虫害专业化统防统治示范区 15 个；建立测土配方施肥示范点 20 个，累计推广测土配方施肥 42 万亩。获得手机短信远程遥控智能养殖设备和手机短信遥控蔬菜大棚智能控制设备 2 项中国新型实用型专利。

2.4.3 园区带动型模式取得的成效

（1）现代农业发展水平显著提升。2013 年，贺兰县实现农业总产值 27 亿元，全县粮食播种面积 50.2 万亩，建设沿黄有机水稻转换基地 4.7 万亩；设施农业总面积 12 万亩，总产量达到 105 万吨。

（2）新型经营主体发展壮大。2013 年，贺兰县培育发展家庭农场 16 家，新培育农民专业合作组织 20 家，全县农民专业合作社累计达到 130 家，其中，各级农民示范社达到 49 家，会员总数 16100 人，农户入社率达到 42.2%；新培育区级龙头企业 8 家，市级龙头企业 4 家，壮大提升优秀龙头企业 7 家，其中销售收入过亿元的企业达到 7 家。

（3）农业社会化服务体系不断完善。2013 年，贺兰县实施科技项目对接 25 个，按照"一个现代农业示范园区、一个合作组织、一名首席专家、一个技术服务团队"的要求，将科技人员固定到 40 个现代农业示范园区，创新性地开展"农技人员领办经营主体"的技术推广模式，全区参与科技承包 116 人，参与科技承包的比例达到 81.7%，经过一年的努力，全县"一优三特"产业良种化率达到 95.5%。

2.4.4 园区带动型模式的适用范围

宁夏贺兰县以园区带动现代农业示范区发展的模式，适用于产业结构多样，致力于打造小范围精品农业的示范区采用。

（1）分类指导、重点突破、梯次推进。结合"统一规划、突出重点、分步实施"的示范区总体建设原则的前提下，根据不同园区、不同区域自然禀赋和经济基础，进一步优化示范区内的农业产业布局，因地制宜、分类指导，强化不同园区优势农产品的建设。

（2）坚持经济、社会、生态效益协调发展。以园区为推进的精品农业，更加注重生态建设和农业环境的保护，优化配置生产要素，树立绿色、循环、精准、低碳发展理念，产品更倾向于绿色、有机。

（3）农业科技发挥更大的支持作用。园区模式多发展立体、生态、循环农业，相对于传统农业，对科技提出更高要求，需要组建专家服务团，为农民提供立体生态种养全程技术培训和服务，并采用标准化管理等新技术。

2.5 工商资本带动型模式

2.5.1 工商资本带动型的内涵

浙江为促进产业集聚、探索农业生产经营新机制，引导那些已经完全或在很大程度上离农的非农户和以非农收入为主的兼业小户，在保留承包经营权的基础上，尽快离土，并通过多种措施，保障其从事土地经营的一般收益，真正实现"留权、离地、得利"。通过鼓励成立村级土地合作社，推进土地承包权流转，引导整村、整组将土地承包经营权向种养大户、农民专业合作社以及农业企业公司流转，进而形成了"小承包，大经营"的运行模式，从而推动了示范区内农业主导产业的"区域化、集聚化"。示范区建设坚持"谁投资、谁经营、谁受益"的原则，以专业大户、农民专业合作社、农业龙头企业为建设主体，积极引导工商企业参与园区建设和经营（见图 2 - 5）。

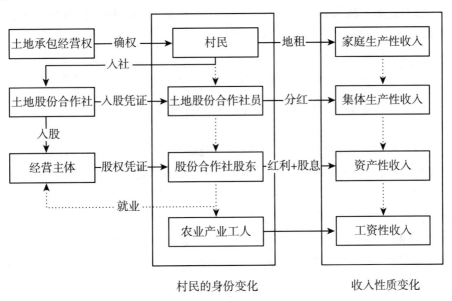

村民的身份变化　　　　收入性质变化

图 2 - 5　工商资本带动型模式（以浙江为例）

2.5.2　工商资本带动型模式的特点

（1）突出资金整合，抓优化推进。把提高现代农业设施装备水平作为示范区建设的重点措施和重要标志之一，积极发挥示范区建设的平台作用，整合各类资金、项目，组织开展旱涝保收高标准农田建设，改善农田基础设施，大力发展设施农业，加快推进农业装备化、机械化、设施化，为提高示范区建设水平奠定重要的物质基础。

（2）突出平台建设，抓示范推进。粮食生产功能区和现代农业园区"两区"建设是浙江发展现代农业的主抓手、主平台，各示范区把创建成国家现代农业示范区作为农业"两区"建设的重要目标，把"两区"建设作为推进示范区建设的重要内容，形成了点面结合、互促互进的良好格局，为浙江"两区"建设和现代农业发展发挥了重要的示范引领作用。

（3）突出机制创新，抓改革推进。积极抓好新型主体培育、社会化服务、土地流转、科技服务等领域创新，统筹推进家庭农场和农民专业合作社发展，加大土地适度规模流转和社会化服务，建立完善基层农技推广、农产品质量安全和动植物疫病防控"三位一体"公共服务体系建设。示范区积极发挥各自优势，深入推进改革创新，通过合作联合和品牌营销两条腿走路，逐步建立"农民专业合作社＋基地＋农户"等生产经营模式和规模化、品牌化的产业发展模式。

2.5.3　工商资本带动型模式取得的成效

（1）促进了粮食生产稳步发展。围绕确保粮食安全，浙江各示范区把发展粮食生产作为示范区建设的首要任务，大力推进粮食生产功能区建设，加快"千斤粮万元钱"等新技术、新模式示范应用，有效改善了粮食生产条件，稳定了面积，提高了产量和效益，为浙江粮食生产稳定发展提供了示范和保障。2012 年，浙江水稻最高田块亩产达到 1014.3 公斤、百亩产达到 963.65 公斤，2013 年，全省早稻平均亩产 415.3 公斤，连续两年位居全国第 1 位。

（2）促进了主导产业集聚提升。浙江各示范区以高效生态农业为目标，深入推进各类产业园区建设，有力促进了主导产业的区域化布局、集聚化、生态化发展，为浙江提供了学习的样板。2013 年，8 个示范区共建成各类园区 252 个，其中现代农业综合区 12 个，建成个数和质量在全省领先，诸暨市、湖州市、婺城区 3 个示范区先后被省政府确定为全省农业"两区"建设现场会地点。在示范区带动下，全省农业产业集聚度进一步提高，农业十大主导产业占农业总产值比重接近 80%，保持了持续健康稳定增长态势。

（3）促进了新型主体快速成长。围绕促进农业规模化、标准化生产，家庭农场等农业新型主体快速发展，农业产业化组织带动能力和辐射效应进一步提升。2013 年，浙江经工商登记的家庭农场 7174 家、农民专业合作社

33914 家、省级以上农业龙头企业 439 家，其中 8 个示范区分别为 1572 家、4574 家和 75 家，占全省的 21.9%、13.5% 和 17.1%。"龙头企业 + 合作社 + 基地 + 农户"等经营模式进一步完善，浙江市级以上农业龙头企业实现销售收入 818.6 亿元，带动种植业基地 1183.3 万亩，分别较 2012 年同期增长 6.9% 和 4.1%。累计流转土地 855 万亩，占家庭承包耕地总面积的 44%。

（4）促进了农民收入较快增长。2012 年，萧山区等 8 个国家现代农业示范区实现农业总产值 631.7 亿元，带动浙江农林牧渔总产值稳定增长，全省实现农林牧渔总产值 1086 亿元、增加值 679.9 亿元，同比分别增 2% 和 2.4%。农民来自家庭生产经营、工资等收入保持较快增长，8 个示范区农民人均纯收入达 17988 元，超过全省农民人均纯收入 3436 元，是全国农民人均纯收入的 2.3 倍。

2.5.4　工商资本带动型模式的适用范围

以浙江湖州市为代表的工商资本带动型模式，更适用于社会经济发展程度相对较高，工商企业具有反哺农业能力和动力的东南、华南等沿海地区的国家现代农业示范区，以及内地一些资源型工业区的现代农业示范区，如山西的运城、陕西的延安。基本上，工商资本大量介入现代农业发展的基本前提主要包括以下五个方面。

（1）设施装备优良。园区内基础设施完善，道路畅通、排灌方便、用电便捷，农田（地）有效灌溉率基本达到 100%、旱涝保收率 90% 以上。先进农业设施和机械装备应用广泛，主要生产环节的机械化率 80% 以上。

（2）技术模式先进。园区内农作制度合理，种养模式先进，土壤基本无障碍因子，生态环境优良。资源节约、环境友好型技术广泛应用，生产过程基本无污染，农业废弃物资源化利用水平高，主导品种、主推技术普及率高，良种覆盖率达 100%，农业科技贡献率 70% 以上。

（3）产品优质安全。园区内全面实行标准化生产，农业投入品、农产品质量安全检测手段完善，农产品产地准出制度、质量可追溯制度全面推行。农产品通过无公害农产品认证率达到 100%，每个园区至少形成 1 个省级以上名牌农产品称号。

（4）经营机制创新。园区内经营以农业龙头企业、农民专业合作社、专业种养大户、家庭农场为主导，产业要素集聚，农业生产规模化、组织化、产业化水平较高，经营机制灵活高效，农村土地承包经营权流转率达40%以上（山区达20%以上）。产业布局合理，经营方式创新，农业生产、加工、营销、服务、休闲观光等协调发展。

（5）管理服务到位。园区建设管理责任落实，管理运行制度完善。园区内水利设施产权明晰，管理到位。园区所在乡镇农业公共服务体系健全，农技推广、动植物防疫、农产品质量监管机构人员落实；农业社会化服务体系发展良好，农资经营、农机作业、病虫防治、动物诊疗、产品营销等基本实行专业化服务。推行首席农技专家对口联系，农技指导员和责任农技员任务明确、职责到位。

2.6　集体经济推动型模式

2.6.1　集体经济推动型的内涵

以姜堰区为代表的江苏广大地区，引导农民将土地承包经营权向村级组织集中流转，再通过公开竞标的方式，发展规模以上的农场来推广农业适度经营，由此形成"适度规模农场模式"。政府鼓励和支持以村级为单位成立经营性农业服务组织，参与良种示范、农机作业、抗旱排涝、沼气维护、统防统治、产品营销等服务，通过成立生产各环节的专业合作社及"全程托管"式的一站式服务合作社来完成示范区的社会化服务体系，再通过公开招标的方式将土地交给个人或企业进行生产，并由政府或村级机构进行统一的经营管理，中间不涉及土地经营权的"二次流转"。

2.6.2　集体经济推动型模式的特点

（1）加快平台建设，将载体优势转变为资源集聚优势。把现代农业示范区作为平台，积极整合资源，加强招商引资，将农业园区打造成推动农业现代化建设的引擎：一是整合集聚财政投入，将现代农业、高效设施农业等资金向国家现代农业示范区、省级现代农业产业园区倾斜；二是整合落实扶持政策，将国家、省对农业发展出台的税收优惠、人才培养、设施农业用地等扶持政策，在示范区集中兑现，营造良好的政策氛围，更好地促进示范区建设；三是强化招商引资，充分利用示范区良好的投资环境和基础设施，积极开展招商引资，吸引培育农业企业、农民专业合作组织、种养大户等各类投资主体投资建设，不断改善示范区生产条件，进一步加快示范建设进度。

（2）加强示范带动，将点的示范转变为面的普及。一是加强大规模的产业基地建设，围绕优势主导产业和优势特色产业，在示范区内建设了一批规模化产业基地。二是加强现代科技成果推广普及。示范区建设依托科研教学单位，加强服务体系建设，强化公共服务平台建设，推动科技成果在示范区的转化应用。三是加强一区多园建设，把经过认定的省级现代农业产业园区作为国家现代农业示范区的核心区，并根据产业特点和区域布局，在重点乡镇打造一批特色园区，形成一区多园格局。

（3）加强机制创新，将生产关系调整转变为现实生产力。一是积极培育现代农业新型竞争主体，加大种养大户、农民专业合作社、农业龙头企业等市场竞争主体的扶持与培育；二是积极探索土地集中经营的新形式，对单宗土地流转达到 1000 亩以上的，每亩补贴 100 元；三是积极发展多种形式农业适度规模经营，因地制宜，积极发展土地集中型、合作经营型、统一服务型等农业适度规模经营，不断提高农业的组织化水平。

2.6.3　集体经济推动型模式取得的成效

（1）农业综合生产能力显著提升。2011 年，江苏粮食总产达 661.6 亿斤，实现新中国成立以来首次"八连增"，位居全国第 4。全省粮食单产414.6 公斤，创历史新高。示范区单产水平在全省位居前列，海安县粮食平均亩产 539.2 公斤，全省排名第 1 位。

（2）农业设施装备水平显著改善。2013 年，江苏全省高效设施农业和高标准农田面积分别达到 861.2 万亩和 2894.2 万亩，占耕地面积比重分别达12.2% 和 41%。农业生产综合机械化水平达 74%。示范区旱涝保收标准农田、设施农业面积分别为 673.17 万亩和 252.8 万亩，同比分别增加 53.3 万亩和 45.5 万亩。高标准农田比重、农作物耕种收综合机械化水平分别达到49% 和 81.39%，分别比全省高 8% 和 7.39%。

（3）转变农业发展方式显著加快。2013 年，江苏农业适度规模经营面积达 3453 万亩，占耕地面积比重 49%。农民专业合作社工商登记数达到 4.4 万个，登记成员 562 万户，农民合作社登记数、入社农户比例、社均成员数、出资额四项关键指标均居全国第 1 位。示范区农业适度规模经营比重为 61.0%，比全省高 12%。农民参加农民合作社的比重为 63.2%，比全省平均高 15.7%。昆山、太仓、无锡等示范区土地流转补贴每亩达到 300~400 元。

（4）农民收入增幅显著提高。2011 年，江苏农民人均纯收入 10805 元，同比增长 18.5%，城乡居民收入之比为 2.44∶1，是全国城乡居民收入差距较小的省份之一。示范区的农民人均纯收入为 13628 元，比全省增加 2823 元，其中昆山最高达 20002 元，无锡、相城、太仓均在 15000 元以上。

2.6.4 集体经济推动型模式的适用范围

江苏姜堰区处于江苏中部地区，经济发展在整个江苏处于中游水平，通过集体经济推动现代农业示范区发展的模式，特别适用于同属集体经济为主体的广大农垦地区。同时，姜堰区对于农民大量转移到第二、第三产业并稳定就业的地区和对还没有实现劳动力大量转移的地区采取了不同的生产组织形式，这一点也非常符合农垦区的发展现状。除了农垦区以外的中国其他现代农业示范区，集体经济推动型模式也值得在村级集体经济组织实力较强的现代农业示范区推行。

第**3**章

国内典型国家现代农业示范区
农业政策分析

3.1 土地流转政策分析

土地流转是实现农业规模化经营和高效发展的基础，国家现代农业示范区正是通过建立合理的土地流转制度，提高土地流转效率，创新土地流转模式，解决土地流转的后续问题，在深入推进土地承包经营权确权登记颁证工作的基础上，不断探索土地租赁方式，并出台农村土地承包经营权流转相关政策文件和奖励政策，同时建成土地流转服务大厅，做好土地流转服务工作。

3.1.1 土地流转模式多样化

宁夏贺兰县国家现代农业示范区重点创新推广村集体集中整村流转、农民专业合作社、龙头企业、专业大户、家庭农场租赁经营、土地股份合作和土地银行、土地信托流转模式。2012 年，全县新增土地流转面积 5.66 万亩，累计达 20.7 万亩，占总承包面积的 36.3%。[①]

3.1.2 土地流转类型差别化

以昆山市为代表的苏南现代农业示范区按照"统一大规划、各级重投

---

① 本章数据均是课题组 2013 年实地调研取得。

入、目标大产业、做成大手笔"的建设思路,将示范区分为高效农业园区(包括水产养殖与特色蔬果种植)与优质粮油基地。其中,高效农业园区用地一般由镇政府进行集中流转,由政府负责园区内的基础设施与生产设施配套,再招聘农业企业或者合作社等进行生产,由镇农技服务中心负责管理和经营;优质粮油基地用地则由各镇成立"农地股份合作联社"负责流转,按照"包工定产"的方式进行生产。两种方式均不涉及土地的"二次流转",从而构建了"农地管理"的新体系,形成了苏南地区的"集体合作农场"模式。

张浦镇现代农业示范园项目由苏南昆山市镇级农技服务中心(由基层种植、畜牧、水产、农机服务站合并)负责完成土地流转,政府承担租金与园区内商秧千亩梨园、昆山益群蔬菜基地等项目的基础与生产设施建设,向社会公开招标生产企业,并由镇农技服务中心负责管理和经营。

锦溪镇是昆山市的粮食主产区,2012年该镇成立"锦溪镇农地股份合作联社",将长云村土地股份合作社、袁甸村土地股份合作社和孟子浜村土地股份合作社3000亩流转土地纳入统一管理,由社长负责,以200～300亩为单位,选拔队长2～3名,进行实际生产作业工作。"锦溪镇农地股份合作联社"作为农村流转土地的实际管理机构,制定全镇的生产方案,建立奖惩机制,克服了因土地"二次流转"后使用性质的改变而导致农民利益受损的弊端,引导广大农民实现新的合作,推动土地适度规模经营向更高层次发展,进一步提升农民组织化程度,减少生产经营成本,从而实现了对土地经营权施行"二次联合",推动农业生产要素"二次优化"。

3.1.3　土地流转租金证券化

湖州市吴兴国家现代农业示范区在农村土地流转中创新"米票"("粮票")机制,努力让更多的农民成为"股民"、获取更多财产性收入,从而有效调动农民参与改革的主动性、积极性,保障村集体与村民的合法权益,促进集体经济的发展与农民持续增收。

"米票"("粮票"),就是在农村土地流转中,承租土地的经营主体以发放一定量的大米(粮食)提货券作为土地租金付给流出土地的农民,农民既可以凭票领米(粮食),也可以作价现金结算,是对当前"实物计价、货币结算"土地流转补偿模式的一种继承与创新。吴兴尹家圩粮油植保农机专业合作社是吴兴区一家以粮食生产为主、实现了产前、产中、产后一条龙全程机械化服务的国家级示范性农民专业合作社。在 2009 年建立之时，合作社理事长孙梅金创新提出"米票"发放机制，即以每亩发放 350 斤大米提货券作为土地流转租金。合作社与农户约定，每斤大米保底售价 2 元，可随国家粮食定价作只涨不跌的变动；农户凭合作社制作的"米票"到合作社领取大米；"米票"可在流转土地的农户间转让。"米票"发放机制给流转土地的农民带来了可自主选择租金实现方式、减轻日常仓储压力、减少粮食加工费用与损耗等多方面益处，保障了土地的长期稳定流转。截至 2013 年月 1 月，合作社已累计发放米票 140 万斤，流转土地从开始的 800 亩增加到约 3400 亩。

3.1.4　土地流转程序规范化

广西田东县国家现代农业示范区从 1999 年起就开始探索以租赁方式进行土地规模经营。按照自愿、有偿、规范、有序的原则，由村委牵头与承包方签订合同，划出连片土地，统一租金，将土地租赁给民营企业、个体老板开办种植场、养殖场、加工场等。2012 年 12 月，田东县成立广西首家农村产权交易中心，出台了《农村产权交易管理办法（暂行）》。该中心开展农村产权（包括林权、土地承包经营权、农业生产设施所有权、农村房屋所有权等 11 类）交易信息发布、产权交易鉴证、产权抵押贷款、农村资产评估、农业项目投融资、政策法规咨询等一条龙服务，规范了农村产权交易行为，促进了农村资产保值增值，解决了农民贷款难、农村资产变现难的问题。截至 2013 年，新增土地流转面积 1.5 万亩，促进了农村土地向规模经营主体集中，全县土地适度规模经营比重达 33.5%，比 2012 年增加 3.9 个百分点。

3.1.5　土地流转合同资产化

湖北监利县国家现代农业示范区由单一的政府主导向政府带动社会组织参与转变，实行两条腿走路，研究土地流转合同金融产品，拓宽资产抵押范围，发展合同质押，从而盘活农民房屋、宅基地、责任田等资产。通过实行机制创新，利用国开行的扶持政策，搭建四台一会的农业发展融资平台，2012 年底前，已组建了担保服务平台和管理平台。同时，加强了金融机构与新型农村经营主体的对接，开始了农村土地流转合同抵押融资的试点工作，邮储银行支持土地流转大户——11家集中育秧工厂，开展农业生产全程化服务工作，取得了良好的成效。

3.2　规模化经营政策分析

国家现代农业示范区在坚持家庭经营在农业基础性地位的前提下，推进家庭经营、集体经营、合作经营、企业经营等共同发展的经营方式创新。发展壮大村集体经济，开展以承包经营权入股发展农业产业化经营模式，鼓励承包经营权在公开市场上向专业大户、家庭农场、农民合作社、农业企业流转，发展多种形式规模经营，从而创新农业组织制度，构建新型农业经营体系。

3.2.1　支持农业产业化龙头企业做强做优

广西田东县国家现代农业示范区认真贯彻落实关于发展扶持农业龙头企业的一系列方针政策，以引进大型农业龙头企业和培育本地企业相结合的发展思路为指导，切实推进农业产业化发展，通过不断加强招商引资、政策倾斜、资金保障，努力推进农业两个根本性转变。截至2012年底，全县拥有市级以上农业龙头企业9家，其中，自治区区级龙头企业1家，市级龙头企业8家。2012年，9家龙头企业的总销售收入为24.4亿元，销售收入过亿元的达到4家。龙头企业带动农户4.3万户，带动农户增收1.8亿元。在龙头企业的带动下，田东县农业产业化经营因地制宜，充分发挥挖掘各乡（镇）、村的资源潜力，大力发展具有区域特色的优势产业，并积极推进田东农业产业化发展和助农增收致富奔小康。

3.2.2　提升壮大农民专业合作社

浙江台州市现代农业示范区大力发展农业合作经营，通过合作联合和品牌营销两条腿走路，逐步建立"农民专业合作社＋基地＋农户"等生产经营模式和规模化、品牌化的产业发展模式，培育出了"小羽"牌法国鹅肝、

"三门"青蟹等享誉国内外市场品牌，品牌覆盖率达 71%。宁夏贺兰县国家现代农业示范区自 2012 年起，每年从县财政拿出 110 万元对当年成功创建为国家及区、市、县级示范社的农民专业合作社给予以奖代补，鼓励了当地农民的组织化经营发展，2013 年，全县新培育农民专业合作组织 20 家，全县农民专业合作社累计达到 130 家，其中，各级农民示范社达到 49 家，占 37.7%，会员总数 16100 人，农户入社率达到 42.2%。黑龙江富锦市国家现代农业示范区通过政策扶持、典型示范等措施，帮助和引导各乡镇兴办各类具有当地特色的农民专业合作组织，逐步形成了"一镇一业，一村一品"的经济发展格局，截至 2013 年底，全市共登记农民专业合作社 497 家，成员总数 4672 人；其中，长安镇漂筏农机合作社 2013 年社员发展到 389 户，带地入社面积达到 2.17 万亩，耕地统一经营，全部种植玉米。2012 年，社员每亩分红 275 元，加上保底收入每亩 350 元，每亩纯收益达到 625 元，比当地不入社农户亩均增收 220 元。2013 年，合作社又新增社员 52 户，社员带地入社面积达到 2.51 万亩，并为周边农户代耕作业 6 万多亩。

3.2.3　大力培育专业种养大户与家庭农场

国家现代农业示范区结合地方农业发展现状，通过引入现代农业企业及其经营理念，积极培育专业种养大户与家庭农场。广西田东县 2012 年共引进 326 个私营工商企业进入田东县投资发展规模种植业，培育了规模种植户 200 多户，建成年出栏肉猪 100 头以上的规模场 80 个，林下养鸡集中区 38 个，林下养鸡万羽养殖大户 500 多户；浙江慈溪市现代农业示范区积极培育家庭农场等新型主体，目前全市经工商登记家庭农场有 1117 家，其中，经营面积 50 亩以上 506 家，总经营面积超过 14 万亩，成为浙江家庭农场的发源地，全国家庭农场五大范本之一。

3.2.4　积极探索农产品产销对接新模式

国家现代农业示范区举办各种农产品产销活动，引导农产品生产企业（合作社）走出去与各大城市经销商进行产销合作。浙江三门县农业示范区按照因地制宜、相对集中的原则，提出了自东部沿海到西部山区分别为"东部沿海蓝色渔业区、中部平原高效农业区、西部山区绿色生态农业区"的空间布局，通过"养殖改法、蔬菜改季、水果改种"等多种途径，对具有明显开发优势和市场潜力的农产品加以重点扶持、改造和培育，挖掘开发出锯缘青蟹、缢蛏、小白虾、脐橙等近百种具有品牌潜力的特色优势农产品；指导农业企业制定商标发展战略，组织参加各级优质农产品展示展销活动，采取"政府引导、部门配合、企业参与"的办法，整体包装、捆绑式运作，提升产品知名度、美誉度。广西田东县引进的香蕉种植企业——田东盛茂农业科技有限公司通过政府牵线搭桥，与北京三成果业有限公司签订了产销协议，公司负责标准化种植、采收和包装，北京三成果业负责销售，香蕉从产地采收包装后就可运输到北京三成果业冷库加工催熟后直接供应给北京市的大中型超市、水果大卖场、大学城、高档社区等。

3.3　基础设施建设政策分析

国家现代农业示范区把提高现代农业设施装备水平作为示范区建设的重点措施和重要标志之一，并积极发挥示范建设的平台作用，整合各类资金、项目，组织开展旱涝保收高标准农田建设，改善农田基础设施，大力发展设施农业，加快推进农业装备化、机械化、设施化，为提高示范区建设水平奠定重要的物质基础。

3.3.1　加强田间工程建设，大规模建设高标准农田

国家现代农业示范区内正在建设一批集中连片、设施完善、技术集成、高效生态的旱涝保收标准农田，从而促进示范区改善农业基础条件，发展生态农业，提高农业信息化水平，形成打造优质农产品生产基地和农业技术集成化应用示范基地。江苏国家现代农业示范区内高标准农田建设比重达56%，比全省平均提高8点百分点，农业综合机械化水平达85.2%，比全省平均高出9.2个百分点，2012年，省内10个国家现代农业示范区粮食总产162.2亿斤，占全省24.1%，示范区内有4个县市达到"亩产吨粮县"标准，数量占全省50%，其中，海安县、泰州市两个示范区粮食单产分别位居以县、市为单位全省第1位；高效设施农业面积占耕地面积比重达18.8%，比全省平均高出4.9个百分点。

3.3.2　提升农业技术装备，大面积推广机械化作业

国家现代农业示范区坚持用现代装备和手段夯实发展现代农业的设施基础和装备保障。截至 2012 年底，黑龙江省内 8 个国家现代农业示范区新组建千万元农机合作社 87 个，千万元农机合作社总数达到 160 个，购置大型农机具 97064 台套，全程机械化作业面积达到 1323.5 万亩。浙江现代农业示范区围绕强化农业科技及装备支撑，大力推进基层农业公共服务体系建设，深入实施农机化促进工程。广西田东县重点推广水稻、甘蔗种植和收获环节机械化技术，全面推动全县重点作物重点环节机械化技术的推广，2012 年，全县农业机械总动力为 31.55 万千瓦，农作物耕、种、收综合机械化水平 40.91%，比 2011 增加 3.1 个百分点。

3.3.3　大力发展设施农业，加快农业转型升级

国家现代农业示范区的建设重要任务之一便是促进设施农业发展，推进蔬菜、水果、茶叶、花卉等园艺产品集约化、设施化生产，适应农业规模化、精准化、设施化等要求，加快开发多功能、智能化、经济型农业装备设施，重点在田间作业、设施栽培、健康养殖、精深加工、储运保鲜等环节取得新进展。2013 年，广西田东县新建水稻育秧大棚 11285 栋、智能化催芽车间 45处，建设区域水稻生产全部实现了智能化、工厂化、机械化作业；新建蔬菜大棚 43275 栋、日光节能温室 7516 栋；建成现代示范奶牛场 102 个、标准化养猪场 187 个。农业设施装备水平的提高，不仅加速了田东县现代化大农业建设进程，而且有效增强了抵御自然灾害能力。江苏现代农业示范区高效设施农业面积占耕地面积比重达 18.8%，比全省平均高出 4.9 个百分点，苏式日光温室、标准钢架大棚等高档次设施比重不断提升，物联网等现代信息技术得到广泛应用。

3.3.4　整合基础设施投入资金，多元化投资渠道

国家现代农业示范区按照统筹规划，以重点建设任务为依据，按照现行专项资金渠道，进一步深化改革、转变职能、创新机制，按照"渠道不乱、

用途不变、专款专用、提高效益"的原则,整合财政、发改、农业、水利、土地、农发、畜牧等部门分散的农业项目资金,集中用于示范区各类重点项目建设,形成了"多个渠道进水、一个池子蓄水、一个龙头放水"的项目资金整合格局,确保了国家现代农业示范区建设资金需要。浙江每年项目安排中优先支持现代农业示范区项目立项,并在中央和省级现代农业项目资金中,按每个示范区增加100万~200万元核定指标,对吴兴区开展国家试点工作按每年1000万元的扶持进行落实;其他各示范区积极设立专项资金,统筹集聚各类资金项目,共投入建设资金168.4亿元,其中财政投入48.4亿元。2012年,湖北省监利县国家现代农业示范区通过整合农业综合开发、土地平整、粮食产能提升等农田建设项目,共获得农业基础建设项目资金3亿元,带动社会资本投资6亿元,并将资金合理布局使用,发挥农机购机补贴的带动作用,重点倾斜机械插秧和油菜机播及机收等农民急需支持的环节,从而使全县农业机械总动力达到129.9万千瓦,比2011年增加5.72万千瓦,农作物耕、种、收综合机械化水平达70%,比2011年增加5个百分点。

3.4　农业科技创新及推广支持政策分析

国家现代农业示范区坚持用现代科学技术改造传统农业,实行产学研结合,提升和强化引进、集成、运用、示范推广新品种、新技术和新装备的功能,并建设成一批先进适用农业科技成果的密集应用区和辐射源,加速农业科技成果转化应用,推动农业技术进步、产业结构优化和组织管理创新,大幅度提高土地产出率、资源利用率和劳动生产率,提升农业发展的质量和效益。

3.4.1　推进农业科技成果引进转化

现代农业示范区是农业新技术集成引进的重要基地,有效推动了农业科技成果的转化应用。以园区为平台,通过技术熟化和成果转化,并与区域农业发展相适应,通过核心区、示范区、辐射区之间的技术传播和扩散,极大地促进了农业新技术成果的转化、示范和应用。2013年,宁夏在全区率先引进水稻膜下滴灌和水稻钵育摆栽技术，建立水稻膜下滴灌技术示范园区 3 个，示范总面积 2000 亩；同时落实水稻钵育摆栽技术示范点 4 个，完成大田示范面积 2000 亩；率先开展南美白对虾淡化养殖，实施养殖面积 1300 亩；开展与韩国金海市峰下村在有机水稻生产方面的学习交流，举行韩国有机农业培训班；引进购买了手机短信远程遥控智能养殖设备和手机短信遥控蔬菜大棚智能控制设备两项中国新型实用型专利。

3.4.2　发挥现代农业科技展示功能

国家现代农业示范区通过创新理念，培育典型，从而真正把示范区建成农业科技成果的展示区和加快现代农业发展的关键。各示范区以"高效特色产业园、标准规模养殖场、农业产业化示范区"为重点，强化典型示范引领，通过参观、考察等方式学习借鉴先进地区的好经验、好做法，不断提升现代农业发展水平。黑龙江富锦市在依托同三公路、桦富路、富密路、二抚路、建虎路沿线打造现代农业示范带的同时，在每条示范带上通过整合优势项目、组装先进技术、优化农机装备、配套基础设施，重点建设了长安镇漂伐村、二龙山镇双合村、上街基镇德福村、向阳村镇丰太村、锦山镇仁合村等多个体现全市现代农业水平的亮点工程。特别是长安镇永胜村现代农业水田万亩展示区和大榆树镇福来村现代农业旱田万亩展示区更是按照科技含量高、科技成果转化率高、综合经济效益高、经营管理机制新的标准进行建设，集中展示了富锦市现代农业建设的新成果，基本实现了市有示范区、乡有示范园、村有示范田的新格局。

3.4.3　建立现代农业技术对接机制

技术对接功能是国家现代农业示范区的核心功能之一，国家现代农业示范区正在不断完善技术研发、示范和推广机制，使开发的技术在科研机构、企业、农民之间有效对接。2012 年，黑龙江 8 个国家现代农业示范区新建科技园区数 205 个，肇东市与中国农科院、省农科院、哈工大、农垦等 18 个院校和企业开展对接合作，实施作物高产攻关，推广先进实用的集成技术，建立试验示范基地 12 处，新品种对比实验超过 3000 组，其与省科学院开展院县共建，在黎明镇实施 200 个优良品种对比试验，75% 以上的试验品种长势优良，性状优异，抗逆性强，亩产达到 750~900 公斤，经营管理水平达到全国现代化农业先进标准；庆安县与袁隆平杂交稻研究所开展合作进展顺利，自主繁育的龙庆稻 1 号、2 号、3 号，审定命名后得到了大面积应用；从农业科研院所及周边市县引进适合种植的优良品种，进行展示示范、优中选优，在县域内的第二、第三、第四积温区，每种作物分别确立了"一主两辅"优良品种选用原则，所有品种药剂浸种率均达到 100%，农业生产标准化率达 90%。

3.4.4 推进基层农业公共服务体系建设

国家现代农业示范区围绕强化农业科技支持，各示范区大力推进基层农业公共服务体系建设，深入实施农技推广工程，促进农业科技创新快速发展，新品种、新技术、新机具推广应用活跃。浙江现代农业示范区全部乡镇均建立起了集农技推广、动植物疫病防控、农产品质量安全服务"三位一体"的基层农业公共服务中心。2013 年，湖州市通过建立 10 个"1+1+n"农技推广联盟，共联结科研单位专家 102 名、本地农技人员 202 名、生产主体 902 家。江苏通过政府购买服务的方式，建立农业社会化服务补贴机制，促进加快构建公益性服务与经营性服务相结合、专项服务与综合服务相协调的新型农业社会化服务体系。省财政已将姜堰示范区纳入财政部农民专业合作组织发展、农业生产全程社会服务两项改革试点县，加以重点推进。2013 年，海安示范区为稳定服务队伍，对全县植保专业服务人员办理了人身意外伤害保险，实行规范化管理，同时又积极推广粮食生产全程托管、全程机械化服务，40 多个专业服务组织承担了 8950 户、24313 亩稻麦生产全托管服务，受到示范区农民的欢迎。

3.5 人才培养政策分析

国家现代农业示范区加快人才引进和培养，建立新型科技人才聘用制度，吸引鼓励国内外优秀人才加入示范区开发，同时加强对农民的技术培训，努力培养造就一批农民技术骨干和农民企业家。

3.5.1　引进农业产业高端人才

国家现代农业示范区积极实施农科教联结战略，抢占产业发展技术高端。江苏铜山示范区先后与中国农科院、中国太空技术研究所等签订合作协议，共建技术开发联合体、研发中心、专家工作站等农业科技孵化基地；无锡示范区把创新培育生物农业作为发展农业经济新增长点的重要举措来抓，创立生物农业"130"人才计划，截至 2012 年底，累计引进领军型创新人才 74人，着力提升了示范区农业高科技支持水平。广西田东县与中国热带农业科学院、广西农科院、广西大学农学院、广西农业职业技术学院、广西亚热带作物研究所等科研院所签订了科技合作协议，在推进农业产业科技创新、关键技术集成推广应用和人才培养等方面开展合作，截至 2012 年底，共建成280 亩的科研院校科技研究和成果转化基地、5000 亩的水果蔬菜标准化种植示范基地、5 万亩的粮食糖料高产创建基地，促进农作物良种良法的大面积推广。

3.5.2　壮大基层农业技术服务队伍

国家现代农业示范区继续强化基层农技推广机构公益职能，努力健全乡镇或区域性农技推广机构，加强基层农技推广机构条件和能力建设，支持农业科研院所、大学、农职院校参与多元化农技服务体系建设，支持社会力量兴办经营性农技服务实体。黑龙江富锦市国家现代农业示范区继续强化对现有农技人员的岗位教育和知识更新培训，根据不同需求，采取异地研修、集中办班和现场实训等方式，分层分类分批开展培训；通过农业部"万名农技推广骨干人才培养计划"造就一批农技推广领军人才；通过省农委农技人员知识更新工程，全面提高队伍整体素质；大力推行农技推广服务特设岗位计划，鼓励高校涉农专业毕业生到乡镇从事农业技术推广服务工作，改善农业技术推广队伍结构，提升推广服务水平；探索农技人员资格准入制度，农技人员经相关部门考试考核获得相应岗位的职业资格证书，方可从事农业技术推广工作。

3.5.3　培训现代农业新型经营主体

国家现代农业示范区着力提升新型主体带头人的素质，探索建立免费培训制度，通过加快实施农民培训工程，强化对专业大户、家庭农场、农民专业合作社带头人及其成员的教育培训，不断提高新型经营主体自身素质和农业生产的组织化程度。江苏现代农业示范区开展了家庭农场认定监测和示范家庭农场培育工作，指导示范区制定职业农民认定标准，其中，太仓示范区实施职业农民培训政府实事工程，与南京农业大学等农业院校合作培养定向委培生，截至 2012 年底，已完成首批 100 名定向委培生录取工作并签订协议，这一做法已经受到认可，并在全省推行。宁夏贺兰县国家现代农业示范区创新性地开展"农技人员领办经营主体"的技术推广模式，全县共有各类农技人员直接参与或领办的经营主体 12 家，累计举办各类技术培训班 200 场，培训农民 5.5 万人，召开各类现场会 20 场次，印发各类技术宣传资料 4.5 万余份。

第4章

实现中国农业现代化的短期政策

中国农业现代化的发展已经取得了举世瞩目的成就，但是，其进程仍受到一系列复杂因素的制约，短期内可通过调整与加强农产品价格支持政策、农业补贴政策、农业投入政策、农业科技创新及推广政策以及农民收入支持政策，弥补农业现代化发展中的一些薄弱环节，刺激潜在发展动力，提高农业现代化综合竞争力。

4.1 农产品价格支持政策

稳定农业生产、提高农民收入是中国农业现代化发展的主要目标，两者的实现都以稳定合理的农产品价格为重要前提。中国从 20 世纪 90 年代初正式实行粮食等主要农产品的保护价收购政策，价格支持的手段也不断完善，但仍存在一些深层次问题。为促进农业现代化发展，中国的农产品价格支持政策亟待调整和完善。

4.1.1 逐步改变价格对农业的支持方式

从美国、欧盟等农业发达地区政府制定的价格保护情况看，很重要的一个特点就是将价格支持转变为收入支持。价格支持和收入支持，是当今世界各国和地区农业支持中广泛采用的政策。一般地讲，当一国和区域经济处于工业化初期阶段、主要农产品国内供不应求、农业政策的主要目标是增加产量和稳定农业生产时，价格支持是行之有效的政策。而当农业经济进入较发达阶段，主要农产品有较高自给率或自给有余，农业政策目标就是提高农业生产者收入。即农业政策应适时地从价格支持转向收入支持，以促进农业生产效率的提高，促进农业经济与社会的均衡协调发展。

4.1.2　继续完善最低收购价格体系

合理制定粮食最低收购价是完善粮食价格支持政策的核心。种粮收入约占农民纯收益的 1/4，仍然是农民收入的重要来源。当主产区市场价格下跌较多、低于最低收购价时，国家指定企业（中储粮公司）按照最低收购价格入市收购，对引导市场粮价合理回升起着关键性作用。因此，为补偿成本上升和增加农民收入，最低粮食收购价格有必要保持适度上升态势，但是，目前国内粮价已较大幅度高于国际市场，价格继续上升的空间缩小，制定粮食最低收购价政策面临新的不确定因素。

根据中国国情，为切实保护农民利益和确保国内粮食安全，保证农业现代化健康发展，建议国家对列入最低收购价范围的粮食制定长效定价机制，即以上年生产成本利润率不低于 30% 的底线，合理确定粮食最低收购价，并及早向农民公布。同时，根据不同地域，可扩大最低收购价粮食品种范围。比如，在东北三省，可将玉米、大豆两个粮食主要品种也纳入最低收购价范围。

4.1.3　坚持农产品价格支持政策的市场化导向改革方向

农业现代化发展进入新阶段后，中国应加强农产品价格支持政策的市场化导向改革，真正体现农产品价格政策由压抑性价格向支持性价格转变。一是健全农产品储备系统，稳定农产品生产，避免农产品市场供求大幅波动，为农产品价格支持政策的改革创造良好的生产基础和环境；二是完善政府价格管理方式，为农产品价格支持政策市场导向改革奠定基础；三是合理安排价格补贴资金。

4.1.4　将农产品价格支持政策法制化

美国和欧盟农产品政策实施、调整、改革都是以立法的形式进行。制度化可保证农产品政策的长期有效实施，给农业生产者以明确的信号，减少了农户的政策风险。中国应尽快建立健全一套较为完整的、灵活的农产品价格国内支持法律法规体系，随着社会经济状况的变化和农业发展的需要，使农产品支持价格政策做出相应的调整。

4.2　农业补贴政策

2003 年之后，中国逐步开始建立农业补贴政策体系。这些补贴政策的陆续实施，标志着中国农业政策的全面转型，对促进农业现代化起着重要的推动作用。中国农业现代化进入新的发展时期，农业补贴政策体系也随之不断完善，不断调整优化，其中也不乏存在一些面临较大挑战的农业补贴政策，为了支撑农业现代化取得更大的成效，中国的农业补贴政策体系正进入一个调整的关口期。

4.2.1　明确农业补贴制度调整的目标

相对发达国家而言，中国农业补贴支持水平仍然较低，但是，中国还不具备全面、大规模补贴支持农业的能力。因此，现阶段农业补贴制度的设计，政策目标不宜过宽过泛，必须集中力量解决目前农业发展中的突出矛盾和关键问题。现阶段农业补贴政策的核心目标是保障粮食安全、确保主要农产品供给和促进农民增收；综合目标则是确保食品安全、环境保护、农业竞争力、农业可持续发展、农业多功能等，须在实现核心目标的基础上，统筹兼顾。

农业补贴政策应该与农业现代化的发展、与新型农业经营主体的培育相适应，其目标调整的重要取向包括：第一，实施专业农户补贴；第二，对商业化种粮大户给予信贷利息补贴或者提供低息贷款；第三，对自主投资农田水利等基础设施建设的，给予定额直接投资补助；第四，实施农业环保补贴。

4.2.2　继续加大"直接补贴"力度

中国应继续加大"惠农支农"政策，加强对农民生产的直接补贴力度，确保农户在粮食生产中的投资主体地位。目前，中国普通农户仍是粮食生产中的投资主体，为了保障中国粮食安全和社会稳定，应积极激励农户加大对粮食生产的投资力度，并将粮食直补与粮食播种面积、产量和交售商品粮数量挂钩。建立和完善农资综合补贴动态调整制度，根据化肥、柴油等农资价格变动，遵循"价补统筹、动态调整、只增不减"的原则，合理弥补种粮农民增加的农业生产资料成本，新增部分重点支持种粮大户。

4.2.3　加大农业一般服务支持力度

中国的农业补贴政策应逐步加大对农业一般服务支持的投入力度，优化一般服务支持结构，夯实农业基础，从而加速农业现代化进程。从规模上看，由于历史上中国城乡二元结构下形成城乡异体的基本公共服务供给制度，造成农村基本公共服务供给总量不足、效率不高，而农村基本公共服务的"短板"又严重制约着农业现代化生产的发展和农民收入的提高。国际经验表明，对农业一般服务支持的重视，会带来本国农业生产长期和稳定的发展，并与政府对一般服务支持的补贴共同构成一种良性的循环模式，不仅能减轻补贴对市场的扭曲，还可以有效减少国际贸易摩擦。[1] 因此，逐步加大财政对于农业一般服务支持的投入力度，可有效改善当前中国农村地区基础设施建设滞后、科技研究及技术推广不足、农民生产技能偏低、农产品外销困难等困境。进而夯实农业发展基础，带动农业生产的顺利发展和农民收入的稳步提升。

4.3　农业投入政策

长期以来，中央政府坚持把解决"三农"问题作为全部工作的重中之重，不断深化农村改革，完善强农、惠农、富农政策，大幅增加农业投入，有力推动了传统农业向农业现代化加速转变。随着中国综合国力和财政实力不断增强，农业投入政策力度应该进一步加大，从而使支持农业现代化发展的物质基础更加牢固。

---

① 梁赛 . 农业补贴政策效应的经济学分析 [J]. 北方论丛，2013 (6)：154 – 158.

4.3.1　加大公共财政投入力度

继续把"三农"领域作为公共财政支出和中央预算内投资的优先领域，确保投入力度不断增加，重点向主产区和优势产区集中。继续增加农业投入资金规模，完善农业财政投入管理办法，提高财政投入农业的精准性、指向性，要围绕提高粮食安全保障能力、加强以水利为重点的农业基础设施建设、加快构建农业可持续发展长效机制、完善农产品市场价格和调控机制、加大对新型农业经营主体的支持力度、加快推进农村各项改革等方面进行统筹谋划，新增投入要向粮食等重要农产品、新型农业经营主体、主产区倾斜，促进财政资金发挥更大效益。同时，要完善主产区利益补偿机制，增加粮食、油料、生猪生产大县奖励资金。稳步推进涉农资金整合，提高资金使用效率，推进农业现代化发展。

4.3.2　完善多元化现代农村融资体系

农业现代化发展要获得持续的资金支持，需要改革完善农村商业金融、政策性金融、信用合作金融的业务种类，规范民间金融组织，以实现多层次的融资渠道。需要鼓励有条件的地方，在严格监管、有效防范金融风险的前提下，通过吸引社会资本和外资，鼓励各种经济主体积极兴办直接为"三农"服务的多种所有制的金融组织，特别是培育不吸收存款仅发放贷款的信贷中介主体，为民间资金支持农业创造金融渠道；加快发展以中小银行为代表的中小金融机构，培育农村信贷市场竞争机制；创新金融产品，向农户和农村企业提供多样化的金融服务；建立健全农户和农村企业的贷款抵押担保机制，完善对担保机构的监管框架。

4.4　农业科技创新及推广支持政策

农业科技创新与推广应用体系对于维护中国长期粮食安全以及保障农产品有效供给发挥了十分重要的作用，是农业现代化最重要的组成部分之一。但是，随着农业现代化的不断发展，现行农业科技创新与推广应用体系在运行机制、资金投入等方面的问题不断暴露，逐渐成为农业发展的薄弱环节，急需进行大胆探索，加快改革创新。

4.4.1 完善农业科技创新体系建设

科技是第一生产力，中国农业现代化发展要获得持续动力与国际竞争力，需要从提高农业科技创新效率，完善该体系的制度建设入手，主要包括以下三个方面内容。

第一，创建一批农业科技创新研究平台，需要以现有各级各类农业科研院所、农业高校为依托，在现有国家与省部级重点实验室的基础上，集中力量建设一批国家和省部级农业科技创新研究中心和国内国际领先的重点实验室，培养、引进一批学术带头人，建立开放、流动、竞争、协作的运作机制，成为农业科技创新和农业高新技术的摇篮。

第二，积极促进和推动农科教及产学研结合，畅通农业科技信息供需与反馈机制。调整各级农业科技创新与推广应用机构的分工与合作关系，建立新的政府农业科技与推广应用组织管理体系，逐步实现农业科研、农业高校、推广应用机构之间在组织上的结合。鼓励农业科技人员积极参与"双百工程"、"农业科技专家大院"、"农业专家在线"、科技特派员、科技下乡、农业科技园等新型农业科技推广应用模式，为普及推广应用先进适用农业技术提供公益性服务。同时，鼓励农业科技人员以资金入股、技术参股等形式，与农户、农民专业合作社、涉农龙头企业结成经济利益共同体。加强农业科技交易市场建设，加快发展农业科技产权交易、技术评估咨询、科技成果推广等中介服务机构，建立农业科技成果的定期网上发布制度。

第三，加大对农业科研机构的整合力度。理顺管理体制，科学设置机构，稳定一批结构合理、队伍精干高效的农业科技研发队伍，增强农业科技创新发展后劲和农业高新技术创新能力。根据农业科技发展的要求，建立农业科研机构与农业企业、农民专业合作组织、核心农户对接机制，构建一个"布局合理、功能完备、运转高效、机制灵活、支撑有力"的新型农业科技创新体系，建立"课题来源实际、成果应用生产"的农业科技创新机制。

4.4.2　加大改造农业科技推广应用体系

当前，中国以政府为主导的农业科技创新与推广应用体系，仍用行政手段开展工作，造成农业科技人员与生产脱节、与农民需求脱节，使得农技科技创新与推广应用体系游离于市场经济之外，加上农业科技推广应用部门体系不完善、功能单一、服务弱化、运行机制不灵活畅通，最终影响农业科技成果的转化，使中国农业科技成果转化率仅有 30%~40%，远低于发达国家 65%~85% 的水平，应该从以下三个方面着手，改造农业现代化科技推广应用体系。

一是理顺农业科技推广应用体制。加快农业科技推广应用体系改革，积极完善省、市、县、乡、村五级农业科技推广应用机制。坚持政府引导和市场机制相结合、科技服务与其他社会化服务相结合、统筹城乡发展和区域发展相结合的原则。采取有效形式将农技推广应用与农民组织结合起来，引导和鼓励科研、教学、推广、农民组织、农业企业和社会中介机构联合执行农业科技推广应用项目。鼓励服务主体与模式多元化、服务内容与形式多样化、面向农业产业化，为农业现代化发展提供全面、协调、可持续发展服务。

二是推进基层农业科技创新与推广应用队伍改革。推进县乡农业科技推广应用机构综合办站所，实行大农业大部门制，改革过去按专业细分农业科技推广站所的体制。明确基层农业科技推广应用机构承担的公益性职能，合理界定职能，按照"强化公益性、放活经营性"的原则，积极推进基层农业科技创新与推广应用队伍的改革创新。确立公益性职能人员的准入制度，实行竞争上岗和全员聘用制，建立健全管理与考核制度。发展多元化农业科技推广应用服务体系，鼓励"少聘人、买服务"的办法，积极探索重大农业科技技术补贴的途径和方式；支持和鼓励农产品行业协会、农民专业合作社、供销合作社和其他中介服务机构兴办基层农业科技推广服务组织，开展各类农业科技推广应用服务活动，大力开展农业科技入户工程，建立健全农业新技术、新产品与农民见面的长效机制，加快形成多形式、多元化、多渠道的农业科技推广应用体系。

三是加大培育农业科技人才队伍体系。加快国家农业高级科研人才培养基地建设，抓紧建设高素质科技人才队伍，建立新型人才管理与激励机制。培养一批能够把握世界农业科技发展潮流，在关键领域开拓创新的科研队伍。

培育一批具有自主知识产权的农业科技企业，带动农业产业升级，大幅度提高我国农业的国际竞争力。建立基层农技人员继续教育培训机制。实施新型农民科技培训工程，加大"阳光工程"等农村劳动力转移就业培训工作力度，建立政府组织、农科教结合、社会广泛参与的农民科技培训体系，全面提升农民素质。

4.4.3　完善农业科技创新与推广应用的投入支持机制

近年来，中国公共财政支农资金中用于农业技术科技创新与推广应用的比例在不断下降，以现有的农业科技创新与推广应用业务经费条件，无法进行农业科技创新与推广应用基础设施的建设，从而造成推广设施设备陈旧，推广手段落后，因此，需要完善农业科技创新与推广应用的投入支持机制，主要包括以下三个方面。

一是建立农业科技创新与推广应用投入稳定增长机制。认真贯彻落实《中华人民共和国农业法》和《中华人民共和国农业技术推广法》，将其放到公共财政支持的优先位置，不断提高政府财政投入的比重，同时应加大和明确种粮大县中央财政转移支付等涉农补贴用于地方农业科技创新与推广应用事业的资金和比例。加快农业科技创新与推广应用投入立法进程，用法律形式约束各级政府投资行为，明确各级政府投入的财政责任，确定政府投资资金的来源渠道，规定投入的份额、投向、使用原则，各级人大要对此加强监督。

二是加大信贷对农业科技创新与推广应用的投入。各级金融保险机构应积极提供融资、担保和保险等服务，各地可建立区域性风险基金、行业性担保资金、农户信贷担保基金，以减少银行贷款的风险，落实有关税收支持政策。降低农业科技创新、成果转化、推广服务的成本。

三是加快拓宽投融资渠道。积极引导工商资本、民间资本和外资投入农业科技创新与推广应用。

4.5　农民收入支持政策

稳定增加农民收入是农业现代化的题中之义。农业现代化取得了突破性进展，粮食连年增产，"菜篮子"产品供应充足，农产品质量不断提高，农业结构不断优化，优势农产品区域布局初步形成，农业产业化经营水平大幅提高，有力促进了农民稳定增收。但是，在农村居民收入绝对数不断上升的同时，城乡居民的收入差距却越来越大。要把促进农民收入持续增长作为农业现代化工作的重中之重，实施四大增收行动，切实增加农民经营性、工资性、转移性和财产性收入。

4.5.1　加快农业现代化产业体系建设，增加农民家庭经营收入

农民家庭经营收入仍是农民收入的主要支柱，提高家庭经营性收入对实现农民持续增收显得更为重要。在农业现代化的建设过程中，就是要努力提高农业经营的效益，其着力点在于：第一，加强粮源基地和特色农业基地建设，重点打造一批农业产业园区和产业基地；第二，鼓励和支持优势产区集中发展大宗农产品、特色农产品优势产业带，推进优势产品向优势区域集中，加快形成产业链比较完整、核心竞争力强、综合效益高的农业现代化产业体系，确保优势特色产业在农民收入倍增中的基础性地位和核心带动作用；第三，加快培育和规范发展种养大户、家庭农场，建立规模化生产基地，完善农业龙头企业与生产基地、合作组织、家庭农场、种养大户的利益联结机制，提高农民的市场话语权。

4.5.2　落实惠农政策，增加农民转移性收入

农民转移性收入是农村家庭人均收入的重要组成部分。农业现代化在发展过程中，要加大县、镇两级财政对农民生产性补贴的投入，推动农业降低生产成本，新增补贴向主产区和优势产区集中，向专业大户、家庭农场、农民合作社等新型生产经营主体倾斜。切实抓好中央、自治区和市对种粮、良种、农资、农机具、能繁母猪、森林抚育、森林生态效益补偿、农林业保险等各方面补贴的相关工作，确保政策力度不减弱、农民实惠有增加。深入实施贫困村整村推进扶贫开发工程、"十百千"产业化扶贫示范工程和"雨露计划"，强化贫困地区、革命老区、库区和移民安置区等重点地区的扶贫，提高困难群众的经济收入。健全完善农村社会保障制度，完善农村公共服务体系。

4.5.3 加快产权改革，增加农民财产性收入

在农业现代化推进的过程中，需要探索农民增加财产性收入的渠道。通过深化农村产权制度改革，促进农村资产资源权属明晰化、配置机制市场化、产权要素资本化、管理监督规范化，建立起归属清晰、权能完整、流转顺畅、保护严格的现代农村产权制度。在保障农民土地承包权益和基本收入的前提下，鼓励农民以转包、出租、互换、转让、股份合作等形式流转土地承包经营权，从而在促进农业现代化规模化、集约化发展的同时，还可以分享土地承包经营流转中的增值收益，提高农村土地价值。

4.5.4 推动就业创业，增加农民工资性收入

工资性收入是农民收入的第二大构成部分，农业现代化在发展过程中，通过解放农村劳动力，加速推进农村富余劳动力转移，能够快速提高农民的整体收入水平。要坚持以市场为导向，扩大劳务经济发展空间，科学布局劳务输出走向，大力开展区域劳务合作，加强与经济发达地区建立有效的劳务对接协作机制。强化劳务输出服务，积极建立培训、就业和维权三位一体的工作机制，切实维护农民工合法利益。加快小城镇建设步伐，引导推进农民进城务工。充分发挥外出务工人员的技术、资金、信息优势，引导扶持外出就业农民回乡创业，重点鼓励和帮扶有一定技术和管理能力、积累一定资金的外出务工农民回乡创业。

第 5 章

实现中国农业现代化的长期政策

推进中国特色农业现代化，就要始终把改革作为根本动力，立足国情农情，顺应时代要求，坚持家庭经营为基础与多种经营形式共同发展，传统精耕细作与现代物质技术装备相辅相成，实现高产高效与资源生态永续利用协调兼顾，加强政府支持保护与发挥市场配置资源决定性作用功能互补，就是要解决好土地流转、农业基础设施建设、农业适度经营规模、农业资源与生态环境保护以及健全农业保险制度为前提，深入推进农业发展方式转变，以满足吃得好吃得安全为导向大力发展优质安全农产品，努力走出一条生产技术先进、经营规模适度、市场竞争力强、生态环境可持续的中国特色新型农业现代化道路。

5.1 土地流转政策

当前和今后一个时期，是中国加快发展现代农业、推进城乡一体化的关键时期，也是农村土地流转的攻坚克难阶段。进一步推进土地流转工作要以优化资源配置、促进城乡统筹、增加农民收入为目标，坚持依法自愿有偿和稳制活权的原则，明确所有权、稳定承包权、搞活经营权，按照"扩大总量、整合存量、提高质量"的要求，不断创新土地流转形式，健全土地流转机制，规范土地流转管理，构建新型农业经营体系，促进农村土地流转行为顺畅、稳妥、有序，促进流转关系长期、稳定、规范，促进流转土地集中、连片、高效，加快推进农业现代化。

5.1.1　延长土地流转期限

延长土地流转期限是未来一段时间土地流转政策制定的一项关键性工作。流转期限不长，经营主体就不敢多投入，就会影响现代农业加快发展，需要制定并采取综合性政策与措施。

第一，加强宣传引导。加大对《中华人民共和国农村土地承包法》《农村土地承包经营权流转管理办法》等相关法律、政策的宣传，让广大农民坚信"土地承包经营权保持长久不变"，消除农民怕"土地流转会失去承包权"的疑虑，让土地的流出方和流入方都吃上"定心丸"。

第二，创新流转形式。要坚持"依法、自愿、有偿"的原则，大力推进整村委托流转、土地股份合作等行之有效的流转模式。同时，要积极探索，只要符合农业现代化发展要求，只要有利于流转土地长期稳定，就要大胆地试。

第三，健全激励机制。针对目前土地流转中的"流出难""不稳定"等问题，市级政府应出台政策，建立土地流转专项补助资金，对长期流出的农户，在养老保障、流转收益等方面给予补助，并对推进集中连片流转和土地股份制改革的村级服务组织给予奖励。各地要结合实际及时出台相关配套政策。

第四，完善价格机制。鼓励以实物折价、承包年限逐年递增等办法，由承包方与受让方采用协商、投标等方式合理确定土地流转价格。乡镇政府要研究制定合理的参考流转价格，确保区域内相关产业流转价格的平衡合理，推动产业加快发展。

5.1.2　扩大土地流转规模

扩大土地流转规模，重点是扩大流转总量和整合小规模流转存量。一方面，要继续保持流转率的持续增长。目前，全国的土地流转率虽然已经超过60%，但还有较大提升空间。要积极引导从事非农产业和兼业农户将土地向专业大户、家庭农场、农业企业、农民专业合作社等新型经营主体集聚。另一方面，要提高存量整合效率。土地流转的目的是推进适度规模经营，提高农业竞争力。因此，要把整合存量的重点放到20亩以下的小规模经营上，努力把小规模经营整合为适度规模经营，提高土地产出率和劳动生产率。

5.1.3　培育新型经营主体

农业新型经营主体是农业现代化的主要推动力量，要把新型经营主体的培育工作与土地流转同步进行，加快形成土地流转吸引主体开发、主体开发带动农业发展、农业发展增加农民收入的良性循环机制。要加大培育和扶持力度，在财政补助、金融保险、用地用电、人才科技等方面给予倾斜，提升新型经营主体的生产经营管理水平、服务带动能力和市场竞争力。要探索准入机制，对进入农业领域的各类经营主体，在经营素质、项目规划、建设内容等方面把好关，防止出现非农化、非粮化的倾向。同时，要采取切实措施，积极引导各类经营主体向企业法人转变，使其真正成为市场经济的经营主体。

5.1.4　规范土地流转程序

为推进农业现代化进程的土地流转需要规范管理作为保障。第一，要加强土地承包管理，做好农户土地承包确权登记工作，按照中央和省的统一部署，积极开展试点，进一步稳定土地承包关系，妥善解决农户承包地块面积不准、四至不清等问题，保障农民的土地承包经营权益。第二，要促进土地流转规范化，要提高土地流转的合同签订率，对流转 1 年期以上的都要签订规范的流转合同，并加强流转合同的管理，全面推广使用"示范格式文本"。镇、村土地流转服务组织在合同签订时，要加强指导，对权利义务、违约责任要事先向流转双方说清楚，并做好合同的鉴证工作。第三，要及时调处流转纠纷，县、镇、村三级土地流转服务组织要全面掌握流转动态，排查流转矛盾，通过协商、调解、仲裁等多种渠道，及时化解流转纠纷，保障流转双方的权益。

5.1.5　完善土地流转服务体系

要保障农村土地的顺利流转，需要继续建设和完善现有的土地流转服务体系。建设土地流转服务体系，"村级是重点，乡镇是关键，县级是保障"。村级组织作为土地流转的组织载体，要健全土地流转服务站，重点做好土地供求信息发布、合同签订、纠纷调解等事项，切实发挥村级组织的基础性、根本性作用；各乡镇（街道）要健全土地流转服务中心，具体负责土地承包和流转的监督管理、区域供求信息发布、政策咨询、合同鉴证、档案管理、纠纷调解等指导服务工作；县级农业部门要负责好土地流转管理、政策法规咨询、流转程序制定、跨区域土地流转服务信息、镇村土地流转指导等职能。各地要按照制度健全、管理规范、服务到位的要求，加快土地流转服务组织标准化建设，确保 5 年内 80% 的乡镇建成标准化服务组织，为土地流转提供全过程、全方位、高质量服务。

5.2　农业基础设施建设政策

在资源环境约束下，保障国家粮食安全、增加农民收入、推进农业现代化的要求决定了农业基础设施在农业生产和经济社会中具有特别重要的作用，目前，农业基础设施供给不足与错配制约了中国农业现代化的发展，主要表现为纯公共物品属性与准公共属性的农业基础设施供给不足，而私人物品属性的农业基础设施有效需求不足，需要通过制定相关政策，对当前的农业基础设施供给机制进行调整，使农业基础设施满足农业现代化发展要求，从而促进现代农业更好更快发展。

5.2.1　大幅度增加政府财政投入

要突破中国农业基础设施建设困境，必须在明确多数基础设施公共品或准公共品属性的前提下，进一步加大各级财政的投入力度，主要包括：第一，逐步提高中央和省级财政对农业的投入比例，提高预算内固定资产投资用于农业基本建设的比重，同时明确规定新增国债的使用应尽量向"三农"领域倾斜；第二，尽快以《中华人民共和国农业法》为基础，专门研究制定"农业投入法"，从法律上规定国家财政资金用于农业和农村建设的数量、比重以及增长幅度，明确各级政府在农业方面的财权和事权，并要求各级政府严格按照职责的划分对农业基础设施进行投入，加快构建财政支持农业基础设施建设的稳定投入机制；第三，发行农业基础设施建设债券，可借鉴国家重点建设债券和城市建设债券的成功经验，在条件成熟的情况下，由国家发展改革委、银保监会、农业农村部、农业发展银行等部门共同研究发行农业基础设施建设的专门债券，为基础设施建设筹集资金；第四，从中央层面设立农业基础设施建设专项基金，可以考虑从城市土地出让收入、耕地占用税、城镇土地使用税、烟酒消费税等收入和税种中提取一定比例资金作为基金的来源。

5.2.2　积极引入社会投资主体

总体上看，农业基础设施虽具有公共性，但是，不同类别的基础设施在经济学属性和政策属性上是具有一定差异的。有的设施（如大型水利工程）需要的资金量大，很难吸引到社会资金进入，但是，它对农业生产的正面效应却十分明显，因此，其建设主要依靠政府投入；有的设施（如小型水库、塘堰等）受益对象明确，可以依靠私人主体或者农村集体投资建设。因此，对于不同类别基础设施的建设，应当由不同的投资主体来承担，以充分发挥各主体的长处和优势。中国应积极构建多元化的投入机制，积极鼓励和吸引社会投资者的进入，通过市场机制的作用解决基础设施的部分资金来源问题。

首先，政府应给予社会投资者一定的优惠和奖励政策。如对于社会投资者投资过程中的土地使用，可根据实际需要，减免或优惠一部分土地租赁费用；给予投资者一定的免税或减税政策，在条件允许的情况下还可进行税收返还；对业绩显著，对本地区贡献突出，带动作用明显的社会投资者进行一定的奖励。其次，合理发挥财政资金的撬动作用。可以考虑运用政府投资参股、财政贴息等形式引导和吸引社会资本的进入。再次，有效解决投资者的融资难题。如对于投资过程中的融资困难，政府可出面协调贷款，促成投资者和金融机构的贷款合作；鼓励国有企业、民营企业等单独或联合组建担保公司，为社会投资者提供贷款担保。最后，政府还应为社会资本的投资创造宽松的环境，提供良好的软硬条件，尤其要建立健全相关的法律和规章制度，同时切实转变政府职能，真正为社会投资者服务。

5.2.3　明确基础设施建设重点

在中国农业基础设施的建设过程中，建设重点不突出，政府资金使用"撒胡椒面"的现象较为严重，在资源和要素有限的情况下，应该通过合理规划，明确基础设施的建设重点，有选择性地建设一批农民生产和生活急需的项目，主要包括：（1）农田水利设施，特别是大力兴建和发展小型农田水利，着力改造大中型灌区末级渠系和小型排涝设施；（2）耕地保护与土地改良，加快农村中低产田的改造，重点支持土地整理、灾毁复垦和耕地质量建设；（3）农业生态建设，继续实施天然林保护和退耕还林等生态工程，重视水土保持和森林生态建设；（4）农村交通设施建设以"公路到村"为目标，加强农村道路尤其是村级道路建设，完善公路网络；（5）农村电网及饮水工程建设。

5.2.4 健全农业基础设施运行管护制度

长期以来，中国基础设施建设中"重建设、轻管护"的现象较为突出，大部分资金投向了建设环节，而对管护环节的重视不够。因为管护不够导致的基础设施损毁现象非常严重，其中很多农村道路、水渠和塘堰自建成之后几乎从来没有管护措施。有效的运行管护对于基础设施效益的发挥具有重要作用，因此，健全农业基础设施的运行管护制度是十分必要的。

根据设施经营主体以及产权占有程度的差异，基础设施的管护制度可以分为不同的种类，如私人管护制度、集体组织管护制度、主管单位或行政机构管护制度、专门机构或中介机构管护制度等。各地区可以根据各种基础设施的产权性质、使用年限、运行管护费用、受益人管护的便利程度等因素的差异，选择契合各自实际、易于操作、较为可行的运行管护制度和管护模式。当然，从比较理想的情况看，应明确基础设施的产权，尽量将产权落实到农民头上，提高农民对农业基础设施进行管护的积极性。

5.3 农业适度经营规模支持政策

近年来，中国现代农业发展呈现出越来越明显的集约化、专业化、组织化、社会化特征，专业大户、家庭农场、农民专业合作社、农业产业化龙头企业等新型经营主体正逐步成为引领现代农业的主导力量，农业规模经营的形式多样，比重上升。然而，现阶段中国一些政策的缺失和不完善已成为制约农业适度规模经营发展和农业现代化快速推进的主要障碍，因此需要政府切实转变观念，从根本上进行制度创新，从源头上进行顶层设计，积极为农业适度规模经营创造良好的制度环境。

5.3.1　土地政策的创新

农业适度经营规模需要坚持完善家庭承包经营制度，实现土地合理、有序、有偿流转。在这一过程中，应明确界定农村土地的集体所有权、农民的承包权、使用权及其归属和权限范围，明确农民在土地流转中的主体地位，制定完善的与土地流转有关的期限、流程、合同签订、租金等具有可操作性的政策体系，确保土地流转依法有序进行。尽快建立土地流转的存档备案和纠纷协调机制，坚定地维护农民的合法权益，依法解决合作中的矛盾。

5.3.2　保障政策创新

保障政策主要涉及那些由于农业适度规模经营而从传统农业生产中转移出的农民如何获得持续发展生计和能力等问题，就中国目前的现实来看，需要在户籍政策、社会保障政策和就业政策方面进行创新。首先，要改革现有户籍政策，消除长期以来的城乡二元户籍政策，逐步建立起公平竞争、自由流动的统一劳动力大市场；其次，要推动农村社会保障制度的改革，积极构建完善的养老、医疗、教育等社会保障体系。

5.3.3　财政金融政策创新

农业适度规模经营的顺利推进离不开财政金融的大力支持，更需要政策性农业保险的辅助。首先，应制定完善的财政支农政策，加大财政对农业的支持力度，积极探索建立合理高效的财政支农、惠农体系，加大对农业基础设施的投入；其次，要发挥金融机构支农、扶农的作用，加强金融支农法制建设，加大政策性金融支农力度，积极制定和完善有助于农业发展的正式金融扶持政策，改变农民"贷款无门"状况；最后，要逐步建立完整统一的政策性农业保险和商业保险相结合的政策体系，减少农业规模经营的风险。

5.3.4　农业科技政策创新

农业的适度规模经营需要完善的农业科技政策体系来支持。首先，应尽快建立农业科技投入与政府财政收入挂钩联动的长效机制，确保用于农业科技创新条件建设的投入占农业科技投入的比例逐年提高，并进一步完善农业科技政策、制度、法规体系建设。其次，要合理布局科技力量，科学划分科研机构职能，培养结构合理的农业科技队伍，建立科学的农业科技创新管理机制，营造良好的科研政策环境，大力提升原创性农业科研成果供给水平，加快形成现代农业的科技支撑格局，进而提升农业的综合竞争力。第三，要积极完善基层农业科技推广体系，培养多元的农业科技推广主体，实现政府、企业、中介组织、农业专业协会等多主体、多体制相互协调、紧密合作的农业技术推广体系。第四，在农业科技创新和成果转化过程中加强节约型农业、集约型农业、循环农业、生态农业等技术的研发力度，要始终瞄准农业生产和产业化发展的重大需求、重点领域和关键环节，切实做到"三结合"，即农业科技创新及成果转化与培育新型经营主体和构建新型农业经营体系相结合，与保障国家农业产业安全相结合，与促进农业增效和农民增收相结合。

5.3.5　新型职业农民培育政策

目前，在中国现代农业经营组织体系内，种养大户、家庭农场、龙头企业、合作社等主体已经成为推进农业适度规模经营的主力，他们的生产经营活动紧贴市场需求，是带动农村发展、农业进步和农民致富的生力军。因此，建立职业农民的培养、认证和扶持政策体系，培养一批懂技术、会管理、善经营的新型职业农民具有重大现实意义。

应积极借鉴、学习国外发达经济体在培养职业农民方面的经验，一方面，要加大对农村基础教育的投入和政策安排，对于一些经济基础较好的地区可以试行十二年制义务教育，以此提高农村人口整体素质，拓宽他们的就业范围；另一方面，要大力发展农村职业技术教育和成人教育，设立完善的农民继续教育机构，形成职业农民的教育成长机制，继续实施国家设立的诸如"新型农民科技培训""阳光工程"等各种农民专项培训项目，使这些项目的推进成为常态的农民生产经营技能培训计划，并在每年的财政预算中有经济固定的列支项目。此外，国家还应尽快出台有关职业农民培养、认证的标准和规范，设立专项资金进行培养扶持，对于达到设定标准的颁发职业农民资格证，在信贷、税收、农业基础设施建设等方面进行政策倾斜。

5.3.6　农业社会化服务体系扶持政策

旨在为农业生产活动提供全程服务的农业社会化服务体系对于推进农业适度规模经营意义显著。第一，必须区分公益性和经营性农业社会化服务组织的不同性质，对于公益性服务机构要保证必要的财政投入，积极创新体制机制，对于经营性服务机构要进行适当的引导和监管，为其开展服务创造良好的市场氛围。第二，因地制宜地为供销合作社、农民专业合作社、龙头企业等不同主体提供多种形式的服务，积极探索以"农田托管"组织、植保合作社、农机合作社等专业化服务机构为龙头，以生产经营中某个或某些环节服务为纽带的农业社会化服务体系，鼓励各种服务机构拓展其服务领域，力争延伸服务链条。第三，大力健全农资流通服务体系，鼓励农资生产企业开展直销、配送、定制、技术服务和农机租赁等多种服务，支持农资企业与大户、合作社等新型经营主体建立长期合作关系，支持农资企业建立分布广泛的代销点和农资配送中心，建立农资供需信息反馈和农资价格监控机制，确保农资经销不会出现大幅价格波动，最大限度地协调好农资生产企业、销售代理商和农户之间的利益关系。第四，完善农产品销售网络，培育扶持合作社、大户、农产品"经纪人"、龙头企业等多类型的农产品销售主体，在政府主导下，引入市场化机制，积极建设农产品销售信息网络平台、农产品集散市场、农产品冷链物流基地。

5.4　农业资源与生态环境保护政策

中国水资源、耕地资源紧缺，农业生产自身污染、农村生活污染还相当严重，气候变暖，自然灾害频繁，工业污染、城市污染继续向农业地区转移，水土流失、土地退化、农业生物多样性降低等状况还在发展，造成农业生产的环境要素受到立体综合污染，可以说中国农业生态环境形势总体上仍然比较严峻。农业生态环境的好坏决定着中国农业现代化能否最终实现与可持续发展，因此，探索改善中国农业生态环境的科学对策迫在眉睫。

5.4.1　健全环保立法，严格环保执法

在农业生态环境保护立法中，虽然中国已有的《中华人民共和国环境保护法》《中华人民共和国农业法》《中华人民共和国农产品质量安全法》《中华人民共和国水污染防治法》等法律对农业生态环境保护做了一些规定，但上述法律对农业环境保护工作规定得比较分散，而且不系统、不具体、针对性不强，在实践中很难得到有效实施。因此，必须制定全国性的农业生态环境保护法律法规，规范合理开发和利用农业资源的行为，控制和治理污染，保护和改善农业生态环境。

首先，建立完善的农业资源环境法律体系，包括符合可持续原则的农业基本法，对可持续农业的理念及指导思想、总体目标和规划、农业生产主体及政府与社会在可持续农业发展中的权利义务等进行明确和规范。

其次，在基本法之下，要加强单行法建设。单行法在调整特定问题方面比基本法更详细具体、实践性更强。建立健全农业资源环境管理制度体系，包括农业环境质量调查和农业资源档案制度、农用化学品环境安全管理制度、农业生态环境综合治理定量考核制度等。加大环境影响评价制度向农业开发建设项目的拓展适用，完善农业开发项目环境影响评价的管理程序、技术导则及标准体系。制定并颁布农业清洁生产标准及农业清洁生产管理办法，将清洁生产制度应用于农业生产的全过程控制，将发展循环农业、清洁农业依法纳入规范化、制度化管理轨道。

5.4.2　采用经济手段，降低农业污染

在强调法规政策的同时，经济政策的实施也应得到加强。经济政策包括产权、价格、税费等。目前，中国农业资源产权还存在界定不清、产权流转机制不规范等问题，导致农业经营行为的短期化，破坏农业生态环境的可持续发展。农业资源产权不仅应当明晰，还应得到长期保障，只有当生产者对所使用的资源拥有长期权利时，才可能重视保护资源的可持续性。

另外，农业资源产品及农用化学品的价格合理化也是一个重要问题。农业资源耗竭性利用及破坏通常是和价格扭曲联系在一起的，而价格扭曲往往

源自政府的补贴，这些补贴使其价格低于生产开发成本，变相鼓励了过量消费，抑制了利用效率的提高。如对灌溉用水的补贴使灌溉者采用大水漫灌的方式进行生产，而不采用节水或效率更高的灌溉技术。环境税的征收可以改变农业生产和消费方式，促使资源开发利用者选择有利于环境的行为方式，减少生态破坏，激励污染者研究开发治理污染的新方法、新技术。为促进农业的可持续发展，可以进一步扩大环境税的征收范围，对土地资源、水资源、草原资源、滩涂资源等征收资源税，对农用化学品的使用征收污染税，从而准确反映资源稀缺程度，并通过征税的方式激励使用者节约、高效使用资源。

5.4.3　通过政府引导，推动环保内生发展

目前，中国农业环境政策在相当程度上还带有浓郁的计划经济色彩，造成当前农业环境政策无论是在治理水土流失还是在防治土地退化方面，都是通过"自上而下"的命令控制决策方式来实现，带来较大的行政负担的同时，没有将农业环保理念内化为农民内在动力，忽视农民参与农业可持续发展的群众基础。

基于农业环境污染自身特点，农业资源环境政策应更具备引导性和激励相容性，即通过一些激励性或鼓励性措施与手段，引导农民自觉采取有利于环境的行为。如通过农产品认证与标志制度，引导农民采用绿色的农业生产方式；通过建立农业生态补偿制度，激励农民维持、保育农业生态系统服务功能，使农业环境保护的外部性内部化；通过政府购买服务方式，鼓励和扶持农民进行植树、造林、种草等有利于环境的活动；通过实施行政奖励措施，引导农民和农业生产经营组织使用环保型农用薄膜或把农田不可降解残留薄膜的回收利用变成农民的实际行动。

5.5　农业保险政策

中国自 2007 年建立政府补贴的农业保险制度，其本质是在国家财政政策支持下建立的农业灾害补偿制度。经过多年的实践，农业保险制度建设既有成功的探索，也显露出制度设计存在的缺陷。作为农业现代化实现的重要保障之一，高水平的农业保险与农业现代化互为促进。因此，要使农业保险更

加有效地促进中国现代农业实现，则需要进一步完善农业保险的相关制度设计。

5.5.1　完善农业保险制度

以《农业保险条例》的颁布为契机，进一步具体和完善实施细则，有针对性地进行一系列制度安排上的变革和配套，使中国的农业保险制度符合国情实际，适应改革发展的需要，产生一定的制度红利，推动农业保险和农业现代化同步、快速、健康发展。

一是实行农业保险再保险制度。这一制度的出发点是通过再保险分担农业保险公司自身的经营风险，鼓励农业保险公司主动进入农业保险的高风险领域，大规模开展农业现代化需要的高风险保险业务。其基本思路是国家出资设立农业再保险公司，以法律的形式规定农业保险公司及其分支机构、商业保险公司或与地方政府合作经营的农业保险业务均必须向再保险公司分保，超赔部分由国家财政负担。

二是国家要通过法律手段在一定意义上使农业保险具有强制性。美国的农业保险虽然原则上实行自愿投保，但1994年美国《农业保险修正案》明确规定，不参加政府农作物保险计划的农民不能得到政府其他福利计划，如农产品贷款计划、农产品价格补贴和保护计划等；必须购买巨灾保险，然后才能追加购买其他保险。这在一定程度上推动了事实上的强制保险。这种做法是否可以照搬需要进一步研究，但其立法宗旨及技术含义值得研究和借鉴。

5.5.2　引入社会资源

长期以来，由于政府对农业和农业保险干预的低效，社会资金无法获得至少不低于社会平均利润率的回报而不愿投向农业领域。1987～2012年的25年间，中国农业保险与农业生产之间的相关性系数为0.82[1]，但这25年间农业保险保费收入占社会总保费收入的平均比重不超过2%，尤其是工业经济领域经过近30年快速发展所创造的巨大社会财富并未有效地流入农业领域。

---

[1]　根据《中国统计年鉴》（1991～2013年）相关数据计算得出。

一是要抓住目前中国千方百计控制过剩流动性的有利时机，在国家层面将农业领域包括农业保险作为吸纳过剩流动性的又一个"池子"，引导各类资金包括民间游资、机构资金和国外热钱落地。这样既满足了农业和农业保险领域对资金的巨大需求，又有效、平稳地控制了过剩流动性。

二是加大政府对农业保险的财政补贴。政府的财政补贴是中国农业保险发展的重要助推器。根据美国经验数据，按照美国的补贴标准，测算出中国2012 年农业保险补贴额应为 1376.90 亿元，而实际补贴额度只有 103.2 亿元。这表明中国农业保险从政府支持额度来看还有巨大的空间。[①] 政府补贴可以根据需要和效力选择适合的方式：（1）向经营农业保险的商业保险公司提供生产补贴；（2）向投保农户提供消费补贴；（3）同时既向保险公司提供生产补贴，又向农户提供消费补贴。

三是推动优质人力资源向农业和农业保险领域的流动。这也是中国农业和农业保险领域摆脱低水平均衡、真正走上市场化乃至现代化的关键。要尽快出台有利于农业和农业保险专业人才的培养与引进政策，鼓励"走出去学，骋回来干"的开放式人才培养方式，广泛借鉴发达国家的成功经验和专业成果，切实提高农业和农业保险领域从业人员的整体素质和专业能力。

5.5.3　改革农业保险保费补贴制度

近年来，中国政府对农业保险补贴虽逐年上升，但补贴效率低下。具体表现为农业保险的补贴基础差，投保人、保险公司和基层政府各种道德风险行为开始显现，导致政府财政资金存在耗费现象，迫切需要做出政策调整，优化补贴路径，注重地域差别，区分不同险种，合理确定补贴率。

一是优化保险金额以及补贴金额确定的政策。目前，中国农业保险补贴水平普遍按"广覆盖、低保障"的原则确定，即保险金额主要根据种植业和养殖业在生产过程中耗费的物化成本的一定比例进行确定。这种"保成本"式的保费补贴，尽管财政支持的比例总体较高（中央和地方的保费补贴比例合计可以达到 80% 左右），但由于"成本保险"下的保险金额偏低，致使整

---

① 政府应如何补贴农业保险——简评冯文丽教授新著《农业保险补贴制度供给研究》[EB/OL].
中国金融新闻网，2012 - 04 - 11.

体补贴水平偏低，给付赔偿仅能针对农作物的部分物化成本进行。参照国际经验，理想的补贴基础是农民可以选择不同的保险保障水平和类型，既可以基于产量损失投保，也可以基于农产品价格的损失投保，或者两者皆可投保。

二是丰富补贴品种，实行差异化补贴方式。目前，中国农业保险中央财政的补贴品种仅仅有 15 种，各省份地方政府则因地制宜地选择部分具有本地特色的品种进行单独补贴。而美国联邦农作物保险项目下，农民可以购买保障的农作物品种超过 100 种。中国应该扩大农业保险的补贴范围和品种，把更多的农产品纳入补贴范围，在此基础上，采取差异化补贴方式，适度提高对粮食主产区、中西部财力困难地区以及重点粮食品种的中央财政保险保费补贴比例。将原来由农户承担农业保险保费部分调整为中央财政新增农业补贴资金（如农资综合直补）代为缴纳；另外，还可考虑将承担保费补贴的保险业务机构由省级政府统一确定。

三是对从事农业保险再保险的公司及业务给予费用补贴或税收优惠。

5.5.4　建立农业风险分散制度

美国等国家近年来保险公司的经营状况表明：虽然大部分年份发生承保亏损，赔付率超过 100%，但很多保险公司还能生存和发展，主要原因就是大量的投资收益弥补了主营业务的亏损。保险金融化趋势使得保险业由单纯履行赔付职能的保障机构逐渐演变为既具有保障功能又具有重要融资功能的非银行金融机构，这为单纯依靠传统产业基本无盈利可能的农业保险公司开辟了全新的天地。

农业风险的时间和空间高度关联、集中，使得巨灾事件一旦发生，传统农业保险公司可能会在短时间内遭受巨额损失。随着中国资本市场的发展与市场监管的完善，在中国探索同时具有融资和风险分散两种功能的资本市场的条件渐趋成熟。开展农业保险公司的混业经营业务，将原为单一产品的农业保险产品打包设计成保险市场、资本市场和货币市场互动的金融产品，开发相应的保险产品，并将产品证券化后在资本市场上销售。这可使农业保险的风险分散功能和自身盈利功能都得到一定的放大。

目前，国际资本市场上出现巨灾债券、巨灾期权、巨灾期货和应变资本等风险证券化产品，尤其是巨灾债券已在地震、飓风等方面得到普遍运用。

中国也应积极开展巨灾风险证券化的试点，并通过多层次农业巨灾风险基金产品的推出，逐步推动保险基金投资证券化。这也是我国防范农业巨灾对农业保险体系造成毁灭性冲击的战略举措。

（中国农业科学院农业经济与发展研究所研究员 蒋和平；福建农林大学詹琳）

第②篇
中国现代农业发展金融支持研究

第 *6* 章

引　言

　　本篇是亚洲开发银行"中国现代农业示范区规划建设和金融支持研究"项目（项目编号：46082）中有关"中国现代农业发展金融支持研究"部分的中期报告。研究基于对中国现代农业示范区建设试点市县（江苏姜堰区、湖北监利县、广西田东县、宁夏贺兰县、黑龙江富锦市）实地调研的了解和掌握的其他农村金融改革试点地区的官方资料，分析评估中国金融服务现代农业的现状及农村金融创新的进展与经验，发现其中存在的问题；此外，通过研究借鉴国外发达国家金融支持农业现代化的成功经验，以及国际金融机构在农业领域的相关成果和干预措施，从政策角度探究金融如何支持中国现代农业发展，并提出金融支持现代农业发展的思路与对策措施。

　　本篇使用了农村金融体系、农业政策性金融、现代农业示范区，以及农村金融的供给主体和需求主体等概念，在此一一作出界定。

　　农村金融体系范畴是指在县及县以下由若干银行业等金融机构或活动组成的为农村经济发展融通资金的金融体系，农村融资范围包括农业产业融资，也包括农业基础设施融资，以及生活消费融资。它是我国金融体系的重要组成部分。从理论上讲，农村金融体系包括一系列内涵丰富的金融组织形式和服务的品种；从地域上讲，在我国指县及县以下为农户和中小企业提供金融服务的金融机构或金融活动。

　　农业金融与农村金融的作用范围有交叉有区别。农村金融的实用领域涵盖农村经济社会各个领域，农业金融的职责是为农业生产的各领域、各环节提供必要的、适当的资金支持和产品服务，其中相关金融机构的建设和金融产品的开发则属于城市金融的范畴。因此，农业金融的发展目标应确立为以下三个方面：其一，为一线农业生产领域提供直接的资金支持，包括金融化的财政资金支持和商业性信贷支持；其二，为农产品的收储和加工提供资金支持，特别是流动资金的支持；其三，为农业产业各生产主体提供必要的金融服务，如担保、保险、咨询等。需要强调的是，鉴于农业产业的弱质性和基础性，金融对现代农业发展的支持中，政策性金融机构的地位尤为重要，即使在商业性金融的应用中，政策性的因素同样不可忽视。

农业政策性金融有以下两层含义。一是指对金融回归农业、服务三农的干预和引导政策，抑或以专项政策引导各类金融服务农业，即政策性金融，其政策实施对象包括农业开发银行、商业银行、农村合作银行、新型农村金融组织及其他金融机构，与单纯的财政支农政策不同，它是撬动金融资本、动员金融资本投资农业的重要方法。政策性金融的主要工具有：（1）贷款贴息；（2）政策性金融机构的直接信贷，如中国农业发展银行的粮油收购贷款等业务；（3）贷款担保费用补助（如用财政资金补助担保公司，撬动银行向农业经营主体贷款）；（4）政策性农业保险（投入财政资金转换为保险资金）；（5）其他财政补助金形式，如中国以财政扶贫资金组建贫困村村级资金互助社，日本以财政补贴向农协提供费用补助等。二是特指承担国家农业发展和支持战略、弥补商业金融机构、合作金融机构等市场主体对农业服务不足的一类金融机构，如国家农业发展银行等。综合而言，农业政策性金融主要是指在中央和地方政府政策之下对农业金融的财政拨款、贷款等投入，它可通过直属金融机构直接进行长期、低息贷款，或对其他金融机构的长期低息贷款提供补贴的担保，来促进农业贷款的普及、满足农业现代化的融资需求。

现代农业示范区，意指在农业专业化、区域化的功能区划分基础上，结合县区域行政区划由中国农业农村部选定的国家现代农业示范区。因此，现代农业示范区强调的是区域而非单一农业，突出国家战略而不拘于地方层面，重在解决四化同步的综合问题，而非单一问题。

农村金融的供给主体和需求主体。农村金融（信贷资金和产品服务）的供给主体（提供者）包括国有商业银行、合作制或股份制银行、涉农龙头企业（如农产品贸易或加工公司等）、金融中介机构（如保险、养老金、担保公司等）。这些提供者在组织结构、运营特点、专业程度、资金来源、相对重要性，以及与公共部门的关系等各个方面都各有不同，但都在一定程度上提供了以下方面的服务活动：（1）存贷汇业务；（2）贷款注资；（3）风险承担与监管；（4）流动性供给；（5）其他的贷款相关服务。这些服务都是金融中介机构营业收入的来源，并且促进了行业的专业化分工。农村金融的需求主体指在县及县以下区域从事农业生产经营的市场主体，包括农户、家庭农场、专业大户、农民专业合作社、涉农企业或农业社会化服务企业等。

第 *7* 章

农村金融理论与相关政策

7.1 农村金融基本理论

7.1.1 三类主要农村金融理论及评述

西方经济学的农村金融发展理论是在金融发展理论的基础上衍生发展起来的,具体论述了发展中国家农村地区的金融发展与农业、非农产业的发展以及农村居民的收入增长、消除贫困等方面的关系,是金融发展理论在发展中国家农村地区的具体运用。传统上具有代表性的农村金融发展理论有两种,即农业信贷补贴论和农村金融市场论,虽然这两种理论都有偏颇,但是对以后的研究具有借鉴意义。随着研究方法的改进,在这两种理论的研究基础上,又提出了新的农村金融理论,如哈耶克的局部知识论和斯蒂格利茨的不完全竞争市场论等。他们的理念对指导现代农村金融发展十分重要。经过多年的发展,农村金融理论体系已初具雏形。目前一般将农村金融理论主要划分为农业信贷补贴理论、农村金融市场理论和不完全竞争市场理论三种类型。近年来,理论界关于金融抑制、金融深化与金融约束的讨论,实质是对农村信贷补贴论、农村金融市场论与不完全竞争市场理论在农村金融市场体制选择问题上的具体应用。相关的研究评述不一而足。

简言之,农村金融市场发展理论的三个流派,其核心问题都是围绕政府如何在农村金融市场发挥作用以促进农村经济增长。农业补贴论过分依赖政府,在初期确实加快了农村经济的发展,但也因为带来信贷配给难以有效扶贫、金融效率低下等弊端受到强烈批评。而在农村不具备经济稳定的前提下实施金融深化主张，又遇到市场失灵等弊端。20 世纪末的不完全竞争市场理论通过信息经济学理论，从市场运行机制出发，详细甄别信贷市场与资本市场等其他市场的作用功能，主张政府予以适度干预，符合渐进性改革的思路。国内学者在比较评述三种理论观点基础上，根据国际农业现代化的美国、法国和日本等的经验，多数持农业信贷补贴论已经不是主流的观点，指出不完全竞争论是我国农村金融市场发展的方向（丁长发，2010）。

7.1.2　关于农村金融市场融资渠道选择问题

农户融资渠道研究亦是农村金融发展的重要方面，一般认为，农村融资渠道有正式金融中介机构和非正式金融中介机构。

关于农村正式金融机构信贷困难的原因，一般理论认为，农村正式金融机构分布较少、运营成本较高及逐利性等特点，将大部分农民排除在信贷市场之外，发展中国家应通过增加多种的信贷供给主体、建立多层次的农村金融体制增加农村金融供给，满足农村金融需求。亚当斯（Adams，1988）提出评价农村金融体制的标准，其中重要两点就是农村正式金融服务人数与金融中介提供服务的质量，他从侧面说明农村金融覆盖面窄。针对我国情况，韩俊（2003）认为，我国农村经济主体难以从正式金融中获得信贷支持，因为对农业财政支持过低导致农村金融组织发展失衡。周脉伏（2004）进一步指出，由于金融机构并不是"农户身边的金融机构"，其获取农户信息成本高，且由于农户履约机制缺乏等因素共同造成农户融资困难。

由于农村正式金融渠道融资困难，学者们对非正式融资渠道进行了探讨。亚龙（Yaron，1997）、世界银行（World Bank，2004）认为，大部分大农场主和富有者获得农业信贷，贫困者主要从农村非正式金融机构满足融资需求。贝斯利（Besley，2001）、汉德克（Khandker，2003）、温铁军（2001）等认为，在有些国家，非正式金融市场成为农户尤其是贫困农户融资的主渠道。楼裕胜（2009）利用时间序列分析中的脉冲响应函数和方差分解，结合 1978～2007 年浙江统计数据，认为浙江农村金融、民间金融和农村经济增长之间存在着紧密的联系，并具有长期均衡关系；农村金融对经济增长有阻碍作用，但民间金融支持农村经济效果显著。

另有学者们研究发现，小额信贷组织成为农村金融市场融资的另一渠道。泽勒（Zeller，2001）认为，小额信贷组织在信贷模式、利率定价、监管体系、风险管理等方面符合农户尤其是贫困农户的融资需求。世界银行（1997）、华盛顿会议（2003）认为，小额信贷已经成为农户融资的主要创新模式，目前格拉梅恩（Grameen）银行的金融模式在世界一百多个国家予以推广。

7.1.3　关于农村金融组织绩效评价问题

上述三种农村金融理论的前提假设和政策主张中隐涵对农村金融的评价标准，比如农村信贷补贴论将金融机构的涉农信贷总量和信贷审批速度作为衡量农村金融机构业绩的标准。但实践证明，这种评价标准显然不利于增强农村金融机构的活力与可持续性。通过对新兴发展中国家的农村金融考察，世界银行农村金融顾问亚隆（Yaron，1992）等主要从两方面来评价农村金融发展绩效。其一，经济发展中农村金融对其贡献度水平，对此亚隆提出两种标准来判断农村金融对经济发展的贡献：（1）从农村生产增长的角度衡量农村金融的贡献度；（2）农村金融对农村经济公平的作用。其二，农村金融市场的可持续性及独立性。然而实践中，由于农村金融机构普遍存在业务量较小、业务范围品种较窄、效率较低等现象，而且农村金融机构服务目标相对于其他金融机构具有其独特性，所以想对农村金融机构提出全面、恰当的业绩衡量标准难度较大。鉴于此，亚隆认为，综合农村金融市场与金融机构发展的实际，应当主要从两个方面来判断农村金融市场成功度。

（1）农村金融的服务范围。农村金融对农村经济增长的贡献和促进经济公平的贡献与农村金融服务的范围即农村金融目标客户的覆盖面相关，它是一个综合性的指标，它可以评价农村金融市场的渗透度及农村金融提供的服务质量，反映农村金融服务的深度和广度。亚隆、本杰明和普雷克（Yaron，Benjamin & Piprek，1997）对所达到的范围领域细化为储蓄的数量和储蓄账户的平均价值、所提供金融服务的多样性、分支机构和村网点数目、农村人口中被服务的人口比例等。

（2）农村金融自我维持能力。一般来说，一个经济主体收入大于支出是该主体持续经营的必要条件。同样，收入等于或高于支出是农村金融机构自我维持的平衡。农村金融机构自我维持能力是一个复合指标，收入主要包括其通过业务收取的利息及相对应的补贴，支出主要涵盖经营性支出和机会成本等因素。可以用补贴依赖指数来衡量农村金融机构持续运作的能力。泽勒和梅戈尔（Zeller & Megor，2002）认为还应考虑农村金融体制的福利效果。

7.1.4　关于农村金融体系建设与改革问题：以正式金融机构与非正式金融机构为对象

杰米兹（Germids，1990）、贝斯利（Besley，1994）认为，农村金融市场由正式的、准正式的和非正式的金融中介组成。本小节仅将农村金融组织划分为正式金融机构与非正式金融机构。

（1）正式金融方面。我国学者李玮（2000）认为，我国农村金融组织发展缓慢，由上至下的金融政导较慢，农户无法及时获得低成本贷款，农户信贷需求被抑制。彭川西等（2001）指出，我国农村金融组织体系建设相对农业经济发展严重滞后，张国亭（2008）在分析了我国农村金融组织存在动员资金方面规模不足、配置资金能力有限和提供多样化金融服务能力有限的弱点后，提出应加大农业发展银行、商业金融机构和农村信用社支农作用的建议。对于农村金融中介的模式，泽勒（Zeller，2003）在分析了各种金融中介机构的比较优势后认为，要促进农村金融机构的联合：村银行、互助组、自助组是第一层；信用社、小银行是第二层；商业性的、国有的、合作性的银行是第三层。

（2）非正式金融方面。鉴于非正式金融市场成为农户尤其是贫困农户融资的主渠道（Besley，2001），学者对非正式金融中介机构关注度越来越高。他们从各个角度分析非正式金融中介机构产生的原因。有学者认为，在国家信用体系和相关金融法规控制之外的金融市场可称之为非正式金融。安德斯·伊萨克松（Anders Isaksson，2002）指出，民间金融是发生于官方监管之外的金融活动，是对政策扭曲和金融抑制的理性回应。对民间金融市场制度需求的原因是金融抑制下的政府信贷配给制的偏见和制度歧视。蒂埃里·佩罗（Thierry Pairault）则认为，各国和地区民间金融的发展是个人经济发展的结果。斯蒂（Steel，1997）从信息经济学的角度研究民间金融产生的原因，认为民间金融可以利用自身优势获取农村本地较为完善的私人信息，从而解决了正式金融所解决不了的信息不对称问题。格米迪斯·迪米特里（Germidis Dimitri，1990）认为，非正式金融主要特征之一就是借贷双方和储蓄者之间存在从简单信用安排到复杂的金融中介机制的联系。

我国学者林毅夫等（2003）通过构建金融市场模型，证明金融市场分割与非正式金融市场是中小企业借款者、正式金融机构贷款者与非正式机构贷款者行为相互作用的结果，认为民间金融存在根本原因是信息不对称造成的逆向选择和道德风险，而金融抑制仅起到强化的作用。林毅夫等学者的研究解释了民间金融活动在金融自由化的国家和地区仍会存在的原因。任旭华（2003）指出，民间金融的兴起是因为现行制度安排的变更或替代，或者是新制度安排所创造的，它是诱致性金融制度变迁的结果。崔慧霞（2006）指出，我国农村正式金融服务不足是民间金融得以发展的原因。张庆亮（2001）利用新制度经济学的研究方法，认为民间金融内生于我国民营经济发展过程中对金融的需求，民间金融是我国市场经济体制转轨过程中的内生性金融制度安排。凯利·蔡（Kellee Tsai，2001）以我国为研究样本，通过对比长乐、惠安、温州和郑州的民间金融发展路径及地区经济发展路径，认为我国区域民间金融发展差异的原因是地方政府对民营经济实行差异化政策，与张庆亮的判断较为一致，即民间金融是内生于民营经济的金融形式。

基于我国金融政策与民间金融现状，我国学者从高利贷的角度对民间金融的合法性进行了讨论。曹立群（2000）、温铁军（2002）、黎东升和史清华（2003）等认为，民间金融中高利贷行为较为严重，影响农村的发展；而姜旭朝（1996）、史晋川等（1998）、茅于轼（2002）等学者较为赞同高利率的合理性，认为应当给民间金融以合法地位。

对于农村民间金融的管理，有学者认为，非正式农村金融利率高，效率低下，应用农村正式金融替代非正式金融。但也有学者认为，农村正式金融制度缺位，而非正式金融体制适应于农村环境，是农村居民获取金融服务的主要途径。霍芬德·斯蒂格利茨（Hoffand Stiglitz，1996）认为，应通过正式金融机构在农村地区选择村代理、正式金融机构将资金贷给非正式贷款者然后再由其贷给农户、典当等方式将农村正式金融与非正式金融连接起来。

7.2　我国农业发展的金融支持政策

政府对农业发展的金融支持政策主要包括三个大的方面，即财政促进政策、税收优惠政策和利率差别化政策。从政策目标看，主要涉及针对农村金融机构改革的扶持政策和措施、支持新型农村金融机构发展的政策措施、鼓励增加涉农信贷投放的政策措施、对农业保险的保费补贴政策、实施扶贫贷款贴息政策等具体内容。

7.2.1　财政政策

1. 针对农村金融机构改革的扶持政策和措施

一是支持农业银行股份制改革。在农行股改过程中，通过中央汇金公司向农业银行注资 1300 亿元人民币等值美元，提高农业银行的核心资本充足率;[①] 支持农业银行剥离处置不良资产 8157 亿元，改善资产质量。[②] 二是支持农村信用社改革，对 1994~1997 年因开办保值储蓄亏损的农村信用社给予补贴，累计拨付 88.5 亿元（张志杰，2012）。此外，明确省联社发生的服务性支出由基层社分担，不作为省联社收入计税。三是国家组建农业发展银行，支持农业发展银行拓展业务，强化政策性支农功能。

2. 对新型农村金融机构的定向费用补贴

针对新型农村金融机构设立时间短、初期财务压力大等困难，自 2008 年起财政部开始对符合条件的新型农村金融机构给予费用补贴，减轻财务压力。2010 年，财政部出台《中央财政新型农村金融机构定向费用补贴资金管理暂行办法》，对上一年贷款平均余额同比增长且达到银监会监管指标要求的贷款公司和农村资金互助社、上年贷款平均余额同比增长、上年末存贷比高于 50% 且达到银监会监管指标要求的村镇银行按其上年贷款平均余额的 2% 给予补贴。2010 年，财政部将西部基础金融服务薄弱地区的金融机构网点纳入补贴范围。

2014 年 3 月 28 日，财政部印发《农村金融机构定向费用补贴管理办法》，该办法于 2014 年 4 月 11 日起施行，财政部 2010 年印发的《中央财政农村金融机构定向费用补贴资金管理暂行办法》同时废止。新办法显示，对符合条件的新型农村金融机构所称新型农村金融机构，是指经中国银行业监督管理委员会批准设立的村镇银行、贷款公司、农村资金互助社 3 类农村金融机构，财政部门按其当年贷款平均余额的 2% 给予补贴，且补贴资金由中央和地方财政按照规定的比例分担。东、中、西部地区的中央地方分担比例分别为 7:3、8:2、9:1。新办法规定享受补贴的具体条件包括：当年贷款平均余额同比增长；村镇银行的年均存贷比高于 50%（含）；当年涉农贷款和

[①] 《中国农业银行 2008 年度报告》。

[②] 《中国农业银行 2009 年度报告》。

小微企业贷款平均余额占全部贷款平均余额的比例高于70%（含）等。

3. 贷款贴息政策

一是实施扶贫贷款贴息政策，支持农村贫困群体。为引导金融资本投入农村贫困地区，中央财政自1998年起安排扶贫贷款贴息资金，并不断改革和完善扶贫贷款贴息制度，扩大承贷主体，丰富资金来源。截至2009年底，中央财政共拨付了贴息资金81.5亿元，累计带动发放了超过2000亿元的扶贫贷款（丁孜山，2011）。二是地方政府涉农贷款贴息政策。以海南为例，为降低农户融资成本，海南实行农民小额贷款贴息政策，10万元以下的农户小额贷款可以享受政府贴息，其中，省级财政贴息5%，地市贴息比例视地方财政情况自行确定。儋州市农户承担利息为1.5%，东方市农户承担利息为1%。据统计，2013年，海南全省累计发放10万元以下贴息农户小额贷款5.67万户、19.06亿元，全年累计兑付财政贴息5.33万户、1.09亿元，有效缓解了农民发展生产和改善生活条件所需资金融资难问题。

4. 贷款担保专项资金

在有关开展农业金融产品创新和服务创新的政策文件中，经常有提及开展农村土地承包经营权和宅基地使用权抵押贷款业务、有效扩大抵押担保范围等内容，[①] 特别鼓励有条件的地区由政府出资设立融资性担保公司或在现有融资性担保公司中拿出专项额度，为新型农业经营主体提供贷款担保服务；强调各银行业金融机构要加强与办理新型农业经营主体担保业务的担保机构的合作，适当扩大保证金的放大倍数，推广"贷款＋保险"的融资模式，满足新型农业经营主体的资金需求。[②] 可见，政府扶持发展农业担保机构是涉农金融产品创新和业务创新的重要路径之一，以此可有效带动金融机构服务"三农"的力度。在地方政府层面，出资建立担保机构也已是财政扶持金融服务三农的普遍做法。在课题组调研的5个县中均建有政府背景的担保公司，黑龙江富锦市建立有"富锦市锦兴农业担保公司"，隶属于市财政局的事业单位；贺兰县建立有"失业人员小额贷款担保中心"，隶属于县劳动就业局，可为城乡妇女创业就业、大学生创业、科技特派员创业等提供担保服务；广西田东县，2009年由财政出资建立了"田东县助农融资担保公司"，为相对比较大额的农业贷款提供担保服务，经过两次增资，目前公司资本金

---

① 《关于推进农村金融产品和服务方式创新的指导意见》。

② 《关于做好家庭农场等新型农业经营主体金融服务的指导意见》。

达到 3000 万元，与其合作的农村商业银行和村镇银行，提供放大 10 倍即 3 亿元的贷款额度；此外，海南积极探索以财政资金建立"惠农担保基金"，解决农业贷款无抵押问题，撬动金融资本更多以信用担保方式进入农业领域。

5. 政策性农业保险资金

2007 年，财政部印发《中央财政农业保险保费补贴试点管理办法》，启动农业保险保费补贴试点工作，对 6 省份的 5 种农作物给予保费补贴，试点险种的保费由中央和省级政府各负担 25% 后，其余 50% 由农户承担，或由农户与龙头企业和省、市、县级财政部门共同承担。此后，中央财政不断扩大补贴区域，提高补贴比例，增加补贴品种，历年来补贴资金投入不断加大。目前，除 31 个省、自治区、直辖市（不包括港、澳、台地区）都进入了政策性农业保险试验轨道，由中央财政提供农业保险保费补贴的品种共计 15 个，中央财政农业保险保费补贴政策覆盖全国，地方可自主开展相关险种。农业保险补贴已成为各级财政撬动金融合力支持"三农"的一项重要举措。2014 年，国家将进一步加大农业保费支持力度，提高中央、省级财政对主要粮食作物保险的保费补贴比例，逐步减少或取消产粮大县县级保费补贴。

6. 金融机构涉农贷款奖补政策

为提高金融机构发放涉农贷款积极性，政府部门及地方政府实施各类财政奖补政策。2009 年，财政部出台《财政县域金融机构涉农贷款增量奖励资金管理暂行办法》，开展县域金融机构涉农贷款增量奖励试点，对县域金融机构上年涉农贷款平均余额同比增长超过 15% 的部分，按 2% 的比例给予奖励，激发金融机构加大涉农贷款投放的内生动力。2010 年，财政部进一步完善试点政策，并将试点范围扩大到 18 个省份。各地方政府也通过制定相应的风险补偿或奖励政策，鼓励金融机构加大涉农贷款力度。例如，为鼓励金融机构增加涉农贷款投放量，海南对涉农金融机构农民小额贴息贷款给予 1.5% 风险补偿和 0.5% 奖励。2013 年，海南全省兑付风险补偿金 2050.40 万元、奖励资金 753.95 万元。再如，2012 年广西田东县在国家财政给予农村商业银行、邮储银行和村镇银行 757 万元奖励的基础上，再增加奖励资金 106 万元。田东县助农融资担保公司也根据其业务量获得国家有关担保贷款奖励 12 万元。县财政安排专门资金 780 万元，建立了小额信贷风险补偿基金和农村产权抵押融资风险补偿基金，向鸿祥农村资金互助社和农业银行提供不良贷款补偿 15.3 万元。

7. 完善财政相关配套制度建设

金融财务制度方面，财政部放宽了金融机构对涉农贷款的呆账核销条件，授权金融机构对符合一定条件的涉农贷款进行重组和减免，可酌情减免本金和表内利息。金融机构业绩考核方面，将涉农贷款等指标作为加分因素纳入绩效。

7.2.2　税收减免政策

1. 对涉农金融机构的税收优惠

按照《关于农村金融有关税收政策的通知》规定，金融机构发放 5 万元以下农户小额信贷的利息收入，免征营业税；对农村信用社、村镇银行、农村资金互助社、贷款公司、法人机构所在地在县及以下地区的农村合作银行和农村商业银行按 3% 的优惠税率征收营业税；符合条件支持农业农村的担保机构免征 3 年营业税，农村商业银行和村镇银行享受 15% 企业所得税的优惠。保险公司为种植业、养殖业提供保险业务取得的保费收入，减按 90% 计征收所得税。《关于金融企业涉农贷款和中小企业贷款损失准备金税前扣除政策的通知》规定，金融企业涉农贷款和中小企业贷款损失准备金实施税前扣除。

2. 对特殊涉农业务的税收优惠

对金融机构农户小额贷款的利息收入，免征营业税。对金融机构农户小额贷款的利息收入在计算应纳税所得额时，按 90% 计入收入总额。《关于保险公司提取农业巨灾风险准备金企业所得税税前扣除问题的通知》规定，对保险公司为种植业、养殖业提供保险业务取得的保费收入，在计算应纳税所得额时，按 90% 的比例计入收入。对保险公司经营中央财政和地方财政保费补贴的种植业险种的，按不超过补贴险种当年保费收入 25% 的比例计提的巨灾风险准备金，准予在企业所得税前据实扣除。

7.2.3　利率差别化政策

1. 对农村中小金融机构执行较低的存款准备金率

为保证农村地区信贷资金充足，在紧缩流动性的前提下，对农村信用社仍执行较低的存款准备金率。2010 年以来，人民银行多次上调法定存款准备金率，其中，对农村信用社等中小法人机构仅上调 3 次，目前，农村信用社执行比大型商业银行低 6 个百分点的优惠存款准备金率，其中，涉农贷款比例较高、资产规模较小的农村信用社执行的存款准备金率比大型商业银行低 7 个百分点。同时，村镇银行的法定存款准备金率比照当地农村信用社执行。

2. 稳步推进农村金融机构贷款利率市场化，降低农业新型经营主体融资成本

农村信用社贷款利率浮动上限可以扩大到贷款基准利率的 2.3 倍。对新型农村金融机构贷款利率，人民银行出台了《关于做好家庭农场等新型农业经营主体金融服务的指导意见》规定：对于地方政府出台了财政贴息和风险补偿政策以及通过抵质押或引入保险、担保机制等符合条件的新型农业经营主体贷款，利率原则上应低于本机构同类同档次贷款利率平均水平，并要求各银行业金融机构在贷款利率之外不应附加收费，不得搭售理财产品或附加其他变相提高融资成本的条件，切实降低新型农业经营主体融资成本。

3. 出台"新增存款一定比例用于当地"的具体政策措施

2009 年，人民银行、银监会研究制定了《关于鼓励县域金融机构将新增存款一定比例用于当地贷款的考核办法（试行）》，并从 2011 年起在部分县域开展试点工作。

4. 改进和完善支农再贷款管理

人民银行在总结历年支农再贷款使用经验的基础上，近年来，按照向西部地区和粮食主产区倾斜的原则，加强了对支农再贷款额度的地区间调剂。同时，将村镇银行纳入支农再贷款支持范围。2010 年春耕旺季，对西部地区和粮食主产区调增支农再贷款额度 100 亿元。调增后，以上地区支农再贷款额度所占全国的比例达到 93%。支农再贷款对引导扩大涉农信贷投放发挥了积极作用。2013 年，在全国范围内推广拓宽支农再贷款适用范围政策《拓宽支农再贷款范围》，并要求各分支行加强对支农再贷款使用效果的监测考核，进一步发挥支农再贷款引导农村金融机构扩大"三农"信贷投放的功能。

第 8 章

我国现代农业投融资现状：
以典型示范区为例

农业资金的主要来源可大致分为四个部分：财政投资、金融行业贷款、社会资金融通、自有资金，本章主要讨论前两个部分。财政金融资金在实现形式上多种多样，从该角度又可划分为无偿资金（如财政投资和财政补贴）、低成本贷款（如财政贴息贷款、各类政策性银行贷款、政策性担保机构担保贷款）、商业性贷款。

由于农业产业的特性，与工业和服务业相比，农业生产存在"高风险、高成本、长周期、低收益"的特点，与此相对应，导致农业产业的投资同样存在"高风险、高成本、低收益、长周期"的特点。因此，对于商业性金融而言，对农业产业的贷款不符合市场原则，从而商业性金融对农业产业的支持存在局限性。而从国家角度，农业作为基础产业，其投资强度和投资广度不可松懈，由此国家推出各方面农业投资优惠政策，鼓励和引导各类资金投向农业，也因此使得农业资金大多具有或多或少的政策性因素。

8.1 我国农业投融资主要供给主体

政府机构（主要为财政部门和涉农职能部门）、商业银行、政策性金融机构是我国农业金融投融资的主要供给主体。

（1）政府机构。政府机构中主要的农业投融资供给主体是财政部门、发展改革委系统、农业农村部门、林业部门、水利部门、交通部门等。由于地方财力所限，通常县级财政本级财政对农业的投融资强度非常微小，目前对农业的财政投资主要是各部门以财政专项资金的形式通过中央和省级财政转移支付来实现，而又以中央财政资金为主，其中农业农村部门、财政部门、发展改革委系统三部门的专项资金所占比例较大；水利部门的资金以大江、大河、大湖治理为主，农田水利建设资金比重较小；交通部门的道路建设资金有少量用于农村低等级道路建设。

（2）商业银行。国有商业银行中只有中国农业银行和国家开发银行尚有较具规模的农业资金融通。

（3）政策性金融机构。目前，我国农业政策性融资活动大致通过以下四类渠道展开。

一是国家级政策性金融机构。2007 年以后，我国开始进行新一轮的金融体系改革，重点是政策性银行改革，经过改革，国家开发银行进入商业化运作的发展阶段，虽然该行仍承担带有强烈国家战略和国家色彩的"走出去"等融资业务，但是，已不再享有政策性银行的身份。因此，目前，在国家层面上，我国拥有一家农业政策性金融机构：中国农业发展银行。

二是政策性担保机构。同期，政策性担保业务也出现了突破性进展，1993 年，我国成立了中国经济技术投资担保公司，1995 年前后，一些省份开始陆续建立专门的信用担保机构，此后，以中小企业信用担保为契机，各地政策性担保行业迅速发展，农业政策性担保业务随之略有起色。

三是政府基金和专项资金等创新型预算支出。除了上述政策性融资机构的发展，我国各级政府的一些预算支出项目也带有一定程度的杠杆效应和引导作用，发挥着政策性融资的作用，这些预算支出项目通常是面向农业、高新技术企业、中小企业、住房等领域，例如，中央财政预算安排的中小企业发展专项资金可以采取贷款贴息、资本金注入等方式；国家科技成果转化引导基金可以采取设立创业投资子基金、贷款风险补偿等方式；科技型中小企业创业投资引导基金采取阶段参股、跟进投资、风险补助等方式。

四是地方政府融资平台公司。2009 年为应对国际金融危机的冲击，我国推出了大规模的经济刺激计划，为满足该计划的资金需求，各级地方政府纷纷成立各种融资平台，这些融资平台的主要目的是为地方经济建设或社会发展筹集资金，筹资的主要形式是银行贷款，这些信贷资金主要投向了公路和市政基础设施领域，其中有少部分投入农业基础设施建设。

除了上述渠道，邮政储蓄银行的涉农业务也带有一定程度的政策性色彩，但主要还是以经营获利为主导目标，更侧重于商业金融中介的运作模式。

8.2 农业投融资供给状况

8.2.1 财政

近年来，我国各级财政对农业的支持力度持续加大，且支持方式和效果在不断改进。各项涉农资金数量庞大，其中直接用于农业生产第一线的支出为农业支出和农业综合开发支出，2011 年，这部分资金占农业支持资金的51.6%（见表 8 –1）。

表 8 –1   2008 ~ 2011 年全国财政支持农业状况

项目	2008 年	2009 年	2010 年	2011 年
农业（亿元）	2090.5	3826.9	3949.4	4434.4
林业（亿元）	377.3	532.1	667.3	744.6
水利（亿元）	1086.8	1519.6	1856.5	2279.2
南水北调（亿元）			78.4	63.9
扶贫（亿元）	322.9	374.8	423.5	493.3
农业综合开发（亿元）	271.8	286.8	337.8	381.7
农村综合改革（亿元）			607.9	645.8
其他农林水事务支出（亿元）			208.8	287.3
总计（亿元）	4288.9	6720.4	8129.6	9330.2
直接农业生产资金比例（%）	55.1	61.2	52.7	51.6

注：扶贫资金和农村综合改革资金中有少量用于直接农业生产，此处忽略。
资料来源：相关年度《中国财政年鉴》。

从实地调研情况看，各地尤其是粮食主产区的转移性财政支出对农业发展起到了重要作用。特别是在地方财政收入占财政总收入偏低的情况下，涉农资金的支出比例仍然较高，有力地促进了现代农业的可持续发展。如富锦市历年地方财政收入占财政总收入的比重均在20%以下，2013 年此比例仅为14.1%（见表 8 –2）。

表 8 –2   2009 ~ 2013 年富锦市财政总体状况

年份	财政总收入（亿元）	上级补助收入（亿元）	上级补助比例（%）	公共财政支出（亿元）
2009	12.2	10.6	86.6	12.1
2010	19.3	16.4	85.1	19.2

续表

年份	财政总收入（亿元）	上级补助收入（亿元）	上级补助比例（%）	公共财政支出（亿元）
2011	21.0	17.0	81.0	20.8
2012	26.4	21.6	81.8	26.2
2013	27.1	23.3	85.9	27.0

资料来源：根据调研资料整理。

但涉农支出占整个公共财政支出的比重通常在50%左右，2012年，富锦市直接农业生产支出占公共财政支出和涉农支出的比例分别为10.3%和45.4%（见表8-3）。

表8-3　　　　2010~2012年富锦市涉农支出占财政总支出的比例

年份	公共财政支出（亿元）	涉农支出（亿元）	涉农支出比例（%）	农业生产支出（亿元）	农业生产支出比例（%）
2010	19.2	9.0	46.9	1.4	7.3
2011	20.8	8.4	40.4	0.9	4.3
2012	26.2	11.9	45.4	2.7	10.3

注：涉农资金其他科目中尚有部分资金用于农业生产，此处未予拆分统计。
资料来源：根据调研资料整理。

富锦市直接农业支出中，中央及省级资金占据主导地位，2010年、2011年、2012年比例分别为95.8%、96.9%和93.2%（见表8-4）。

表8-4　　　　　　　2010~2012年富锦市财政支持农业概况

年份	涉农资金名称	农业生产	政策补贴	财力补偿	流通加工	生态建设	社会事业	城乡一体化
2010	中央及省级（万元）	12949.4	41875.6	10198.0	812.0	2980.8	8197.0	305.0
	总计（万元）	13517.4	45451.3	15198.0	812.0	3762.8	11004.0	305.0
	上级资金比例（%）	95.8	92.1	67.1	100.0	79.2	74.5	100.0
2011	中央及省级（万元）	8592.2	44679.5	6456.0	956.0	1102.0	7350.0	500.0
	总计（万元）	8863.8	47245.1	12456.0	956.0	2902.0	11273.0	500.0
	上级资金比例（%）	96.9	94.6	51.8	100.0	38.0	65.2	100.0
2012	中央及省级（万元）	25558.7	52082.5	5646.0	150.0	908.3	12715.5	450.0
	总计（万元）	27411.7	54402.7	13646.0	150.0	3015.3	19221.1	1161.0
	上级资金比例（%）	93.2	95.7	41.4	100.0	30.1	66.2	38.8

资料来源：根据调研资料整理。

此外，富锦市财政支出对涉农金融机构的支持也与农业生产支出保持大致相同的趋势，本级财政资金占农业保险保费补贴的比例不到20%，占县域金融机构涉农贷款增量奖励的比例为25%（见表8-5）。

表8-5　　　　　　　　2010～2012年富锦市农业金融财政支出

年份	涉农资金名称	县域金融机构涉农贷款增量奖励	农业保险保费补贴
2010	中央及省级（万元）	2054.2	425.2
	总计（万元）	2740	513.1
	上级资金比例（%）	75.0	82.9
2011	中央及省级（万元）	192.1	524.8
	总计（万元）	256.1	640.5
	上级资金比例（%）	75.0	81.9
2012	中央及省级（万元）	422.5	844.8
	总计（万元）	563.4	1035.1
	上级资金比例（%）	75.0	81.6

注：富锦无新型农村金融机构，故财政支出没有新型农村金融机构定向费用补贴。
资料来源：根据调研资料整理。

8.2.2　信贷

近年来，银行业的涉农业务有所改进，金融产品不断丰富。农村信用社资本和财务实力继续加强，连续9年实现利润大幅增长，支农能力不断增强。村镇银行、贷款公司和农村资金互助社三类新型农村金融机构不断发展，农村金融市场的竞争程度不断提高，2013年末，三类机构贷款余额3651亿元，同比增长56%。全国所有省（区、市）均实现金融服务空白乡镇全覆盖。[1]

以2011年为例，用于直接农业生产的贷款占各项贷款的比重达到9.84%（见表8-6）。

在金融农业金融服务可及性方面，2012年末，农村商业银行337家、农村合作银行147家、农村信用社1927家、村镇银行800家（见表8-7）。

---

[1]　《中国金融稳定报告2014》。

表 8 - 6　　　　　2011、2012 年中国金融机构本外币农村贷款

年份	领域	本期余额（亿元）	占各项贷款比重（％）	当年新增贷款（亿元）	占各项贷款比重（％）
2011	农林牧副渔业	20220.2	3.54	2587.7	3.29
	农田基本建设	958.2	0.17	108.9	0.14
	农产品加工	5943.6	1.04	1390.1	1.77
	农业生产资料	3118	0.55	817.7	1.04
	农业物资和农副产品流通	6347.4	1.11	585	0.74
	农业科技	210.2	0.04	20.8	0.03
	农村基础设施建设	10000.4	1.75	2241	2.85
	小计	46798	8.20	7751.2	9.84
	其他	73671	12.91	14757.2	18.74
	总计	120469	21.10	22508.4	28.58
2012	农林牧副渔业	6699	0.99	888	0.98
	农田基本建设	1176	0.17	220	0.24
	农产品加工	7318	1.08	1110	1.22
	农业生产资料	3629	0.54	583	0.64
	农业物资和农副产品流通	7315	1.08	1001	1.10
	农业科技	255	0.04	64	0.07
	农村基础设施建设	11236	1.66	1455	1.60
	小计	37628	5.57	5321	5.85
	其他	71645	10.60	13647	15.00
	总计	109273	16.17	18968	20.85

资料来源：根据相关年度《中国金融年鉴》整理。

表 8 - 7　　　　　2012 年末涉农机构网点与从业人员

机构名称	机构数（家）	营业性网点数（个）	从业人数（人）
农村信用社	1927	49034	502829
农村商业银行	337	19910	220042
农村合作银行	147	5463	55822
村镇银行	800	1426	30508
贷款公司	14	14	111
农村资金互助社	49	49	421
总计	3274	75896	809733

资料来源：中国银保监会。

与此同时，主要涉农银行业金融机构的营收状况有所改善。坚持服务"三农"的市场定位，按照建立现代农村金融制度的要求，不断推进涉农金融机构改革和创新。农村信用社（含农村商业银行、农村合作银行）发挥着金融支持"三农"的主力军作用，中国农业银行"三农金融事业部"改革取得阶段性成果，农业发展银行政策性服务功能日益增强，中国邮政储蓄银行县域金融服务不断强化，新型农村金融机构培育工作取得较大进展。主要涉农金融机构盈利水平逐年上升，涉农贷款不良率持续降低，可持续发展能力稳步提高。截至 2012 年底，金融机构涉农贷款不良率 2.4%，同比下降 0.5个百分点；农村信用社（含农村商业银行、农村合作银行）涉农贷款不良率5.4%，比上年末下降 1.1 个百分点。[①]

在农业政策性金融业务方面，各相关金融机构也取得了若干进展。表 8-8显示了目前我国主要政策性农业金融机构的农业金融业务开展状况。

表 8-8　　　　　　　　　国内农业政策性金融服务提供情况

类别	名称	农业金融涉及部门	农业政策性金融服务定位	典型金融服务及产品
农业政策性银行	中国农业发展银行	全行	承担农村建设中的政策性金融服务，充分发挥政策性金融引导商业性金融投入农业农村的核心任务	农业生产资料贷款、水利建设政策性贷款、农业产业化龙头企业贷款、农业农村基础设施建设贷款等
商业性金融机构	国家开发银行	评审三局	贯彻国家宏观经济政策，筹集和引导社会资金，致力于以融资推动市场建设和规划先行，促进区域协调发展，支持城镇化、"三农"等"瓶颈"领域发展	农村基础设施建设贷款
	中国农业银行	三农金融事业部	面向"三农"的战略定位，服务"三农"和县域经济发展，发挥金融强农、惠农、富农的政策，探索"三农"建设新模式	六项核心计划（扶贫、丰收、六好、龙腾、千城、虎跃）

---

① 中国银保监会。

续表

类别	名称		农业金融涉及部门	农业政策性金融服务定位	典型金融服务及产品
商业性金融机构	邮政储蓄银行		农村服务部	发挥沟通和连接城乡经济社会的最大金融网络功能，借助覆盖所有市、县和主要乡镇及大部分设置在县及县以下地区分支机构，完善农村金融服务	新农村专项融资业务、存单质押小额贷款、小额信用贷款试点业务等
	其他股份制商业银行		基本无单独部门，分散在信贷部等	根据各自定位与区域分布，在符合自身经营发展原则基础上，实行市场化运营	围绕城乡统筹、县域经济发展、小微金融和农业龙头企业等发放贷款
	农村合作金融机构	农村信用社	全社	承担农村、农户和农业信贷支持的主要任务，发挥新农村建设的主力军作用，突出对农民提供金融支持的基础性地位	农村小额信用贷款、联户联保贷款、农户住房贷款、农村基础设施贷款等
		农村合作银行	全行	以合作制为原则，吸引辖区内农民、农村工商户、企业法人和其他经济组织入股，为农民、农业和农村经济发展提供金融服务	个人综合消费贷款、个人经营性贷款、个人工程机械按揭贷款、生源地助学贷款等
		农村商业银行	基本全行	以股份制为原则，是未来农村信用社改革的方向，应主要为农民、农业和农村经济发展提供金融服务	农户小额信用贷款、林权抵押贷款、农户扶贫贷款、妇女创业贷款等
	新型农村金融机构	村镇银行	全行	在农村地区设立，为当地农民、农业和农村经济发展提供金融服务，发挥信贷措施灵活、决策快的特点	微小贷款、种养殖贷款、自建房贷款、农业合作社贷款等
		贷款公司	全公司	专门为县域农民、农业和农村经济发展提供贷款服务，贷款的投向主要用于支持农民、农业和农村经济发展	担保贷款、信用贷款等
		农村资金互助社	全社	由乡镇、行政村农民和农村小企业自愿入股组成，为社员提供存款、贷款、结算等业务社区互助性银行业金融业务	全产品
		小额贷款公司	基本全品种	优化农村金融市场，解决"三农"和中小企业融资困境	小额担保贷款、商业助业贷款、小额信用贷款、联保贷款等

续表

类别	名称	农业金融涉及部门	农业政策性金融服务定位	典型金融服务及产品
金融市场／金融工具	含农业保险	全险种	发挥在非银行类金融机构中的主导地位，健全和完善农村保险服务体系，为农村地区金融业务创新活动提供重要技术支撑和保险保障	种植业险、养殖业险、病虫害险、自然灾害损失险
	农业期货	全品种	保护农产品生产、稳定农产品价格、保证农产品质量	天然橡胶、玉米、黄大豆一号、黄大豆二号、豆粕、豆油等
	农业证券市场	全品种	通过农产品证券化促进解决农业生产中的融资难问题，转移农业生产风险，促进农业龙头企业发展	农业板块上市公司
	农业投资基金	全品种	对产业链比较完善的中期农业企业投入权益性资金，支持发展生态农业、科技农业、循环农业以及休闲农业等具有较高经济收益的农业产业	中国农业产业发展基金

注：除表中提及机构，此外各地方政府尚组建有农业投资公司、农业融资担保公司或类似机构等提供农业政策性金融服务，多为各地财政部门控股。

各银行机构在政策性农业金融方面的进展如下。

1. 中国农业银行

中国农业银行"三农金融事业部"改革试点范围进一步扩大。2013 年 10 月，中国农业银行江苏、浙江、湖南、云南、江西、陕西、广东 7 个省、538 个县的县域支行纳入深化"三农金融事业部"改革试点范围，并延续差别化存款准备金率、监管费减免和营业税减免等扶持政策。改革试点范围扩大后，试点行的业务量及利润额占中国农业银行整体县域支行的比例从 40% 提升至 80% 左右。在支持"三农"和发展县域金融服务方面，中国农业银行高度重视农村改革和新型城镇化建设衍生的金融需求，提高城乡一体化服务能力；支持现代农业，做好专业大户、家庭农场、农民合作社、农业企业等新型农村经营主体的金融服务；围绕土地承包经营权、农村集体建设用地使用权、农民住房财产权等农村产权改革，积极做好涉农客户的融资创新工作；持续深化"三农"金融事业部制改革，构建有利于提升县域竞争力的体制机制，释放县支行的经营活力；创新新型城镇化金融服务模式，打造服务新型城镇化建设的特色"产品箱"。①

2. 中国农业发展银行

中国农业发展银行（简称农发行）于 1994 年 11 月挂牌成立，是直属国务院领导的我国唯一的一家农业政策性银行。其主要职责是按照国家的法律、法规和方针、政策，以国家信用为基础，筹集资金，承担国家规定的农业政策性金融业务，代理财政支农资金的拨付，为农业和农村经济发展服务。

作为支持服务"三农"发展的政策性金融机构，其发展定位决定了农发行的主要业务方向和工作重心，决定了其在我国农村金融中的骨干和支柱作用，作为提供"农业政策性金融业务"的体量巨大的农发行，长期以来一直被寄予"厚望"，并不断发挥着积极的作用（见表 8－9）。未来，随着我国农村政策性金融服务体系的健全完善，农发行仍将作为核心推动力量。

表 8－9　　　　　　　　　　　农发行主要业务

分类	具体业务
农业生产	粮食、棉花、油料收购、储备、调销贷款
	肉类、食糖、烟叶、羊毛、化肥等专项储备贷款
	粮食、棉花、油料种子贷款
	农业生产资料贷款，包括农业生产资料的流通和销售
农产品加工	农、林、牧、副、渔业产业化龙头企业和粮棉油加工企业贷款
	粮食仓储设施及棉花企业技术设备改造贷款
	农业小企业贷款和农业科技贷款
农村基础设施	农村路网、电网、水网、信息网、农村能源和环境设施建设
农业基础设施	农田水利基本建设和改造、农业生产基地开发与建设、农业生态环境建设、农业技术服务体系和农村流通体系建设
中间业务	发行金融债券
	财政支农资金的拨付
	代理保险、代理资金结算、代收代付等中间业务
	同业拆借、票据转贴现、债券回购和现券交易、同业存款存出等业务

资料来源：《中国农业发展银行 2012 年度报告》。

随着支持农村建设的不断推进和农业产业机构的持续调整，农发行逐步转变发展战略，并在新形势下，进一步强化支持农村和农业发展的"政策性

---

① 《中国农业银行 2013 年度报告》。

银行"定位。2011 年，在推进"一体两翼"发展模式基础上，农发行明确提出未来发展的战略定位是坚持"两轮驱动"，进一步强化和发挥政策性金融支持职能。"两轮驱动"是指农发行以继续支持农副产品收购为一个"轮子"，以支持新农村建设为另一个"轮子"，把这两个"轮子"作为核心驱动的发展战略。"两轮驱动"战略比之前农发行"一体两翼"战略中的"两翼"（支持农副产品生产和加工，支持农业和农村发展的中长期贷款），更为全面和先进，这一方面体现出农发行对金融支持新农村建设的理论探索和实践经验更为丰富，在不断摸索中找到了推进新农村建设的良好模式；另一方面体现出农发行对新形势下政策性农业金融内涵理解的与时俱进和发展创新。"两轮驱动"战略是新时期农发行推进新农村建设的核心要义，在现有相对成熟发展经验（如在试点省份的"三化"协调发展模式）的基础上，该战略对进一步实现政策性金融对促进新农村的发展具有重要作用，意义重大。

同时，面对粮食安全问题，农发行制定了当前和未来一段时期内的核心任务，即，"围绕保障国家粮食安全和主要农产品市场稳定、支持农业农村基础设施建设两大重点任务，完善金融服务，调整信贷结构，严控经营风险，深化体制改革，全面提升素质，构建和谐银行，扎实推进现代农业政策性银行建设"。

综上所述，在保证传统的粮棉油收购等基础性业务基础上，农发行着力开展农业开发和农村基础设施建设中长期政策性信贷业务，在实践中不断取得良好效果，积累了宝贵的发展经验。未来，农发行将进一步着力发展以支持新农村建设和水利建设为重点的农业农村基础设施建设中长期信贷业务，深化和扩展政策性金融在新形势下的发展，引导更多资金回流农业和农村（见表 8 - 10）。

表 8 - 10 农发行主要业务开展概况 单位：亿元

项目	历年累计余额	2012 年余额	2012 年累计
粮油贷款		8962	3409
农业科技贷款			195
农业生产资料贷款	305	257	82
农村流通体系建设贷款		219	107
农业小企业贷款			73
产业化龙头企业贷款		386	285

续表

项目	历年累计余额	2012 年余额	2012 年累计
新农村建设贷款	1708		
水利建设贷款	469		
其他农业、农村基础设施建设贷款	427		

资料来源：《中国农业发展银行 2012 年度报告》。

3. 国家开发银行

促进农业现代化和支持新农村建设是国家开发银行涉农金融业务的重点方向。2012 年末，发放农业产业贷款 216 亿元，新农村建设贷款 1350 亿元。[1] 同时，国家开发银行尚控股村镇银行 13 家，参股村镇银行 2 家。通过对村镇银行进行强化基础管理，经营业绩稳步提升，服务能力进一步提高，积极支持"三农"和小微企业等基层实体经济。贷款余额人民币 43.3 亿元，其中，涉农贷款余额人民币 30.9 亿元，小微贷款余额人民币 25 亿元，全年实现净利润人民币 1.3 亿元，受益农户 17.9 万户。[2]

8.2.3　保险

农业保险是建立健全农业支持保护体系、扶持农业发展的一项有效政策工具。2007 年，中央财政开始实施农业保险保费补贴政策，我国农业保险进入快速发展阶段。2013 年，《农业保险条例》正式实施，农业保险发展进一步加快，在稳定农业生产、促进农民增收和改善农村金融环境等方面发挥了积极作用。

我国农业保险实行"政府引导、市场运作、自主自愿、协同推进"的原则，各地在开展过程中形成了多种模式。一是由政府采用招标等方式选择具有实力的保险公司承办，由承办公司自主经营，自负盈亏。二是由多家保险公司组成共保体共同承保，各公司按约定比例分摊保费、承担风险。三是政府与保险公司联合承保，按约定比例，将保费划入政府设立的农业保险基金专户和保险公司账户，双方按比例承担风险。四是政府委托符合条件的保险公司代办，保险公司只收取代办费，保费收入存入政府账户，承保风险也由政府承担。目前，大多数地区采用前两种模式。我国农业保险在发展过程中也存在一些问题，保障程度较低，收益型保险产品少，部分地区对粮食作物、

———————
①② 《国家开发银行 2012 年度报告》。

经济作物、家畜设定同样的保险费率，定价科学性有待提高，大灾风险分散机制需要进一步完善。

目前我国农业保险发展状况可概括为四个方面。

其一，农业保险覆盖面稳步扩大，风险保障能力有所提高。从地理区域分布看，农业保险已由试点初期的 5 个省（自治区、直辖市）覆盖到全国。从保险品种看，中央财政补贴的品种已达到 15 个。从风险保障能力看，我国农业保险在实现基本覆盖农、林、牧、渔各主要农业产业的同时，在农业产业链前后都有了新的延伸，从生产领域的自然灾害、疫病风险等逐步向流通领域的市场风险、农产品质量风险等延伸。

其二，市场经营主体不断增加。2012 年，我国开展农业保险业务的保险公司已由试点初期的 6 家增至 25 家，适度竞争市场环境正逐步形成。

其三，政策支持力度连年加大。2012 年，我国享受财政保费补贴政策的农业保险保费规模达到 235.28 亿元，占总保费规模的 97.98%，财政补贴型险种仍是我国农业保险的主要险种，有效地减轻了农民的保费负担水平。[①]

其四，经济补偿功能持续发挥。2012 年，共计向 2818 万农户支付赔款 148.2 亿元，对稳定农业生产、促进农民增收起到了积极的保障作用。在一些保险覆盖面高的地区，农业保险赔款已成为灾后恢复生产的重要资金来源。2012 年 1~12 月，全国农业保险保费收入 240.13 亿元，同比增长 38%；为 1.83 亿农户提供风险保障 9006 亿元，承保户数同比增长 8%，保险金额同比增长 38%。目前，我国农业保险业务规模仅次于美国，已成为全球最活跃的农业保险市场之一。2013 年，农业保险全年实现保费收入 306.6 亿元，同比增长 27.4%，向 3177 万受灾农户共支付赔款 208.6 亿元，同比增长 41%，主要农作物的承保面积突破 10 亿亩，保险金额突破 1 万亿元。[②]

8.3　农业投融资需求

8.3.1　农场及种养大户

课题组从 2013 年 11 月开始陆续选取了浙江、江苏、湖北、广西、宁夏、

---

①② 中国人民银行，《中国农村金融服务报告（2012）》。

黑龙江5个省（区）的各一个县进行了实地调研，共获得农场及种养大户的有效调研问卷111份。受访者平均年龄41.1岁，其中女性10人，教育程度以初中、高中为主；受访者中农场主66人、种养大户21人（见表8-11）。

表8-11　　　　　　　　　　　样本基本情况

项目	平均值
受访人数（人）	111
平均年龄（岁）	41.1
平均家庭人口（人）	4.7
平均家庭劳动力（人）	2.9
2013年总收入（万元）	70.9
2013年负债（万元）	42.1
土地总面积（亩）	625.6

平均土地面积方面各省份差异巨大，湖北为224.3亩，广西为110.2亩，宁夏为484.8亩，黑龙江为1427.4亩。

调研各县中，湖北监利县、宁夏贺兰县、黑龙江富锦市均为农业大县，但各地农民对家庭农场和种养大户的相关政策的了解并不是很充分。调研表明，财政支持和科技支持对农户已有一定的覆盖程度，在这方面湖北和广西更为明显，而且较为普遍地认为，国家有必要对家庭农场和种养大户进行财政支持。

受访农户的经营状况方面，2013年，收入均值为70.9万元（有效样本100户），支出均值90.12万元（有效样本97户），负债均值44.99万元（有效样本70户）。与农场规模相对应，黑龙江和宁夏的农户在三个数据方面均显著高于湖北和广西；同时，各省份受访农户的毛收入方面，黑龙江和宁夏的情况明显好于湖北和广西，侧面证明了农业生产规模对于营收状况的重要性。

在总计111个受访者中，70人表示2013年存在负债，负债发生率为63.1%。调研提供三个负债来源选项（多选）：银行贷款、地下钱庄及高利贷、亲朋好友借款，负有各项债务的户数分别为50户、17户、47户。在负债余额方面，银行贷款所占比例最高，达负债总额的44.7%，地下钱庄及高利贷所占比例最小，为17.1%（见表8-12）。

表 8 – 12　　　　　　　　　受访农户 2013 年负债来源结构　　　　　　　单位:%

负债来源结构	数额比例	发生率
银行贷款	44.7	71.4
地下钱庄及高利贷	17.1	24.3
亲友借款	35.6	67.1

农场固定资产方面，88 个有效样本的固定资产均值为 144.9 万元。调研将农场固定资产购置资金来源分为四类：政府扶持资金、自有资金、银行贷款、其他借款，调研结果表明，农场固定资产购置资金的主要部分为农户自有资金，高达 73.8%，最少的是政府扶持资金，比重仅为 1.4%（见表 8 – 13）。

表 8 – 13　　　　　　　　　农场固定资产购置资金构成

项目	固定资产购置资金（万元）	比重（%）	户数（户）	发生率（%）
固定资产总值	12752			
政府扶持资金	178	1.4	14	15.9
自有资金	9408	73.8	—	—
银行贷款	1148	9.0	47	53.4
其他借款	2018	15.8	59	67.0

值得注意的是，虽然银行借款（9%）和其他借款（15.8%）的比重不是很大，但是比较普遍，两者的发生率分别达到 53.4% 和 67.0%；两者的低比例和高发生率说明，农户对资金融通的需求很旺盛，但是，外部资金缺乏可得性。考虑到其他借款中有很大部分是亲朋好友借款，可视为准自有资金，因此可以认为，农场固定资产购置资金的绝大部分为农户自有资金，在外部资金难以获得的情况下，农户不得不竭力发掘自身资金潜力。

在信贷资金方面，多数农户表示近期碰到过资金短缺的情况，特别是黑龙江富锦市，比例高达 90.3%（见表 8 – 14）。

表 8 – 14　　　　　　　　　受访者财政金融事项基本情况　　　　　　　单位:%

项目	湖北	广西	宁夏	黑龙江
获得财政支持	11.5	28.0	20.7	3.2
获得科技支持	42.3	28.0	10.3	19.4
是否了解家庭农场及种养大户政策	26.9	36.0	31.0	25.8
财政支持农场及种养大户是否必要	65.4	68.0	86.2	74.2

续表

项目	湖北	广西	宁夏	黑龙江
获得信贷支持	46.2	48.0	31.0	38.7
近期是否资金短缺	61.5	68.0	86.2	90.3
融资是否有抵押担保	38.5	36.0	41.4	41.9
能否按期偿还贷款	69.2	64.0	82.8	83.9

注：调研内容有若干数据缺失。

与大面积的农户资金短缺对应，农户普遍认为，即使获取融资，也存在很大的难度。在总计 87 个有效样本中，68 个农户认为目前取得融资较困难或困难（72.2%），这方面各省份农户反馈基本一致，特别是湖北和黑龙江表现更为突出，比例分别达到 88.2% 和 85.2%（见表 8 - 15）。

表 8 - 15　　　　　　　　　及时获得融资的难易程度　　　　　　　　单位:%

难易程度	湖北	广西	宁夏	黑龙江	总计
容易			3.7		1.1
较容易	11.8	18.7			5.7
一般		12.5	25.9	14.8	14.9
较困难	29.4	31.3	44.5	22.2	32.3
困难	58.8	37.5	25.9	63.0	46.0

由于所访问农户已经具备一定的农业经营规模，不仅解决资金缺口的需求强烈，在资金需求规模上也要求较高。75 个有效样本中，资金需求规模在 50 万元以上的达到 34 户，比例为 45.3%；资金需求规模 10 万元以下的仅有 4 户，比例为 5.3%。目前，多数地区农村信用社农户联保贷款和邮政储蓄农户联保贷款额度不高于 10 万元，因此，受访农户的资金需求规模已远非小额贷款或联保贷款可以解决，至少从资金供给额度上需要金融机构的业务创新（见表 8 - 16）。

表 8 - 16　　　　　　　　　农户借款需求规模

借款额度需求	户数（户）	比重（%）
50 万元以上	34	45.3
31 万 ~ 50 万元	17	22.7
11 万 ~ 30 万元	20	26.7

续表

借款额度需求	户数（户）	比重（%）
6 万 ~ 10 万元	3	4.0
3 万 ~ 5 万元	1	1.3
总计	75	100.0

注：调研内容有若干数据缺失。

农户在借款期限方面同样提出了需求与供给不匹配的问题。76 个有效样本中，40 个农户表示期望借款期限在 3 年以上，比例高达 52.6%，期望借款期限在 1 年以下的比例仅为 10.5%（见表 8 - 17）。而根据《农村信用合作社农户联保贷款指引》的规定，联保贷款期限不得高于 3 年，在实际操作中，多数地区以一年为限，与调研过程中农户的反应一致。

表 8 - 17　　　　　　　　　　农户期望借款期限

期望借款期限	户数（户）	比重（%）
3 年以上	40	52.6
1 ~ 3 年	28	36.9
1 年以下	2	2.6
比较灵活	6	7.9
总计	76	100.0

受访农户的期望借款利率很低，69.6% 的农户希望贷款利率能够控制在 5% 以下，特别是 48.1% 的农户希望贷款利率低于 2%，这已经大大低于国家 1 年期基准贷款利率，与目前的银行间拆放利率持平（2014 年 8 月 7 日 shibor 为 5.00%）（见表 8 - 18）。

表 8 - 18　　　　　　　　　　农户期望借款可接受利率

可接受利率	户数（户）	比例（%）
>20%	0	0
10% ~ 20%	2	2.5
5% ~ 9%	22	27.9
2% ~ 4%	17	21.5
<2%	38	48.1
总计	79	100.0

　　农户期望借款渠道集中于制度内金融，农村信用社（57.7%）、农业银行（50.5%）和邮政储蓄银行（22.5%），而新型农村金融机构发挥的作用相对不明显（13.5%）；制度外金融方面，亲朋好友借款自筹渠道也占有重要地位（12.6%），地下钱庄则几乎不被农户作为资金来源渠道（见表 8 - 19）。

表 8 - 19　　　　　　　　　　　农户期望借款渠道

期望借款渠道	户数（户）	比重（%）
农业银行	56	50.5
农村信用社	64	57.7
邮政储蓄银行	25	22.5
村镇银行	10	9.0
资金互助社	5	4.5
地下钱庄	1	0.9
亲朋好友	14	12.6

注：此选项为多选。

　　综合农户的资产负债状况和农场的固定资产购置情况，可以得出两个结论：其一，农户的负债现象比较普遍，多数是为发展生产而举债，可视为良性负债；其二，正规金融是农业资金来源的主渠道。

　　综合农户目前的筹资途径和资金需求期望，可以认为：其一，农户的资金缺乏和资金获取难度很大是一个普遍现象，两者之间有高度的关联性，甚至可以认为是同一个问题的不同表现；其二，农户对资金需求的期望非常高，在某种程度上存在不合理因素，但即便剔除不合理因素，其期望也已超过现行金融机构的服务能力，解决此问题不仅需要金融机构本身的业务创新，还需要国家层面的制度突破为前提。

8.3.2　农业企业

1. 基本状况

　　样本农业企业共 40 家，32 家为 2000 年以后成立。其中国有企业 1 家，集体企业 1 家，私营企业 34 家，股份制企业 2 家，外商及港澳台商投资企业 2 家。注册资本均值为 2515.7 万元，最高 19912 万元，最低 50 万元。2013 年末，平均职工人数为 96 人，主产品产值平均为 12081 万元（35 个有效样本）。

2013 年末，资产均值为 11413.0 万元，所有者权益均值为 6222.1 万元，负债规模均值为 5192.0 万元（29 个有效样本）（见表 8 - 20）。

表 8 - 20 样本企业注册资本

注册资本（万元）	户数（户）
≤100	2
>100 且 ≤500	5
>500 且 ≤1000	5
>1000 且 ≤2000	7
>2000 且 ≤5000	7
>5000	3

在样本企业行业分布方面（29 个有效样本），按照国际标准产业分类，农业类 8 家（种植养殖业为主），制造业类 17 家（农产品加工和食品加工），商业类 4 家（农产品流通及农业生产资料流通）（见表 8 - 21）。

表 8 - 21 样本企业行业分布

行业	户数（户）	备注
作物种植	3	粮食种植 1 户，种植兼营加工 1 户
动物饲养	3	鸡、兔、牛各 1 户
水产养殖	2	
肉类加工	2	
乳制品及油脂制造	7	乳制品 2 户，油脂 5 户
食品加工及饲料加工	6	粮食加工 1 户
饮料生产	2	白酒 1 户，啤酒 1 户
生产资料销售	4	饲料 1 户，生产资料 3 户
总计	29	

2. 资产负债状况

资产负债结构方面，从 2013 年的数据看比较健康，平均资产负债率、平均固定资产比率、平均固定比率分别为 45.5%、35.5% 和 65.1%。从行业特点角度，由于设备投资、厂房投资和技术投资较高，通常制造业的固定资产比率和固定比率相对较高，相比，农业类的资产负债率最低，但固定资产比率和固定比率最高，尤其是固定比率高达 112.4%（见表 8 - 22）。固定资产比率较高说明企业流动资金不足，对企业的日常运营非常不利，这与调研中农业类企业普遍反映贷款获取难度大、生产流动资金不足相符合。农业类企业极高的固定比率超过 100%，说明此类企业的固定资产全部由自有资本购置，资本不足的倾向比较严重。

表 8 – 22　　　　　　　　　　　2013 年样本企业资产结构

项目	种植养殖业	农产品加工	涉农物资流通	总计
资产总额均值（万元）	3203.9	15860.0	8931.5	11413.0
资产负债率（%）	40.3	46.1	44.6	45.5
固定资产均值（万元）	2150.3	4968.6	3936.0	4048.7
固定资产比率（%）	67.1	31.3	44.1	35.5
固定比率（%）	112.4	58.1	79.5	65.1
所有者权益均值（万元）	1912.6	8548.8	4952.5	6222.1
负债总额均值（万元）	1291.3	7313.1	3979.0	5192.0

　　29 家企业的平均负债规模为 5192 万元，其中流动负债占 90.0%，长期负债占 10.0%，负债结构比率非常高。各类企业的流动负债和长期负债结构比较接近，但在具体负债项目方面差别较大。流动负债方面，制造业和商业类企业短期借款占负债总额的比例较高，分别为 51.9% 和 47.8%，而农业类企业的短期借款比例较低（24.8%），应付账款则畸高（60.0%），从侧面反映了农业类企业的偿付能力不足。长期借款和短期借款之和占负债规模的比例为 59.3%，但三类企业间存在明显差别，由于短期融资能力较低，农业类企业该比例仅为 38.5%，从这个角度出发可以认为农业类企业的融资状况更为恶劣（见表 8 – 23）。

表 8 – 23　　　　　　　　　　　样本企业负债结构

负债类别		种植养殖业	农产品加工	涉农物资流通	总计
平均负债（万元）		1291.3	7313.1	3979.0	5192.0
负债结构比率（%）		6.34	11.15	3.75	9.0
流动负债	规模（万元）	1115.4	6711.3	3140.8	4675.1
	比例（%）	86.4	91.8	78.9	90.0
短期借款	规模（万元）	320.9	3795.4	1900.0	2575.5
	比例（%）	24.8	51.9	47.8	49.6

续表

负债类别		种植养殖业	农产品加工	涉农物资流通	总计
应付账款	规模（万元）	774.8	2867.5	1203.0	2060.6
	比例（%）	60.0	39.2	30.2	39.7
长期债务	规模（万元）	175.9	601.8	838.3	516.9
	比例（%）	13.6	8.2	21.1	10.0
长期借款	规模（万元）	175.9	601.8	723.5	501.1
	比例（%）	13.6	8.2	18.2	9.7
长短期借款之和	规模（万元）	496.8	4397.2	2623.5	3076.6
	比例（%）	38.5	60.1	65.9	59.3

　　调研说明，样本企业金融机构贷款渠道狭窄。制造业类企业的机构贷款途径相对多元化，与各主要金融机构均有贷款业务发生；但种植养殖类企业机构贷款来源相对单一，与开发银行的 2 笔业务均为政策性业务，因此，种植养殖类企业的商业性金融来源仅限于农村信用社和地方金融机构，从调研的角度可以认为，大型国有金融机构对此类企业的业务开展基本空白（见表 8 - 24）。

表 8 - 24　　　　　　　　　　　样本企业金融机构贷款结构

金融机构	种植养殖业		农产品加工		涉农物资流通		总计	
	规模（万元）	发生户数（户）	规模（万元）	发生户数（户）	规模（万元）	发生户数（户）	规模（万元）	发生户数（户）
工商银行			4850	4			4850	4
建设银行			13000	2			13000	2
中国银行			2870	3			2870	3
农业银行			10275	3	7100	1	17375	4
农业发展银行			14985	3			14985	3
农村信用社	400	3	200	1			600	4
开发银行	1100	2	500	1			1600	3
其他金融机构	20	1	21565	5			21585	6
总计	1520	6	68245	22	7100	1	76865	29

　　注：其他机构组成为地方银行、邮政储蓄银行、各地投资公司、新型农村金融机构等，以地方银行为主，如宁夏银行、龙江银行、北部湾银行等。

8.3.3　资金供需特点及问题分析

1. 农业类企业的流动比率过低（0.42），对企业的日常运营和偿付能力存在明显的不利影响

综合企业的资产负债状况，可对企业运营状况和融资环境进行简单判断。2013 年，我国农业食品加工业、食品制造业和饮料制造业的流动比率分别为 1.22、1.26 和 1.26，样本企业平均流动比率则为 1.15。样本企业中，制造业类企业（1.20）和商业类企业（1.22）比较接近，但是，农业类企业的流动比率过低（0.42），对企业的日常运营和偿付能力存在明显的不利影响（见表 8 - 25）。

表 8 - 25　　　　　　　　　　样本企业流动比率

行业	流动比率
种植养殖业	0.42
农产品加工	1.20
涉农物资流通	1.22
总计	1.15

2. 资金供需普遍存在缺口，解决资金缺口的途径因产业而不同

40 家受访企业中，37 家对企业资金需求及融资环境进行了完整的反馈（包含前述 29 家）。37 家样本企业同样按照种植养殖、农产品制造、农产品及生产资料流通进行分类，分别为 8 家、21 家和 8 家。

贷款需求状况方面，大多数企业表示近三年存在资金缺口（29 家），解决资金缺口的途径比较多元化，但最主要的途径均倾向于金融机构贷款。三类企业中农产品制造业类企业对私人资本投入和企业间融资的倾向性更为明显，而商业类企业则倾向于民间借贷（见表 8 - 26）。

表 8 - 26　　　　　　　　　　资金缺口的弥补途径　　　　　　　　　　单位：家

弥补途径	企业户数		
	种植养殖业	农产品加工	涉农物资流通
金融机构贷款	4	16	4
私人资本投入	3	8	2

续表

弥补途径	企业户数		
	种植养殖业	农产品加工	涉农物资流通
企业间融资	1	5	4
民间借贷	2	1	5
国家财政	1	4	4
企业职工自筹	1	1	1
票据融资		1	
外资		1	

企业贷款的运用方向基本一致，基本建设和技术改造仍然是企业贷款的主要动因，唯制造业类企业在流动资金方面对银行贷款的依赖性较大（见表 8 – 27）。

表 8 – 27　　　　　　　　最近三年企业贷款运用方向　　　　　　　单位：家

贷款运用方向	种植养殖业	农产品加工	涉农物资流通
基本建设	5	4	4
技术改造	3	10	1
发放工资			
弥补流动资金		7	

3. 贷款难仍是企业的主要反映，解决抵押品缺乏是一致的迫切要求

虽然样本企业最主要的资金融通渠道是正规金融机构，但同时对获取银行贷款存在一定难度表示认同，37 家企业中 15 家认为比较困难或十分困难，比例高达 41%，其中又以种植养殖业为甚，8 家此类企业中 6 家表示比较困难或十分困难。关于贷款困难的原因，受访者对金融机构网点分布和利率没有太多的反映，但其中 20 家企业表示金融机构的贷款条件过于苛刻（54%），与调研座谈中企业对解决抵押品缺乏的迫切要求一致。通过各种形式的融资努力，样本企业的资金需求状况得到一定程度的缓解，多数企业表示其贷款需求基本得到解决，表示很少得到满足的企业只有 5 家，比例为 13.5%（见表 8 – 28）。

表 8 – 28   贷款难度及需求满足状况   单位：家

		种植养殖业	农产品加工	涉农物资流通
近 3 年存在资金缺口		6	17	6
银行贷款获得难度	十分容易		1	
	比较容易		2	2
	一般	2	12	3
	比较困难	5	5	3
	十分困难	1	1	
贷款难主要原因	本地金融机构缺乏	2		
	金融机构贷款条件过高	3	14	3
	贷款手续繁杂	2		1
	贷款利率较高	1	1	
	贷款附加成本过高		1	1
贷款需求满足程度	基本满足	5	11	2
	部分满足	1	9	4
	很少得到满足	2	1	2

4. 样本企业在融资渠道、融资方式、支持方式上，分别呈现出一定偏好

根据经营感受，样本企业对融资需求及如何改善金融服务表达了自身的想法。多数企业（67.6%）表示金融机构贷款仍将是未来的主要融资途径，同时对国家财政支持表现出了较大希望（20.6%）；在期望的融资方式方面，样本企业强烈希望能够采用信用贷款的方式（87.1%）；在融资支持方式方面，样本企业更多地选择贷款贴息业务（73.0%）（见表 8 – 29）。

表 8 – 29   样本企业贷款需求期望   单位：家

贷款需求期望		种植养殖业	农产品加工	涉农物资流通
期望融资途径	金融机构贷款	7	12	4
	职工自筹		1	
	国家财政投入	1	3	3
	资本市场融资		1	
	外资			1
	股票市场融资		1	

续表

贷款需求期望		种植养殖业	农产品加工	涉农物资流通
期望融资方式	信用贷款	1	18	8
	抵押		2	
	保证	1		
	质押			1
期望融资支持方式	贷款贴息	6	16	5
	贷款担保或贷款保险	1		1
	项目经费支持	1	5	2

5. 企业对加入企业联盟、供应链融资的偏好不明显

37 家样本企业中，14 家加入了所在行业或所在区域的企业联盟（37.8%），50% 的企业表示所在企业联盟可帮助提供贷款或担保（见表 8 – 30）。总体上，企业自身在产业链融资方面对一次性贷款或按照环节贷款没有较强的倾向性，但各类企业对此偏好不一致，特别是种植养殖类企业，对选择一次性贷款具有极强烈的偏向性，7 家此类企业中 6 家倾向于选择一次性贷款，这应该与此类企业的生产特点有关。

表 8 – 30　　　　　　　样本企业产业链金融服务开展状况　　　　　　单位：家

企业类别		种植养殖业	农产品加工	涉农物资流通
参加企业联盟否	是	4	8	2
企业联盟参与金融业务状况	提供贷款	1		1
	提供担保		4	1
	不提供	3	4	
贷款一次性或按环节	一次性贷款	5	12	4
	按环节分次贷款	3	9	4
贷款方式倾向性	一次性贷款	6	9	2
	按环节分次贷款	1	11	4

6. 农村金融体系不健全，农村信用社担当贷款主力军

目前具有政策性特征的只有农业发展银行，但其业务范围和对象存在一定限制，国有四大银行自 1998 年以来收缩了县级及以下机构，农业银行基层机构的贷款权被上收，与县级及以下邮储银行代理营业一样，多数是只存不贷，新型农村金融机构数量少、资金运用能力均弱，结果是农村信用社贷款占到农村贷款余额近 70%，成为涉农资金供给的主要机构。

第**9**章

金融支持现代农业发展的实践探索
——以产品创新与服务模式创新为视角

农村金融产品创新和服务创新，遵循的是需求创造供给的规律。现代农业特征是规模化、产业化生产，不仅需要土地规模经营和劳动力的集约经营，而且需要投入大量资金，其本质是满足消费者需求，实现生产者增收。在这一趋势下，包括家庭农场、农民合作组织、涉农企业等新型农业经营主体应运而生，这类经营组织生产规模较大，对资金需求往往高于一般小农户，成为现代农业发展的主要载体。围绕新型经营主体的金融产品创新和服务创新逐步受到各方重视，金融机构主管部门针对农业新型经营主体出台相关金融支持政策，在中国人民银行、中国银保监会的指导下，多地结合实际积极探索农村金融产品与服务创新，形成多样化的农村金融解决方案，如以重庆市、吉林梨树县为代表部分地区探索开展了农地抵押试点，广西田东县作为全国农村金融改革试点县则实施了全方位农村金融改革创新，北京市以多种"联保贷"方式创新了农民专业合作社信用贷款模式，以及多地开展的供应链融资等。

9.1 抵押、担保贷款

党的十七届三中全会之后，农地、林地等资源性资产的物权性和财产属性在政策和认识上逐步得到强化，特别是党的十八届三中全会决定明确指出："赋予农民对承包地占有、使用、收益、流转及承包经营权抵押、担保权能。"进一步深化了党的十七届三中全会决定"赋予农民更加充分而有保障的土地承包经营权""完善土地承包经营权能"的认识。中国人民银行于2014年出台了《关于做好家庭农场等新型农业经营主体金融服务的指导意见》，要求"各银行业金融机构要加大农村金融产品和服务方式创新力度，针对不同类型、不同经营规模家庭农场等新型农业经营主体的差异化资金需求，提供多样化的融资方案"，其中包括积极拓宽新型农业经营主体抵质押担保物范围等。

9.1.1　重庆农地金融化实践

重庆是中西部地区唯一的直辖市，是2007年6月国务院批准的全国统筹城乡综合配套改革试验地，在促进区域协调发展和推进改革开放大局中具有重要的战略地位。在"积极推进改革试验，建立统筹城乡发展机制"的指导方针之下，重庆市积极探索农地金融化改革试点。

重庆市人民政府于2010年11月23日出台《关于加快推进农村金融服务改革创新的若干意见》，就农村金融服务改革创新提出了明确的工作目标，即，"以全面推进农村土地承包经营权、农村居民房屋和林权等产权抵押融资为核心创新农村金融制度，以发展新型农村金融机构为重点创新完善农村金融组织体系，以推动农村信贷资产和权益流转、建立农村金融风险分担机制为中心创新农村金融服务配套支撑体系，为农村经济的全面发展提供全方位的金融支持。"重庆相关部门先后出台了一系列规范性文件，初步形成了农地金融化的重庆模式，其主要做法有以下几方面。

重庆范围内，不管土地承包经营权是以什么方式取得的，均可作为抵押财产向融资机构申请贷款。和其他银行贷款一样，农地抵押贷款不仅要关注抵押物（土地承包经营权）的风险，而且要对借款人信用和产业项目效益进行评估。借款人应资信良好、遵纪守法；使用贷款的农业产业项目应有较好效益，保证第一还款来源充足。设定土地承包经营权抵押时，其价值可以由抵押当事人协商确定，也可由抵押当事人认可的评估机构经评估确定。贷款金额在100万元以内的，其抵押物价值认定原则上不需要专业评估机构评估，可由借贷双方协商确定；贷款金额高于100万元的，可委托有资质的专业评估机构评估，评估费按照最低标准执行。农地抵押以登记为公示方法，且登记是农地抵押权设定的生效要件。农地抵押登记机构为所在地的区县农业行政主管部门。对抵押登记费进行减免或按最低标准收取。

依托重庆农业担保公司组建固有性质的农村资产经营管理公司，负责处置金融机构因开展农地抵押贷款产生的不良资产。债务履行期届满，借款人到期无法偿还贷款或者发生当事人约定的实现抵押权的情形的，抵押权人可与抵押人协商处置抵押物，处置所得价款由抵押权人优先受偿，其超过债权数额的部分归抵押人所有，不足部分由借款人继续清偿，协商不成的，抵押当事人可根据合同约定，向金融仲裁机构申请仲裁或者向人民法院提起诉讼。农地抵押融资抵押物的处置方式有：依法拍卖、变卖、流转等。在同等条件下，本集体经济组织及其符合购买条件的成员有优先受让权。土地承包经营权应优先在村集体经济组织内处置。在该集体经济组织内不能处置的，农村资产经营管理公司可以对有关抵押物进行收购或流转（农村土地承包经营权只能流转）。法律、行政法规规定可以向集体经济组织外转让的，从其规定。以农村土地承包经营权设定抵押的，抵押权人可以以该农村土地承包经营权流转所得的价款优先受偿；不能流转的，可以以拍卖、变卖、协议变现等方式所得的价款优先受偿。

为推进农地抵押融资工作开展，建立健全农村金融风险分担机制，市、区县（自治县）两级财政出资设立"三权"抵押融资风险补偿资金，对开展"三权"抵押融资服务的融资机构因发放农村"三权"抵押贷款而产生的本息损失进行一定比例补偿。依现行地方规则，抵押融资风险补偿范畴是融资机构为相关企业、农民专业合作社、农户等涉农主体发展农、林、牧、渔、副等产业而开展"三权"抵押融资贷款发生的损失。满足以下条件的贷款损失，经审批后可获得风险补偿金补偿：融资机构合法合规；贷款符合规定；贷款用途为重庆市内农、林、牧、渔、副等产业的生产、冷储、加工、流通等；已获得仲裁机构的生效裁决或已获得人民法院生效判决并已执行终止或中止，或贷款逾期二年及以上；融资机构履行了债权人勤勉尽职义务。符合条件的贷款损失经审批后可获得风险补偿金补偿 35%，其中市级风险补偿金承担 20%，区县风险补偿金承担 15%。

9.1.2　吉林土地收益保证贷款实践

吉林是传统农业大省，农户贷款需求量大，贷款难问题突出。为着力深化金融改革、推进金融创新、改善金融服务，进一步强化金融对"三农"发展的支撑作用，吉林提出要"不断拓宽贷款抵押担保物范围，积极完善配套管理办法，推进林权、农村土地承包经营权、大型农用机械和农村宅基地抵（质）押贷款试点"，并积极探索农地金融化的新模式——土地收益保证贷款，农户将土地承包经营权转让给物权融资公司，由物权融资公司向金融机构出具对农户贷款负连带保证责任承诺的新型融资模式，"这一模式首次将土地未来收益权作为农民的贷款保证，突破了现有的必须以实物作抵押、或由其他多名农民联保的贷款模式"。吉林还希冀以此破题农村金融融资困局及解决其带来的城乡金融二元结构顽疾，探寻解决"三农"问题的根本之道，更好地统筹城乡发展，进而为破解城乡二元结构提供具有参考价值的地方实践。

吉林模式的主要做法是：由县级政府成立物权融资服务中心，并设立物权融资农业发展有限责任公司（简称"物权融资公司"），一个机构、两块牌子，共同作为政府主导的融资平台。农户将土地承包经营权转让给物权融资公司，同时，该物权融资公司将土地承包经营权再转包给农户。合同签订后，农户应将《土地承包经营权证》原件交回发证机关，由发证机关保管。双方申请发证机关在土地承包经营权登记簿上以及《土地承包经营权证》上做变更登记，注明新的土地承包经营权人为物权融资公司。物权融资公司应向农户交纳的转让款，与农户应向物权融资公司交纳的承包款相抵销，互不找差价。农户向金融机构申请贷款，物权融资公司与金融机构签订为农户贷款提供连带担保责任的《保证合同》，物权融资公司以土地流转收益、公司本身的资本和政府建立的信贷周转保障基金作为责任财产保证金融机构债务的实现。

当农户及时偿还金融机构的借款本息，农户与物权融资公司之间的土地承包经营权流转合同自动解除，农户将贷款金融机构出具的结清证明交给物权融资公司，物权融资公司有义务申请发证机关作回转变更登记，土地承包经营权返还给农户。如果农户没有按期还款，农户与物权融资公司之间的转包关系自动解除，此时，由物权融资公司代农户偿还对金融机构的借款，该部分借款与物权融资公司应交付给农民的转让款同等额度的部分相抵销。同时，物权融资公司有权挂牌征集承包人（上打租），确定价格最高者为承包人。转包期限以年为最小单位，以预计的转包费数额满足偿还借款本息为限。农户有权参与竞价，同等条件下，农户享有优先承包权。通过转包获得的款项达到或超过农户借款本息，则物权融资公司转包期限届满之日，本转让合同自动解除，土地承包经营权返还给原农户。转包获得的款项数额超过农户借款本息的剩余部分，归农户所有。转包款扣除借款本息、代偿利息后若有剩余，物权融资公司有义务将剩余部分给付农户。为了确保农户的生存利益，农户仅能将其土地承包经营权的 2/3 用于土地收益保证贷款，即使农户不能按时归还贷款，土地承包经营权被转包，仍旧有 1/3 的土地作为口粮田，既不会失去土地，也不会失去基本生活保障。在转包期间，有关土地的各种惠农补贴等仍属于原农户。通过对贷款额度的限制，农地被转包的期限一般不超过 3 年，最长不超过 5 年（见图 9-1）。

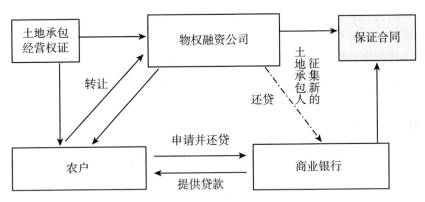

图 9-1　吉林土地收益保证贷款流程

9.1.3　福建集体林权制度改革的金融创新

福建林业资源丰富，森林覆盖率达 3.1%，居全国首位。2003 年，福建在全国率先实施集体林权制度改革，对划分到户的林地颁发全国统一式样的林权证，林权证所记载的林地经营权和林木所有权具有资本的功能，可以作为抵押物用以抵押融资。近年来，人民银行福州中心支行加强与林业部门的配合，率先在全国推动林权抵押贷款业务创新，取得了良好的支农效果。

（1）人民银行福州中心支行联合省林业厅组织制定《关于加快金融创新促进林业发展的指导意见》，经省政府批转，以专项信贷政策引导金融机构参与创新，为创新提供政策保障。

（2）推进以林权登记、评估、流转等为主要内容的配套服务体系建设，成立基本覆盖全省林区的 74 个林权登记管理机构和 66 个县级林权交易平台，为林权证登记、管理和森林资源资产评估及流转提供服务。

（3）将森林保险纳入政策性保险试点范围，有效降低抵押林权经营风险，林权抵押贷款投放的外部环境进一步改善。

（4）采取财政贴息的激励方式，在林区推行林权简易评估的小额贴息贷款业务，满足林农造林、育林、护林的小额生产性资金需求。

（5）完善林权抵押贷款服务体系，引导金融机构简化林权抵押贷款审批手续，合理确定贷款期限和利率，让林权抵押贷款既能贷得到，又能贷得方便。

自 2004 年三明永安市农村信用社发放全国首笔 100 万元林权抵押贷款以来，福建参与林业金融创新的金融机构逐渐增多，现共有 9 家银行业金融机构开展了林权抵押贷款业务。在实践中逐步探索形成林权证直贷、担保公司担保 + 林权证反担保、公司 + 农户等直接或间接发挥林权证担保作用的各种林权抵押贷款模式；国家开发银行还将自身资金与农村信用社网点优势整合，搭建开发性林业金融服务平台，为林农及林业企业提供融资服务。

9.2　"政银保"联动，组合式贷款

9.2.1　田东模式

广西田东县在加强当地基层乡镇、主要行政村农村金融基础设施建设前提下，以较小额度财政投入为撬动，搭建起"一室一权一评级"的农村金融服务支撑体系，构建了"保险 + 担保 + 支付"三位一体的金融服务"三农"机制，形成可复制、易推广、能持续的"田东模式"。其基本内容如下。

一室：在全县 162 个行政村设立"三农"金融服务室，由村"两委"、大学生村官、致富带头人等人员组成，协助银行和保险公司开展工作，发挥其作为连接金融机构和农民群众的桥梁和纽带作用，使信用采集、贷前调查、贷后催收、保险服务、金融知识宣传等工作前置到村一级，解决金融机构基层网点及人力不足问题。截至 2013 年，累计通过"三农"金融服务室办理的农户贷款达 32206 户，8.11 亿元。

一权：利用农村产权上市融资。即依托田东县农村产权交易中心，激活农村生产要素。引导群众办理农村产权流转、农村产权抵押贷款、农村资产评估、政策法规咨询等。据田东县农村产权交易中心统计，2013 年，累计主持农村产权交易 57 宗，交易额 1.8716 亿元（其中，土地流转签证 26 宗，

14883.82 亩，交易额 1.5386 亿元；办理林权、土地承包经营权、生产设施、农房、受益权等农村产权抵押贷款 30 宗，3209 万元；挂牌处置银行不良资产 1 宗，标的 121.2 万元）；组织农村资产评估 33 宗，价值 1.1758 亿元。

一评级：农户信用评级。田东县在 2009 年建立农村征信系统的基础上，2013 年对全县 8.3 万农户信息更新和评级，并将全县 1251 家小微企业、农民专业合作社、种养大户纳入信用评级体系。对信用评定为高等级的主体给予无抵押、无担保的信贷资金支持。田东县的信用体系建设得到国家社会信用体系建设部际联席会议的首肯，成功经验在全广西 14 个地市和全国部分省份应用推广。2013 年，田东县信用体系建设模式已在百色右江区、田阳县、平果县复制推广，后续在百色市其余 8 个县推广应用。

保险：大力推进政策性农业保险。在全县 10 个乡镇全部建立了农村保险服务站，在所有行政村（含社区）设立了保险服务点，村级保险服务网点实现全覆盖。农业保险覆盖甘蔗、香蕉、芒果、竹子、水稻、林木等特色农业产业。

担保：发挥担保机构作用，通过田东县助农担保公司降低银行信贷风险。同时，充分发挥财政资金的杠杆作用，探索建立农业贷款风险补偿机制。按照"专款专用、结余留成、滚动使用、超支不补"的原则，专门用于各类金融机构服务"三农"贷款的风险补偿。

支付：加强支付体系建设，缓解农户结算和小额现金存取难题，包括各银行业金融机构在田东布设物理网点、安装 ATM 机、POS 机、转账电话等，相关指标均超过全国平均水平。党的十八届三中全会提出的"金融普惠"在田东已初步实现。

9.2.2　寿光模式

"寿光模式"，一般意义上来讲，即政府建立中小企业协会和政策性担保公司，银行创新信贷制度和金融产品，然后选择符合条件的中小企业给予信贷支持，主要体现在创新农村金融改革，用多种贷款抵押方式确保满足农民与中小企业的信贷需求。

2008 年，寿光市出台了《寿光市大棚抵押借款暂行办法》《寿光市农村住房抵押借款暂行办法》《寿光市土地使用权抵押借款暂行办法》等一系列农村金融改革试点办法。2009 年 5 月，寿光市政府印发《加快农村金融改革发展的政策措施》，对有办理蔬菜大棚、农村住房抵押借款需要的申请人，登记机关优先核发大棚所有权证、土地使用权证和房屋所有权证；对农民发展生产、创办经济实体，并符合蔬菜大棚、农村住房和承包土地经营权抵押借款条件的，贷款利率在现行利率幅度内实行优惠；金融机构开展此项抵押贷款业务，市财政按年均新增蔬菜大棚、农村住房、承包土地经营权抵押借款额的 1.5% 给予风险补偿奖励；债务履行期届满，贷款人未清偿债务的，抵押物依法处置后，登记机关优先办理权属转移手续，免收过户费用；鼓励有条件的村帮助贷款农户建立抵押物回购机制，以免贷款农户因一时资金困难而永久失去抵押物赎回的机会；将蔬菜大棚、农村住房、承包土地经营权抵押借款开展情况，纳入镇（街道）年终工作考核。

潍坊银行、寿光农村商业银行、寿光村镇银行、中国农业银行、邮储银行等先后开展了蔬菜大棚抵押贷款业务。除蔬菜大棚抵押贷款外，寿光市还推出了农村住房抵押贷款。和蔬菜大棚抵押贷款类似，农村住房抵押贷款也主要面向发展农业产业化经营、个体私营经济的农户。除此之外，寿光市农民的可抵押物还包括土地承包经营权、林权、海域使用权、盐田使用权、农产品订单等。

现代农业是高投入的产业，融资是农业产业化发展绕不开的难题，"寿光模式"为各地解决农业融资难题提供了借鉴。"寿光模式"既是一个政府与银行的联动过程，也是农业产业化龙头企业、村集体、合作社、农户的一个联动过程。它为进一步探索中小微企业、合作社联保，以农村住房、土地承包权、林权、蔬菜大棚等为抵押，解决农业产业化发展贷款难问题，提供了一个有待深入探索的路径。

9.3　专业合作社联保贷：北京实践

9.3.1　农民合作社之间联保贷款模式

合作社联保贷是北京农村经济研究中心和农业银行北京分行于 2012 年共同研究开发的专门针对合作社的金融新产品。合作社联保贷，是指不少于三个农民专业合作社自发组织成联保小组，小组成员向农业银行申请信用，成员之间共同承担连带责任保证担保。联保贷的贷款对象为区县（含）级以上的示范社，并且，与其他小组成员共同签订了合作协议、联保承诺书，即联保小组共同为小组成员向银行的信用承担连带担保责任。合作社贷款的额度为市级（含）以上的示范社单户信用总额控制在 800 万元（含）以内，县级示范社单户信用控制在 500 万元（含）以内，联保小组成员贷款金额之和不得超过联保小组成员保证担保额度之和。贷款主要用于满足借款人在正常生产经营过程中周转性、季节性、临时性的流动资金需求。贷款的期限原则上不得超过 1 年（含），最长 2 年，超过 1 年的还需要报分行进行审批。贷款的利率执行人民银行和农行相关制度规定，在国家支农政策范围内，可以给予一定的利率优惠。贷款偿还则是根据借款人现金流量特点和风险控制要求确定还款方式。期限不超过半年的，可采取定期付息、到期一次性偿还本金的还款方式；期限超过半年的，原则上则采取按月（季）偿还本息的还款方式。

银行约定，在农民专业合作社联保的前提下，若无市级（含）以上示范社作为联保小组成员的，应追加贷款行所在区域具有政府背景的企业或符合银行认定标准的信用担保机构为借款人提供保证担保，或设定土地租赁权、林地租赁权等抵押。在保险方面，银行也做了相关约定。参与联保的农民专业合作社应就其购买的农业生产资料、销售、加工、运输、贮藏的农产品等投保农业保险。

目前，合作社联保贷率先在密云、延庆进行了试点。2013 年初，密云确定了北京京纯养蜂专业合作社、北京密富有机苹果专业合作社、北京诚凯成养鸡专业合作社三家市级示合作社范社首批适用联保贷款。三家合作社与农业银行密云县支行签订了为期三年的联保贷款合同和联保协议，并根据合作社资产状况和诚信度确定了每家合作社授信额度为 300 万元。合作社依据合同和授信额度，根据合作社资金需求，自行确定用款时间、用款数额，随时申请，随时放款，按实际使用时间计算利息。2013 年 6 月，第一笔 200 万元贷款已发放到京纯养蜂专业合作社。

9.3.2　合作社成员联保贷款模式

合作社成员联保贷款模式是密云县汇丰村镇银行 2010 年推出的一款创新产品。它以合作社成员为贷款主体，要求成员应具有该行业或相关行业领域 1 年以上从业经验，由 4~8 名社员组成联保小组，交叉循环担保，并由合作社提供保证担保，担保金额约为 5 万～50 万元。对于合作社理事或理事长、占 20% 以上股份对合作社运营或管理有重大影响的核心成员，最高贷款金额可高达 70 万元。贷款期限一般为 1 年，生产周期较长的行业可以放宽到 2 年。根据生产周期和现金回流情况，还款方式十分灵活，可每周、双周、每月、每季或半年分期还款，缓解申请人的还款压力。

合作社成员联保贷的典型在密云。密云汇丰村镇银行自 2010 年开始推出以合作社成员为贷款主体的产品。

9.4 多种模式下的供应链融资

9.4.1 河南金融企业联合支持粮食产业链贷款

河南金融联合支持粮食产业链贷款是将涉农金融机构的金融资源进行整合，实行大组合、小分工，围绕粮食种植、收购、加工产业链条，以订单农业中心会员、粮食收购加工企业、食品企业为支持重点，开展产业链支持战略合作，实现对粮食生产链各环节信贷支持的无缝连接，促使农业良性循环发展。具体操作方法如下。

（1）签订企业、银行与协会中心会员三方协议，建立信息沟通机制，贷款封闭运行，保证种植环节与收购环节的资金对接。

（2）收购资金以收购企业订单为担保，以中心会员为承贷主体，发放小额农户贷款，银行、企业和中心会员三者之间的资金往来均通过银行专户进行封闭运营，提高审批效率和贷款针对性。

（3）粮食加工企业依据其与食品企业的供销合同及粮食质押给予资金支持，从而实现从粮食种植、收购到加工环节的全程贷款支持。

（4）对食品加工企业给予相应的流动资金贷款，帮助其开拓市场，优先消化辖区粮食产品，推动整个粮食产业链发展。

该模式的特点主要有以下三点。

（1）农业产业链系统性风险大幅降低。粮食产业链融资以产业链为纽带，形成较为完善的融资体系，减少粮食生产单个环节的波动性，从而降低银行信贷资金风险。

（2）充分发挥各银行的信贷产品特点。银行通过签订战略协议，有针对性地在自身信贷政策允许的业务范围内，对农户、企业以及相关环节进行资金支持，形成合力，实现共赢。

（3）资金封闭运营。粮食种收环节资金封闭运营，保证资金专款专用，使资金收回有所保障。

9.4.2　龙江银行与中粮集团打造供应链金融"五里明模式"

2009 年，以中粮生化能源（肇东）有限公司为核心企业打造的"五里明模式"在肇东成功推广，这也成为中粮集团真正意义上的金融和农业产业链相结合的涉农金融产品。

在具体操作中，农户以土地入股合作社，合作社将土地承包经营权通过中粮信托公司推出的土地流转权信托产品，以土地财产权项下的受益权质押给龙江银行获得贷款；龙江银行帮助合作社与中粮集团达成供应订单合作，由中粮集团统一收购五里明的玉米，龙江银行对合作社的贷款本息从中粮支付的玉米款中代扣，实现信贷资金闭环运行，从农户、合作社、农业生产企业，连接起一条完整的现代农业产业链。在"五里明模式"的基础上，龙江银行坚持不懈地开展产品创新，目前已经形成了农业供应链融资的 5 种模式和 17 个产品。5 种模式为："（农资）公司＋农户""公司＋合作社""合作社＋农户""（收储加工）公司＋农户""核心企业＋中小供应商"，与农资生产销售、农产品种植养殖、收储加工、品牌食品生产农业产业链的四大环节匹配，促进各环节的协调运转。产品包括种植贷、养殖贷、农资贷、粮贸贷、农信通、农机贷、金翼贷、金土地、金桥通、融通仓等。

分析"五里明模式"的创新关键，在于龙江银行与中粮信托合作，依托产业链联合开发了土地使用权信托计划，将土地信托权利质押给银行，既规避了法律政策风险，也实现了抵押机制有效扩展。而且，"银行＋合作社＋农户＋龙头企业"的合作方式，既解决了银行直接给农户放贷交易成本高的问题，同时，参与主体各司其职，也化解了农业信贷风险高的问题。

9.5　农村信用体系建设：浙江丽水模式

近年来，人民银行各分支机构根据人民银行总行《关于推进农村信用体系建设工作的指导意见》要求，结合地方实际，探索建立农户信用评价体系，取得积极进展，各地涌现出一批极具特色的工作方法和模式，其中，丽水市按照"政府领导、人行主导、多方参与、共同受益"的原则，以农村信用等级评价工作为切入点，统一规划、统一标准、统一行动，全力推进农村信用体系建设，成为全国第一个所有行政村完成农户信用等级评价的地级市。浙江丽水市作为人民银行金融改革试点县，在农村信用体系建设和农业贷款产品与服务创新方面具有代表性，其做法被称为"浙江丽水模式"。

（1）农村信用体系建设。实行资产评估、信用等级评价、授信额度评定"三联评"，建立信用等级评价机制；实行信用贷款、抵押贷款、联保贷款"三联动"，建立评价成果运用机制；实行政府、银行、农户"三联手"，建立三方协作互动机制。

（2）抵押担保体系建设。结合地方实际，积极创新抵押担保方式，以林权抵押、农房抵押和动产抵押为重点，探索推行了"两卡、两证、多物抵押"的多元化抵押担保模式。

（3）金融服务体系建设。按照建立"多层次、广覆盖、可持续"农村金融服务体系的目标，完善经营管理机制和服务网点布局，满足农民贷款的多样化需求。

9.6　农村金融支付体系改革的典范：山东寿光

改善农村支付服务环境，畅通农村支付结算渠道，加速资金周转，对促进农村金融服务的升级和创新，刺激农村消费具有非常积极的推动作用。2009 年，人民银行在全国范围内组织开展改善农村支付服务环境示范县工作。各省（自治区、直辖市）人民银行分支机构根据辖内经济发展水平，划分较高、一般、较差三个层次，分别选取 1～2 个县作为改善农村支付服务环境的示范县，探索做法，以点带面，探索出了许多各具特色的经验做法和建设模式，稳步推进全农村支付服务环境的改善。山东寿光市作为全国著名的"蔬菜之乡"，2009 年以来，大力开展农村支付服务环境建设工作，逐步形成了"央行推动、政府支持、银行创新、市场带动、社会参与"的县域金融创新支持三农和中小企业发展的寿光模式，极具示范和推广意义。

1. 重点改进寿光蔬菜批发市场支付工具使用

一是推出"专用 POS + 网上银行"交易组合，蔬菜采购商（买方）持金穗借记卡直接在市场电子结算中心的 POS 机上刷卡，将资金划入蔬菜批发市场电子结算中心单位银行卡账户。卖方客户在收取货款时，蔬菜批发市场利用网上银行的单笔代付功能直接将应付资金实时转入卖方的金穗借记卡。

二是推出了既有场内结算功能又有银行卡功能的联名卡"金穗寿光农产品物流园卡"，该卡一侧是磁条，记录客户在银行的存款情况，另一侧是 IC 芯片，记录客户在场内的交易情况。"磁条"与"芯片"通过"圈存（提）机"进行资金转换。此结算模式在全国大型批发市场尚属首创，取代了整个蔬菜交易二十多年来传统的现金交易模式。

2. 创新农户一卡多功能支付结算方式

2009 年以来，人民银行积极推动农业银行山东省分行与寿光市政府作开展"惠农一卡通"试点工作。农业银行惠农卡除了具有普通银行卡功能，还具有农户小额贷款，承接各项支农、惠农财政补贴资金等功能。针对农村网点少的状况，农业银行与乡镇政府合作，在每个村的村委、农资服务超市、村卫生室均设立"'三农'金融服务站"，站站安装转账电话，户户发放"惠农一卡通"。

3. 引导推出农民自助服务终端，创新"农民卡、折 + 自助终端"支付方式

寿光农村商业银行在山东率先开展"农民自助服务终端"试点，将其安放在特约农户家中。该自助终端基本涵盖了储蓄网点的业务范围，可以满足农民客户基本的金融服务需求。

4. 大力推广转账电话业务，创新个体经营户之间的支付方式

转账电话可提供 365 天 24 小时不间断服务，十几秒钟就能完成一笔转账业务。寿光市支付体系的改进加快了资金周转，降低了银行现金调拨成本，避免了菜商携带大量现金结算时清点和找零时的烦琐，减少了对假币的担心，提供了安全结算保障。

截至 2013 年，寿光全市 13 家银行、5 家融资性担保公司、9 家小额贷款公司在镇村设立了 122 家营业网点，其中寿光农商行 70% 的网点分布在农村，实现了农村金融全覆盖。

9.7　评述

9.7.1　关于农地等资源性财产金融化

总体上看，资源性财产金融化拓展了农业的融资渠道，对破解新型经营主体和农户贷款难产生较好效果，但规模较小，且因处于试点阶段，在制度上、机制上存在的一些问题有待改进与完善。

（1）农地物权化与金融化的障碍。目前，以家庭承包方式取得的土地承包经营权和以其他方式取得的土地承包经营权，均属物权法上承认的用益物权，两者均属物权，在制度设计上尚存一定差别。就农地金融化而言，现行法律规则集中规定于《中华人民共和国农村土地承包法》《中华人民共和国物权法》《农村土地承包经营权流转管理办法》《最高人民法院关于审理涉及农村土地承包纠纷案件适用法律问题的解释》等法条中。其中分不同情形作了不同制度设计。第一，就以其他承包方式取得的土地承包经营权而言，其权利主体没有身份限制，民事（市场）主体依招标、拍卖、公开协商等其他市场交易方式均可取得此类土地承包经营权，其权利主体完全可以依市场规则处分权利，当然包括以此类土地承包经营权设定的抵押权。第二，就以家庭承包方式取得的土地承包经营权而言，《中华人民共和国物权法》明令禁止抵押的仅是耕地上设定的此类土地承包经营权，在《中华人民共和国物权法》尽量放松抵押物范围管制的立法指导下，其他用途农地上设定的此类土地承包经营权均可抵押。

我们认为在进一步强化土地承包经营权性质的基础上，应当坐实农户对其土地承包经营权的处分权，农户以其土地承包经营权设定抵押，实为其行使处分权的一种方式，法律上不应过多限制。各地农地金融改革经验表明，无论是突破现行法律规定的重庆模式，还是采取让与担保等迂回路径的吉林模式，至少在目前制度背景下无法找到其适法地位，修改现行法律，重建土地承包经营权抵押制度是必然选择。

（2）农地抵押关系中的当事人。就土地承包经营权抵押关系而言，由于鉴于抵押实现可能给当事人造成的影响，在土地承包经营权尚未完全市场化的当下，对当事人的资格作必要的限制是完全合理的。第一，农地抵押权人应以融资机构为宜，但农地抵押权人限定为金融机构，明显过狭。实践中，重庆模式下作为农地抵押权人的就是银行和担保公司及其他非银行金融机构；吉林模式下担保权人是物权融资公司（地方政府主导的融资平台）。第二，农地抵押人无须有稳定的非农职业或者稳定的收入来源，也无须经发包方同意，但需报备。

（3）农地抵押权的设定规则。《中华人民共和国物权法》就因法律行为引起的物权变动，采取的是"合同＋公示"的模式。农地抵押权的设定自应在这一般规则之下去发展。就实定法而言，《中华人民共和国物权法》就以其他承包方式取得的土地承包经营权上抵押的设定，除了订立书面抵押合同之外，还应办理抵押登记，其抵押权自登记时设立。由此借鉴之，以家庭承包方式取得的土地上设定抵押权时，自应采取相同规划，亦即应办理抵押登记，且登记是抵押权设立的生效要件。重庆模式即采取了这种做法。

（4）农地抵押权的实现规则。在现时农地非完全市场化条件下，农地抵押作为农地流转的方式之一，是在农地流转不改变土地所有权、不改变土地承包经营权、不改变土用途的框架下发展的，在农地完全市场化之后，农地抵押权的实现规则则需要按抵押权的一般实现规则重新构建。

9.7.2　关于供应链金融

农业产业化是现代农业发展趋势，引入供应链金融模式服务农业产业链是大势所趋。但从实践看，当前推行供应链金融还存在障碍和制约。

一是农业产业化程度不高，供应链金融发展空间受限。由于产业链成员之间依存度不高，联系较为松散，银行在贷款中难以把握整个产业链的风险，因此，在贷款操作过程中，更多的还是考察单个企业的信用状况和还款来源，贷款抵押担保要求较高，一定程度上制约信贷供给的放大，也增加了银行的经营成本。

二是核心企业实力不强，致使供应链融资能力受限。由于供应链融资是依赖核心企业的信用，向整个供应链提供金融解决方案，实际上是将核心企业的融资能力转化为上下游企业的融资能力。如果龙头企业规模小、实力不足将直接影响到整个产业链的融资能力。

三是没有完整的信用体系支撑。订单作为联系农业与市场的最重要环节，能否作为贷款发放依据，关键是看订单能否得到有效履行。由于农村信用环境不完善，订单履约率不高，不仅制约了订单农业的发展，而且也构成了农业产业链信贷支持的障碍。

四是立法相对滞后。供应链融资业务是一项业务创新，在信用捆绑、质押物监管、资产处置、交易文本的确定等诸多方面涉及一系列新的法律问题，现行法律很难完全覆盖，这会给供应链融资业务带来法律风险。

9.7.3　关于专业合作社联保贷

1. 合作社之间联保贷

该模式是中国农业银行北京分行专门针对农民专业合作社推出的创新金融产品。（1）在抵押担保方面，该模式不用合作社提供抵押质押，也无须担保公司提供担保；（2）在贷款时间和数额上，合作社联保贷用款灵活，合作社可以在合同期内自行确定用款时间、用款数额，合作社贷款随时申请，随时放款，按实际使用时间计算利息，随借随还，基本可以满足当前合作社流动资金需求。

该模式的使用条件是：（1）农民专业合作社必须为北京市级或区县级合作社示范社，并且，联保成员中至少有一个市级（或以上）的合作社示范社，具有良好的经营和财务状况，拥有较完善的内部管理制度；（2）至少要有具有一定资金实力的两个合作社与其组成联保小组，愿意为小组成员承担担保责任；（3）参与联保的农民专业合作社应就其购买的农业生产资料、销售、加工、运输、贮藏的农产品等投保农业保险；（4）银行要对符合条件的合作社进行授信。

根据《中国农业银行北京市分行农民专业合作社流动资金贷款（合作社联保贷）管理办法》，该模式只适用于不超过1年的周转性、季节性、临时性的流动资金需求。

2. 合作社成员联保贷的模式

创新点为交叉保证担保，即属于信用贷款的一种，不需要单独的抵押物和担保物，切实解决了农户因缺乏抵押品和担保品而贷款无门的难题；而从贷款的额度来看，这款产品的单个成员贷款额度为5万~70万元，合作社成员可以同时进行贷款，可以满足一定规模合作社的融资需求。此外，这款产品针对辖区内一般的合作社成员均可申请，不必局限在示范社内部，具有一定程度的普适性。

该模式虽然无须借款人提供担保品和抵押品，但在实际操作中也并非没有门槛。这款产品要求：（1）贷款申请人应具有该行业或相关行业领域 1 年以上从业经验，当然，这对大多数合作社成员来讲并非问题；（2）联保小组成员至少有 4 名，也就是必须同时有 3 名合作社成员为其承担担保责任；（3）合作社必须提供保证担保；（4）银行对符合条件的合作社成员进行授信。这款贷款产品的贷款期限一般为 1 年，生产周期较长的行业可以放宽到2 年。资金贷款期限比较短，大多用于合作社或社员的流动资金周转。

9.7.4　关于"政银保"联合支农模式

田东县在积极鼓励扩大信贷和农业保险的同时，积极探索"信贷 + 保险"的"政银保"合作的支农、助农、惠农新格局，打出金融"组合拳"，既有效降低了信贷风险，也增强了农业的风险保障能力。在田东县的康氏阳光公司，在统计年限范围内，每年获得的"政银保"贷款规模在 100 万 ~ 150 万元，且其种植的香蕉全部参加农业保险，近年来虽然遭受过一些灾害损失，但经营规模稳步扩大，其中贷款和政策性保险功不可没。这种在农业信贷与政策性农业保险联动发展机制促进下，建立起来的组合式金融支农服务模式值得推广与借鉴。

第 *10* 章

现代农业金融支撑体系构建与配套措施

构建现代农业的金融支持体系，本质上就是如何处理好政府与市场关系的问题，因此必须明确商业性金融、合作金融、政策性金融与公共财政适用领域的合理边界，确定不同类型金融业务的实现方式，在此基础上完善和优化农业金融组织机构，并同步附以配套改革措施，将构建起满足农业经营主体资金需求的有序分工协作的现代农业金融支撑体系。

10.1　农业融资方式及功能

具体而言，市场机制有效作用的领域由商业金融体系满足社会资金需求，价格机制出现严重缺陷的领域由公共财政配置资源，而市场机制与政府均不能完全独自有效解决的领域则通过政府与市场的合作以合作金融、政策性金融方式提供解决方案，填补商业金融和公共财政的缺位或不足，实现资源配置中经济有效性和社会合理性的有机统一。

对于这一理论观点，可以根据一些具体的评价指标进一步区分确定公共财政、政策性金融、合作金融、商业性金融所适用或侧重的领域，形成一个覆盖全社会各领域的融资渠道分布光谱。具体评价指标包括竞争能力、产品与服务特征、收费弥补成本的能力、风险承受力、外部性因素。

（1）竞争能力指标。该指标反映该领域市场竞争程度，包括竞争者数量、竞争者提供服务的能力。通常竞争者数量较多且竞争者提供服务的能力较强的领域，可以通过市场机制实施调节，是商业金融可以有效提供金融服务的领域。利润低、风险大、成本高，缺少供给竞争者且需求方有能力开展资金合作自助的领域，则有开展合作金融的空间。缺少供给竞争者且竞争者无有效提供服务能力的领域则是公共财政介入的领域。竞争者数量较少，竞争者提供有效服务能力不足的领域则是政策性金融发挥作用的领域。

（2）产品与服务特征。产品与服务特征具有明显私人特性（竞争性、排他性）的领域是商业金融服务的领域；产品与服务属于纯公共产品（非竞争性、非排他性）的领域则是公共财政服务的对象。对于准公共产品（非竞争性与排他性）则是合作金融、政策性金融可以介入的领域。

（3）收费弥补成本的能力。提供产品和服务可以有效获取经济收入，并能完全弥补成本实现社会平均回报的领域是商业金融提供产品与服务的领域；提供产品和服务弥补成本后仍可有一定经济收入，但社会目标强于企业经济目标，具有包容性商业模式的领域是合作金融发展的空间；提供产品和服务不能获得直接经济收入，无法弥补成本的领域由公共财政无偿提供；有一定收费，但弥补成本不足的领域，可以由政策性金融给予支持，分担成本、共享收益。

（4）风险承受力。融资主体风险承受力的强弱也是影响政府与市场边界的重要因素。商业金融主要以自有资本承担融资主体的违约损失，因此，风险承受力较弱的融资主体不是商业金融意愿服务的对象，此时，合作金融、政策性金融都是重要选择；对于有一定风险承受力但不足的融资主体，可以通过合作金融和政策性金融的方式在增信的同时提高服务的水平；全部由政府介入予以支持的，是公共财政适用领域。

（5）外部性。外部性很大，溢出效益明显的领域，需要政府介入进行规制或者提供相应的产品和服务；外部性很小，溢出效应不明显的领域，完全可以由商业金融提供相应的资金支持；对于存在一定外部性，但又不至于大到必须完全由政府主导或者社会私人部门完全不愿意介入的领域，则可以通过合作金融、政策性金融方式更有效地提供相应产品和服务。

如果将所有社会经济领域按照上述五个指标赋予一定的权重分值，理论上可以评估核算出一个大小估值不等的可经营性程度指标，这一指标可以帮助我们对商业金融、政策性金融和公共财政在社会经济中的适用领域做出基本判断，形成一个商业金融、政策性金融与公共财政提供自己支持或融资服务的全覆盖系统，犹如无缝对接的"融资"光谱。

从发展实践看，目前商业金融、公共财政在发达国家已基本形成了一个相对稳定、清晰的服务体系和适用范围。但是，政策性金融所适用的范围及政府介入的程度，特别是对发展中经济体，则往往比较难以把握或者受到争议。商业金融和公共财政有效发挥作用的领域所需适用条件是相对苛刻的：不满足任何商业金融适用条件之一，则市场参与者往往不愿意参与或者有限参与，导致产品和服务供给不足；而不满足任何公共财政适用条件之一，则往往容易导致政府干预过多，同时存在成本过高、供给不足以及不可持续的问题。对于商业金融不愿意参与而公共财政易越位的领域，合作金融、政策性金融往往可以提供更好的解决方案。事实上，即使在政策性金融发挥作用的领域，根据服务对象在政策性与市场性之间偏向性的不同，可以采用不同政策性工具与市场工具的组合，以期更为高效地、可持续地提供产品与服务。

当然，上述判断仍然带有一定的主观性，在实践中，政府与市场的边界也是随着经济发展、社会基本价值观念变迁以及技术手段的创新等因素变化而动态调整。具体而言，从国际国内经验看，当前政策性金融适用的主要领域包括基础设施建设、涉及国家安全与战略的资源与能源保护与开发、农村金融、小微企业融资、进出口贸易与境外投资、保障性住房、产业升级与科技研发、区域开发等（见表 10 – 1）。合作金融在农业领域也十分发达。

表 10 – 1　　　　　不同融资方式与公共财政适用领域评价指标

	竞争性与有效提供服务能力	产品与服务特征	收费弥补成本能力	风险承受力	外部性	可经营性
商业金融	强	私人	强	强	小	强
合作金融	较强	准公共（偏私）	较强	中	中	中
政策性金融	弱	准公共（偏公）	较弱	弱	大	中
公共财政	弱	公共	无	弱	大	弱

10.2　金融支持现代农业发展的目标与思路

10.2.1　发展目标

在基本确定商业金融、合作金融、政策性金融与公共财政适用范围的基础上，为满足农业金融供给的充足性、便利性、可持续性要求，应着力于充分利用市场基础力量、借助互助合作的积极力量、依托公共财政的保障力量，以市场为取向，以差异化的金融政策为引导，完善分工合理、功能互补、适度竞争、可持续发展的多层次农业金融体系，有效发挥商业性金融、合作金融和政策性金融在各自职能领域的优势，从多个途径、多个角度为各农村经营主体提供便利优惠的融资服务，形成商业金融、合作金融与政策性金融高效互补、运行健康、持续稳定的现代农业金融支持体系。

10.2.2　构建思路

农业金融支持体系构建的主要思路是：在遵循公共财政与政策性金融、合作金融和商业金融适用领域边界的基础上，按照风险可控、服务多元、财务可持续、规则简化、政策差异化的原则，以机制建设为保障，以机构建设和产品服务创新为主体，推动农业金融业务持续高效发展。

在机制建设方面，其一，构建农业金融机构（或工具）、政府财政、服务对象（企业、自然人）等相关利益主体之间的风险共担机制和利益补偿机制，即政府应当以合理形式适当补偿金融机构在开展低收益或高风险政策性业务时所产生的损失，确保金融机构形成稳定的收益预期，增强农业金融业务的供给能力；其二，要本着规则简化的原则，简化补偿机制审批程序，降低政策性机构与政府之间，商业实体与政策性金融机构之间的交易成本，提升政策性支持的可获得性；其三，在构建政策性金融机构的外部政策环境时，要充分关注政策性金融的特殊性，在货币政策、金融监管政策、财税政策方面给予一定的差别性待遇；其四，在合作金融与商业金融机构、政策性金融机构之间形成分工与合作机制。

在机构建设方面，其一，对现有金融机构进行规范整合的基础上，进一步提升现有政策性金融机构的资本实力、风险管理能力、业务开拓能力，在市场供给严重短缺的领域，增加政策性服务业务，按照服务多元化的原则，促进新型农业金融机构建设和产品服务创新；其二，合作金融机构重在完善法律法规建设，探索内外部风险管理制度；其三，健全"草根"金融体系，特别是培育市场化自我运作的本土化、"草根"金融体系，如各类微型金融机构、互联网金融组织等。

在业务创新方面，其一，针对农业新型经营主体的信贷需求特点，加强金融产品和服务创新；其二，进一步拓宽农业贷款抵押渠道，适时清除法律与制度障碍；其三，在现有法律制度框架下，通过建立联保机构、利用社区和社群信任关系，构建信用共同体，基于产业链、龙头企业与金融服务业有机关联实现供应链融资等创新方式，解决农业新型经营主体融资难问题。

10.3 现代农业金融支撑体系建设内容

现阶段，我国农业金融体系所涉及的服务领域以及大体的业务范围主要有农业基础设施建设、农业生产流动资金、农业企业流动资金等方面。从国际经验看，农业金融业务的实现方式主要存在三种选择，即商业金融、合作金融和政策性金融。从农业金融发展的国际经验和现代农业示范区的实际问题出发，农业金融体系的建设重点主要应落脚在农业金融业务的实现方式与业务范围的匹配和优化上，根据农业金融业务特点，构建好提供相应服务的金融组织。

10.3.1 商业金融机构

（1）增强对农业政策性金融业务的支持。除农业发展银行之外，如农业银行、国家开发银行、邮政储蓄银行、农村信用社等金融机构的商业性涉农金融业务开展较为广泛，其中部分具有政策性因素，此类机构具有从事政策性金融业务的经验和实力。因此，在可能的情况下，通过股权改革和业务整合，给予适当的政策倾斜，可以加强这些机构开展农业政策性金融业务的力度。

（2）重构农村小额信贷机构。开展农业生产活动或者是在生活中面临的资金需求往往是很小的金额，因此，试图提供一个巨型的金融机构满足农户的资金需求是不可能完成的任务。可以构建或重构农村小额信贷机构，规模不必太大，只要能够满足当地农户的资金需求即可，这些小额信贷机构的资金来源可以是多元化的，其业务运作方式也可以是多样化的，而财政可以通过减免税收、给予部分利息补贴等优惠措施促使其发展。

（3）优势领域的潜力挖掘。农村信用社现在是、今后仍然是农村金融供给市场的主力军，但应进一步拓展发挥其优势的渠道，如与新型农村机构（资金互助社、小贷公司等）对接开展涉农批发贷款业务，分工合作，包容发展。此外，农业银行虽然已成为追求盈利的商业银行，但农业银行在作为农业专业银行时期积累了丰富的农村金融业务经验，且其在农村的分支机构相对较多，优势明显，相反在城市的竞争上处于相对劣势，从自身发展来看，农业银行应继续适度调整发展战略，发挥自己的传统优势。

10.3.2　政策性农业金融

目前，农业金融体系大框架内的政策性金融实现方式至少可以包括：政策性贷款、政策性担保、政策性贴息、专项引导基金、政策性投资、政策性保险、招投标 7 种方式，这 7 种方式各有优缺点和适用领域，其作用效果也与相应的政策性金融机构有显著关联。

1. 现有政策性金融机构的改革与优化

从国际经验看，政策性银行是向政策性金融支持对象发放贷款等间接融资方式的融资中介机构。政策性银行的业务应该是政策性融资所支持的领域和业务，包括"三农"领域、进出口领域、经济结构转型发展领域、区域经济开发领域以及中小企业融资等领域都可以设立相应的政策性银行，某些领域甚至可以有不止一家银行。政策性银行的资金来源主要是财政支持政策性业务的资金（作为政策性银行的资本金）、中央银行的再贷款（政策性银行的重要外部资金来源）、国际开发性金融机构优惠性贷款以及接受企业大额存款等。政策性银行的业务范围也是可以发展变化的，其业务发展要跟随政策性金融的重点内容的变化而变化。财政开展的一些贴息业务也可以交由相应的政策性银行来办理。

我国现有农业发展银行（包括中国农业产业发展基金和现代种业发展基金）已经拥有了一批了解政策性金融业务、具有金融运行经验的人员和运行了多年的组织机构，因此，这种方式是一种快速、有效的构建政策性金融机构的渠道，可以在现有政策性金融机构的基础上，通过对其业务范围的重新界定、资本金补充方式的明确、管理运作方式的重新组织等方式，在短时间内快速形成遍布全国的政策性金融机构体系，并且能够迅速按照新的方式提供政策性金融服务。

2. 现有准政策性中央或地方金融机构的改革

我国各级地方政府大多组建了投资公司、融资担保公司等机构，这些机构的运作基本上是按照市场化原则开展的，对相应领域的带有政策性的业务非常熟悉，但管理运作方面并不完全规范，有的还带有一定的行政色彩，因此，在构建政策性金融实施主体过程中，可以通过对这些机构的改革，迅速建立一批农业政策性金融服务机构。具体可以在法律法规中规定从事这类政策性金融业务的金融机构应具备的条件，对类似的金融机构进行整合，并且改革其管理运作方式，赋予其开展各项农业政策性金融业务的任务。

（1）政策性融资担保机构。政策性融资担保机构是向政策性资金支持对象提供融资担保的政策性融资中介机构，调研中发现现有的政策性融资担保机构主要是由各级政府投资或控股的，主要目的也各不相同。政策性融资担保机构主要接受政策性融资对象的申请，为其向商业银行等商业性融资中介机构申请贷款时提供信用担保。政策性融资担保机构主要可以从事"三农"领域、经济结构转型发展领域、区域经济开发领域、中小企业融资领域以及保障性住房等领域的业务发展。

（2）风险投资基金（公司）。风险投资基金（公司）是政府将一部分政策性投资资金拿出来，单独或者是合作组成的基金或者是公司，它一般是由各级政府以及政府有关部门投资控股或者是参股的，其他的社会资金也可以在相应管理机构同意之后进行参股。该类机构主要目的是支持某一区域或者是某一行业的科技含量高、成长性高的中小企业。当这些政策性金融支持对象出现融资困难时，可以向风险投资基金（公司）请求资金，风险投资基金（公司）就会根据自身的业务范围对其资金支持请求进行评估，确定是否需要投资。该项融资一般形成的是被支持对象的股权资产。风险投资基金（公司）主要可以从事"三农"领域的高新技术农业发展、经济结构转型发展领域、中小企业融资等政策性金融领域的业务发展。

（3）政策性投资受托管理机构。政府的一项重要职责就是要根据国家的相关法律法规的授权，对相关企业和领域进行安排直接财政建设性资金，从而开展财政投资业务，但财政直接开展投资业务缺乏一定的监管，资金利用效率也不是很高，因此，可以由财政部门委托相应级别的政策性投资受托管理机构开展需要的投资活动。政策性投资受托管理机构从事的业务主要包括"三农"领域、经济结构转型发展领域、区域经济开发领域、中小企业融资领域、重大自然灾害重建融资领域。

（4）政策性保险机构。政策性保险机构是通过使用保险的基本运作原理开展政策性金融业务的，政策性保险机构通过收取保费的方式获得融资，同时也要承担起灾害发生后的损失，但政策性保险机构收取的保费收入要小于所承担的灾害发生后的损失，因此，政策性保险机构的一部分收入还来自财政或者再保险公司。政策性保险机构主要从事的业务包括农业保险、中小企业融资保险以及重大自然灾害保险等。

（5）政策性金融招投标管理机构。为了实现招投标方式政策性金融业务，仅仅依靠资金提供者——财政部是不可能的，因为，要实现招投标方式政策性金融，首要问题是要搞清楚招投标方式政策性金融的业务范围和实现程度，从而确定招投标的标的，所以，要建立政策性金融招投标管理机构，主要负责根据财政部对政策性金融业务支持的资金计划，细化招投标的标的，并且组织和维护招投标工作的顺利开展。这一机构的人员要对政策性金融非常熟悉，对政策性金融业务的实施过程也要能够及时监控，因此，要具有相当的专业水准。

3. 新建专门的农业金融政策性支持机构

现有农业金融机构在很多领域是缺乏的，比如招投标融资业务管理机构、重大自然灾害保险公司、中小企业金融机构、政策性投资的资金受托管理机构等。因此，还需要根据政策性金融的需求情况和政策性金融面临的具体形势，建立相应的政策性金融机构。这种方式可能需要时间，但这些机构建立之后，可以在相应领域有针对性地开展政策性金融业务，提高政策性金融的效率。

10.3.3　合作金融

我国合作金融已出现多元化发展趋势，按发起力量区分，主要形态有：一是农民专业合作社内部信用合作；二是银保监会框架下获得银行业法人金融许可的农民资金互助社；三是各地方政府推动成立的社区性合作金融组织；四是扶贫部门推动的贫困村村级资金互助社；五是供销社发起的合作金融组织；六是基于互联网的新型合作金融，如 P2P 等。

现阶段农业领域合作金融发展的同时，存在的问题也不少，主要表现在以下四个方面。一是合作金融组织鱼龙混杂、真假无常，风险相对较高。比如，一些合作金融组织以农民合作为旗号，吸收了社会资本，受逐利性驱使，运行不规范，积聚了不小的市场风险、道德风险；多数合作金融组织则因业务人员素质低、管理经验少、治理结构不完善等因素，普遍存在操作风险。二是数量、质量参差不齐，地位差别较大。有的快速增长，有的不再审批；有的进入门槛高，有的进入门槛低；法人地位有的有（不尽一是），有的没有。三是监管效率低、监管成本较高。银保监部门一方面不放资金互助社的审批权，另一方面既不赞成、也不反对农村资金互助社的发展，深层次矛盾在于自身监管能力不适应大量发展社区性合作金融组织。四是某些地方政府存在过度介入行为。

由此而言，合作金融在我国不是发展与否的问题，而是如何发展的问题。从问题导向入手，只有解决上述四方面主要问题，我国的合作金融才能渐入佳境。为构建真正的合作金融，要在以下五个方面进行改革创新。

（1）发展合作金融，政府要有所为，有所不为。政府要在合作金融立法、法律建章立制、培训引导上加大力度；同时要警惕地方政府的过度介入和干预，放宽准入制度，免费登记注册获取法人地位，加大政策扶持，保障合作金融健康有序发展。

（2）建立和完善合作金融组织内部治理制度。包括民主管理制度、信息披露制度、盈余返还的分配制度。保持合作成员的同质性，警惕法人资金的过度参与，以及可能出现的治理结构扭曲与组织变异。

（3）创新监管模式，降低监管成本。可引入行业监管或社会第三方监管制度，既解决县级监管部门人员不足、工作任务繁重和成本过高的监管难题，也可避免因监管不专业可能带来的低效率弊端。

（4）加强内外部风险控制与防范。包括推行存在信用保证制度、实行贷款信用担保或保证制度，确保资本充足率、贷款损失准备充足率；与政策性农业保险相对接，将金融合作与产业合作相融合，与外部金融机构分工合作，争做大银行的批发贷款业务，以差别化业务，缩小和控制金融风险。

（5）加快发展和完善互助合作保险。在农业保险领域大力扶持发展相互制合作保险组织。与商业性保险公司相比，互助制、合作制农业保险组织在保障农民利益、主动防灾减灾、合理处置公司盈余等方面具有明显优势，中央多次提出鼓励在农村发展互助合作保险。应把发展农业互助合作保险作为农业保险组织制度创新的重点。

10.4　配套措施：土地、社保和农村金融领域综合改革

农村金融制度是整个经济体系的重要组成部分，其功能作用的发挥离不开配套制度的同步完善，唯有如此，才能充分有效地发挥金融对现代农业的促进作用。与此相关的配套改革措施主要有三个方面：农村社保制度的健全、

农村土地制度的适度改革、农村金融制度的进一步完善。

10.4.1　完善现行农村金融制度

（1）存款保险制度。存款保险制度是一种市场化的风险补偿机制，其有效运作能够发挥存款类金融机构相互间的承保能力，农村金融机构参加存款保险，缴纳存款保险费，将有利于保护存款人利益，有利于形成有效的农村金融机构风险化解和市场退出机制。存款保险的有限补偿制度，也有助于提高存款人的风险意识，发挥市场对农村金融机构的约束作用。

（2）农产品期货市场和农业保险市场。鼓励发展以农业订单为依据的跟单农业保险，鼓励商业性保险公司开拓农村保险市场。进一步完善相关信贷市场、保险市场、期货市场，建立功能完备、分工合作、竞争适度的农村金融市场体系。

（3）担保机制。由政府出资、农民和农村企业参股，成立符合现代企业制度的股份制担保基金或担保公司，带动各种担保机构的发展。扩大有效抵押品的范围，如增加存货、应收账款等动产抵押和权利质押。保护担保债权的优先受偿权。探索发展农业信贷保险，发挥保险在农村信贷中的保障作用。

（4）农业金融发展的政策扶持。通过财政补贴、担保或税收减免等措施吸引金融机构增加对农业和农村的信贷投入。实行支持农村金融机构发展的税收政策，引导金融机构在农村地区经营。

（5）适应农村金融组织特点，加强和改进金融监管。农村金融组织地域分散、规模不一、形式多样，要适应农村金融组织的这种特点，加强和改进金融监管。对不同类型的金融机构执行有差别的监管政策。另外，要努力探索货币政策与财税政策、市场准入政策、监管政策的配合，建立起激励有效、风险可控、协调配套的政策扶持体系。

10.4.2　综合改革农村土地制度、社保制度和金融制度

土地是农民最重要的生产要素和农村最重要的资源；金融是农村资金的来源和农村经济的血液；社保是解决农民后顾之忧和脱离土地的根本途径。这三项改革互为前提，相互制约，只有统筹综合考虑，协调推进，才能取得事半功倍的效果。因此，可以制定合适的财政奖补政策，鼓励进行农村社保、

土地流转和农村金融综合改革试点。一是制定促进土地流转、农民参加社保、农民集中建房购房的财政奖补政策。二是对农民到小城镇创业、就业和居住，提供税费减免照顾。通过税收政策推进土地规模化、农民城镇化和资产多样化，提高农民的贷款抵押能力和消费投资水平，为金融机构提供农村金融服务创造条件。三是在总结试点经验的基础上，由财政提供一定担保，探索有条件的将已参加城市社保的农民的土地经营承包权和享有基本社会保障、且有两处（套）以上住房的农民的闲置农房和宅基地纳入贷款抵押物范围，从而大幅度提升农民的贷款抵押能力，从根本上解决农民贷款难的问题。

第 *11* 章

结论与政策建议

11.1　主要结论

11.1.1　关于农业与农村金融的概念和定位

农村金融是针对农业部门（包括农村、农业、农民）的需求而提供的各类贷款、存款、汇兑、投资理财等金融类服务。就农村金融的本质而言，其基本属性与城市金融没有差别，均是以一定承诺（信用）为基础，通过货币在借贷双方之间的流动，来调整资源在时间、空间和不同人群之间的分布，实现资源的优化配置。农村金融组织的职能与城市金融相同，仍然是资源（信用）的集中（创造）与再分配。农村金融系统，也同样由金融机构（经营金融商品的特殊机构）、金融市场（金融商品流通市场）、金融监管（通过金融政策妥善处理风险、成本和可持续性三者之间关系，通过监管金融机构行为维护市场公平，通过运用宏观调控工具调节资金流向和在不同领域的总量配置）等子系统构成。

与通常意义上的农村金融范畴稍有不同，本篇所述的现代农业金融支持的研究范围，侧重农业生产和农村发展的资金供给与获取，即仅研究与农业和农村的生产及发展相关的金融服务；从三次产业角度出发，可称之为农业金融。

由此可以判断，农业金融服务覆盖农业产业的生产领域，其服务对象为整个农业产业的从业主体，横向涵盖种植业、林业、畜牧业和渔业等行业，纵向涵盖三次产业，包括生产、农产品加工、科研和咨询、仓储和物流等。

具体到经济运行过程，资金需求主要发生在四个方面：资本金、流动资金、基础设施建设、生产设备购置与维护。

农业金融的供给方包括政府职能部门、各类金融机构及民间借贷人。相应的，农业金融的资金来源包括三个方面，财政资金（含政策性金融资金）、商业金融资金、民间资金。资金投入方式表现多样，如项目资金、财政贴息、银行借贷、民间资金融通。

农业金融的需求方包括政府部门特别是地方政府、农业企业、农户及其他农村经济主体。其中，政府部门的需求主要体现在为农业产业发展提供基础性条件，如农业基础设施建设、农业融资服务。

农业和农村金融具备两个显著区别于城市金融和工业金融的特性。其一，农村金融服务具有绩优公共产品性质。农业和农村金融具有显著的利益外溢特征，即一种具有正外部性的产品。但金融资源本身是稀缺的，为了促进农业发展，需要政府提供公共金融产品。政府主导型的农业和农村金融倾斜政策，确保了间接金融的优势；金融市场准入、业务范围、低利率、外汇管制等严格地限制了竞争，确保盈利；强有力的行政指导保证了政府意志的充分体现。这种金融制度安排是鼓励农业投资、适度集中资金用于农村、保证全局金融市场稳定、推动经济增长的重要基础之一。其二，农业和农村金融服务市场具有信息的严重不对称性。由于我国农村的基本生产单位是农户和小微农业企业，而众多分散的个体与相对来说依赖于规模效应的比较集中的金融机构之间存在严重的信息不对称。银行若要收集足够的信息对大量的分散客户进行信用识别，因为成本太高而不可能，因此，当农业类贷款超出了有效的信用约束的边界时，就有可能发生道德风险，导致银行损失。又因为农业生产的不可预期性，农户缺乏有效抵押担保，银行与农户之间的信息不对称，使银行的监督成本高昂，而在利率非市场化条件下，商业性信贷难以支付如此高昂的交易费用，所以，正规的商业性农村金融不断萎缩。这样，单一的一家一户型的小额贷款的交易费用比较高，银行不具有交易积极性。这些问题要求政府介入，通过提供农村金融服务来有效解决。

与此相应，农业和农村金融服务的发展离不开政府的指导，在一定阶段甚至需要由政府主导待发展成熟后再交由市场主导。第一，在相当长的时期内，中国农业和农村金融体系的发展和成熟离不开政府的支持。这种支持既表现在政府加大对农业生产的投入、加快提高农民收入方面，也表现在政府继续对"三农"提供政策性金融服务方面。第二，建设和完善中国的农业和农村金融体系需要从多个方面入手。一个有能够兼顾公平与效率的、比较理想的农村金融体系，应当是一个包括政策性农村金融、互助性金融机构、小额贷款机构以及商业金融机构，职责明确、分工协作的金融体系。第三，发挥市场的力量，积极培育和发展农村互助合作组织，健全农业生产、农产品流通的基础性条件。

11.1.2　我国基本建立起政策金融、商业金融、农村合作金融的农业和农村金融体系

20 世纪 90 年代前期，我国启动农业金融领域的改革。1994 年，成立中国农业发展银行，将农业政策性业务从中国农业银行和农村信用社剥离出来，由中国农业发展银行专营；同时，加快推进中国农业银行商业化步伐，对农村信用社进行商业化改革，组建农村信用社县级联社。1996 年，根据国务院《关于农村金融体制改革的决定》，农村信用合作社与中国农业银行脱钩，由农村信用社县级联社和中国人民银行负责对农村信用社的业务管理和金融监管，并坚持合作制性质。1997 年，中央金融工作会议确定"各国有商业银行收缩县及县以下机构，发展中小金融机构，支持地方经济发展"的基本策略后，包括农业银行在内的四大国有商业银行日渐收缩县及县以下机构。2005 年，我国开始在部分地区探索新型农村金融机构改革试点，允许在农村地区设立"村镇银行"、"贷款公司"和"农村资金互助社"等；同时，放宽了农村地区现有银行业金融机构的兼并重组政策，并鼓励商业银行在农村地区开设分支机构。2007 年 10月，经国务院批准，新型金融机构试点工作扩大到全国 31 个省（区、市）（不包括港、澳、台）。2007 年初，中国邮政储蓄银行正式挂牌成立，开始按照商业化原则运作。2013 年，农业银行成立三农事业部并对涉农领域开展业务。

目前，我国业已实现了农业政策性金融业务与商业性金融业务分离，涉农组织体系建设不断完善，逐步形成了合作性金融、政策性金融、商业性金融相结合的农业和农村金融体系。

11.1.3　我国农业和农村金融服务以正规金融机构为主要供给主体，但民间借贷的地位和影响不容忽视

我国农业和农村金融组织体系包括农村信用合作社（含农村商业银行和

农村合作银行）、中国农业银行、中国农业发展银行、国家开发银行农业信贷部分、其他有关农业投资公司等。农村信用合作社（含农村商业银行和农村合作银行）、中国农业银行、中国农业发展银行是农村正规金融的主体，其中，农村信用合作社在提供农业和农村金融服务中发挥了最广泛的作用。

（1）中国农村信用社。农村信用社是处于农村金融的最基层、分支机构最多的农村正规金融机构，分支机构遍及几乎所有的乡镇甚至农村，也是农村正规金融机构中唯一与农户有直接业务往来的金融机构，是农村正规金融机构向农村和农业经济提供金融服务的核心力量。

（2）中国农业银行。中国农业银行于 1979 年重建，是中国四大国有商业银行之一。中国农业银行重建的初衷是为了支持农产品的生产和销售，但事实上中国农业银行的业务基本与农业农户并无直接关系，其贷款的绝大部分都投入了国有农业经营机构和农村工业企业。1997 年后，中国农业银行政策性业务剥离速度加快，中国农业银行的经营也日益强调以利润为核心。但迄今为止，中国农业银行仍然有部分贷款具有政策性贷款的性质（如对供销社的贷款、一部分扶贫贷款等），中国农业银行的日常经营也无法完全避免地方当局的干预。中国农业银行已逐步从农村转向城市，对于农村经济的促进作用越来越小。

（3）中国农业发展银行。中国农业发展银行是农村金融体制改革中为实现农村政策性金融与商业性相分离的重大措施，是一家政策性银行，代表国家支持农业和农村发展。作为我国的农业政策性银行，中国农业发展银行在完成政策性与商业性金融业务分离、深化金融体制改革、调控金融资源配置、贯彻政府农业发展政策、引导资金流向农业、支持和保护农业发展、促进农业综合开发和扶贫，特别是实现专司的粮棉油收购资金供应和管理、支持粮棉流通体制改革、增强农业发展后劲等方面发挥了重要的不可替代的作用。中国农业发展银行的业务也不直接涉及农业农户，它的主要任务是承担国家规定的政策性金融业务并代理财政性支农资金的拨付。

除正规金融主体外，在农村金融市场中，民间借贷的地位和影响不容忽视。我国农村间金融的主要表现形式为资金供求者之间直接完成或通过民间金融中介机构间接完成的债权融资，主要以金融服务社、基金会、私人钱庄和各种"合会"等民间金融机构式存在，农村正规金融的制度供给与制度需求之间的缺口是农村民间金融产生的根源。

11.1.4　中国农业金融发展中存在供给不足、便利性差、持续性不强等问题

虽然我国农业和农村金融服务取得了很大进展，但仍有诸多技术性不足、制度性缺陷，具体表现在以下四个方面。

（1）覆盖力度不足。基于成本收益比较，大型商业银行以很大力度撤并在农村的经营机构和部分县支行，规模小、力量单薄的农村信用社（含农村商业银行和农村合作银行）成为农村地区正规金融服务的主要提供主体，真正为农业和农村服务的金融机构不足。民间金融虽相对活跃，但缺乏规范，存贷款利率较高，存在较大的金融风险。农村证券、信托、保险等非银行金融机构缺乏，金融创新和电子化产品仍是空白。

（2）金融机构的非农化倾向较强。实践表明，大型商业银行在农村地区提供金融服务不具备比较优势，其业务活动往往无法适应小农经济，也无法解决因严重的信息不对称而带来的高风险和巨额成本等问题。中国并不缺少大银行，但缺少贴近基层的中小金融机构，特别缺少根植于农村的微型金融组织。相对来说，贴近农户、符合农村基本需要的"小法人"更适合服务当地（以县为服务范围的社区金融机构）。我国县域地方法人金融机构的数量尚显不足。

（3）农村金融运营效率低下。农村金融市场不发达，主要是间接融资，农民个人投资渠道较少；低效、无效投资较多，储蓄—投资转化过程不畅，一方面，农业企业、农村企业和农户贷款难的现象很普遍；另一方面，农村资金的"城市化"现象严重，部分农村金融机构存在数量巨大的"闲置资金"。

（4）供需不平衡。突出表现为农村金融结构与农村经济结构不协调。农村第二、第三产业的发展，农户生产经营范围和规模不断扩大、农村企业和农业企业持续壮大，私营经济和股份经济成分的增加都提出了新的融资服务需求。但当前农村金融服务显然难以满足这种需求。如前所述，调研的种养大户中，72.2%认为难以及时获得正规金融机构融资，贫困户、小农户贷款更难。

11.2 金融支持现代农业示范区发展的具体建议

11.2.1 制度建设

（1）明确农业金融供给主体职能定位，防止政府对农村金融支持的职能缺位。鉴于农业和农村金融服务的公共产品属性和严重的信息不对称性，在其发展中，政府的作用必须得到有效的和合适的加强。各级政府和各相关职能部门，如农业部门、发改部门、财政部门、人民银行系统、银保监系统等需要重新进行职能定位，职能定位的重点不在于防范职能越位，而在于防止职能缺位。

（2）优化财政对农业和农村金融服务发展的支持方式。停止涉农金融机构奖补政策，转而实行对涉农业务免税政策（目前为3%营业税），同时对应要求涉农金融机构适当降低相关业务的贷款利率；或减少对相关供求主体的直接补贴，转而以贴息和引导资金为主要方式，从而带动金融资金投入农业和农村，充分发挥杠杆作用。

（3）加大涉农金融扶持力度。在今后的农业发展支持资金增量中，加大用于支持农业和农村金融发展的比例，比如增加政策性农业保险的扶持力度。

（4）建立并完善农地金融制度。农地金融是以农地（含宅基地）作为信用担保（抵押）而获得的资金融通，其实质是发挥土地的财产功能，将固定在土地上的资金重新启动起来，使其进入流通领域，以扩大社会资金的来源。建议与正在推行的农村土地经营权抵押试点工作相结合，选择部分地区，由地方政府与金融部门联合成立土地经营权清偿机构，由该机构对无力还贷的农户的土地经营权进行运营，抵押期结束后返还原农户，以此解决土地经营权抵押的变现问题。

（5）强化政策性金融的引导作用。作为目前唯一的农业政策性银行，中国农业发展银行应逐步向综合型政策性银行转变。中国农业发展银行应当健全和完善政策性金融服务功能，继续支持国家粮油储备体系建设，履行为粮棉油收购资金供给和治理等政策性业务。在业务拓展上，中国农业发展银行在目前基础上调整充实业务范围，积极开办粮油产业化经营贷款，重新对中国农业发展银行进行市场定位，进一步调整农业发展银行信贷结构，逐步将支持重点由农产品流通领域转向农业生产领域，使其成为支持农村发展的综合型政策性银行。同时要拓宽业务覆盖面。通过增设基层网点、接收部分基层国有商业银行网点或接收部分基层国有商业银行网点作为自己的分支机构，增强服务农业的能力。另外，逐步开办扶贫开发项目贷款、农业综合开发贷款、农村基本建设和技术改造贷款业务。通过发行农业金融债券和建立农业发展基金，拓宽筹资渠道。

（6）引导商业银行开拓农业和农村金融业务。通过各种优惠措施和政策导向，引导商业银行在农村金融市场拓展支农业务，缩小农村金融市场存贷差，充分发挥商业银行实力雄厚的优势，为农业和农村经济发展做出贡献。同时，要按照商业化原则积极推进邮政储蓄改革，发展邮政储蓄银行，引导邮政储蓄资金支持"三农"。此外，中国农业银行虽然已成为追求盈利的商业银行，但在作为农业专业银行时期积累丰富的农村金融业务经验，且其在农村的分支机构相对较多，优势明显，相反在城市的竞争上处于相对劣势，从自身发展来看，中国农业银行应继续适度调整发展战略，继续发挥自己的传统优势。

（7）建立健全农业金融法律法规体系。一是制定"农业和农村投资法"，强制规定全国性金融机构的分支机构或资产规模达到一定数量，必须将一定比例的资金以适当的方式用于支持农村经济的发展。二是给予资信度较高的农村金融机构较宽松的存款准备金政策。降低其存款准备金占款，可以迅速有效地增强农村金融机构的资金供给能力。可以考虑在现行农村金融机构差别存款准备金率政策的基础上，对涉农金融业务实行更有力度的准备金率政策，由此增加的可贷资金应全部用于农村资金供给。同时，作为鼓励，将金融机构的存款准备金率与其农业贷款比例挂钩。三是放宽农业和农村金融市场的准入政策。放松农村金融市场准入的限制，引入多样性的金融组织，包括非政府组织的小额信贷和其他民间自发的金融合作组织。鼓励成立民间金融机构，可以是民营银行、合作银行，也可以是信用合作社或合作基金会等，使不同的农村金融制度安排之间出现良性竞争的局面。适度的竞争必将提高农村金融服务的效率，扩大农村金融服务供给，满足农村不同层次的金融服务需求，并最终实现农村金融的"普惠制、广覆盖"。

11.2.2 机制创新和业务创新

（1）规范农业产业创业板市场。建议组建农业产业创业板市场并由农业部门监管，在目前农业产业间接融资存在"瓶颈"的情况下为现代农业示范区内具有一定规模的新型农业经营主体提供直接融资。具体方案及风险防范可借鉴工业企业二板市场和新三板市场的运作经验。

（2）发展农产品期货市场。农产品期货市场的发展可以有效地优化农业资源配置，有利于农业的可持续发展。由于农产品期货价格具有预期性的特征，可以弥补现货价格的不足，生产者可以利用期货市场的远期合约价格，安排生产，这样既合理地配置了资源，又减少了农产品价格的周期性波动，保证了农业生产的正常进行和正常的农业收入。我国的农产品期货市场还很不发达，农产品期货市场在稳定农产品价格和优化农业资源方面发挥的作用还很有限。为此，应鼓励开发农产品期货新品种，完善市场品种结构，适时推进期货期权，试点设立期货投资基金，研究引入期货市场的 QFII 制度，鼓励农产品生产经营企业进入期货市场开展套期保值业务。

（3）开发基于农业产业特性的金融业务。除了鼓励金融机构开展农业产业季节性流动资金贷款、农业基础设施中长期贷款、存货质押贷款、土地金融等业务外，考虑到农业产业越来越表现出一、二、三产业融合的特点，要开发一、二、三产业融合发展类的农业贷款。对于季节性贷款，建议人民银行给予相关金融机构相对优惠的再贷款政策；对于基础设施中长期贷款，建议对相关金融机构实行较低的存款准备金率；对于一、二、三产业融合发展类的农业贷款，建议延长贷款期限至 5～10 年，对金融机构给予一定奖补激励政策。

（4）银保合作产品创新。试点探索不同银行信贷产品与保险产品相结合的可能性。保险产品至少可以通过三种方式增强农户、农村经济合作组织、农业小微企业的信贷能力。一是农户以传统农业保险产品的保单作为质押，向银行等金融机构获得贷款；二是引入小额信贷保证保险，由农户向保险公司支付利率之外的额外费率，并以保单直接从金融机构获得贷款，保险公司承担农户违约延期还款的风险；三是强制让农户购买健康意外险，从而降低农户因健康意外事故等原因而不能正常还款的风险。

11.2.3　机构建设

多年来，我国一直对促进农业与农村发展的金融服务高度重视，但是目前的状况与预期仍有很大差距，农业和农村金融的解决应以农业部门为主，成立适宜的协调领导机构。要在现有基础上明确各类农村金融机构的功能定位，完善现有的农村金融体系，同时积极推进农村金融组织创新，继续健全农村金融组织体系。

（1）成立促进农业金融发展办公室。建议国务院成立促进农业金融发展办公室，办公室设在农业农村部，成员单位包括：农业农村部、人民银行、银保监会、证监会、财政部、发展改革委。其主要职责包括：研究全国农村和农业金融发展的有关政策建议，以及提出按程序修改和制定有关法律法规的意见；具体指导地方农业和农村金融的发展促进工作；跟踪调研农业和农村金融的发展情况，及时发现问题并提出解决问题的措施。

（2）健全担保机制，创新担保组织。以农业农村部和财政部为主，成立全国性的农业产业担保基金，为地方政府向金融机构总行申请打捆农业贷款提供担保。成立县域农业产业担保基金或担保机构，以充分发挥基层政府的信息优势。建议在存款实名制的基础上，以累进税制恢复开征利息税，以此作为此类机构的资金来源，县级政府适当投入部分股金，支农资金若有节余，则全部用于担保平台；其余部分则通过农户和当地企业自愿共同集资方式筹集。

11.2.4　促进农业和农村金融发展的诚信文化环境建设

（1）加强诚信宣传，树立诚信意识。实施农村金融市场的诚信化发展战略，在注重信用的诚信制度特征时，不能忽视其社会价值心理层次的道德和文化意义。从社会价值心理层次看，诚信是信用关系内化为交易者价值观念的反映。

第一，需将诚实、守信纳入精神文明建设的主体内容，强化社会舆论的激励与约束作用。开动以报纸、电视、广播、网络等新闻媒体为主体的各种社会舆论工具，通过及时的、实事求是的宣传报道诚实守信的先进人物、单位和事迹，揭露恶性违约、失信现象，跟踪重大违约失信案件的查处，披露权威信用信息，大力弘扬契约精神、营造诚实、守信的信用文化和道德风尚，运用社会舆论的激励与约束力量，为信用社会的建设保驾护航。

第二，全面加强金融授信体系建设。在科学化、法制化基础上，分区域和行业进行权威性的信用评估、评级，树立正反两个方面的信用典型，并接受舆论的监督，给予不同的授信资格和相应的荣誉与处罚。

第三，加强企业文化与诚信文化建设的结合。由行业协会牵头，结合行业信用管理，深入开展以诚实、守信为核心的职业道德教育和企业文化建设，形成"以诚信做人，以诚信立业，以诚信为荣，以失信为耻"的"诚信为本"文化。

第四，从伦理学和金融学两个方面，多层次开展以信用为核心的诚信教育。可以参照国外经验，积极开展信用职业技术教育和短期培训，尤其是对政府和企业管理者的在职信用教育；伦理学意义上的信用教育则更应该贯穿道德教育全过程，要从理论和应用两个方面，开展信用管理研究，为法律制定、体制构造、政策设计、信用教育和舆论宣传提供理论和实证依据，结合我国实际进行法律制度、政策设计、信用教育的研究。

（2）建立完善的农村信用体系，强化信用惩戒制度。健全信用惩戒制度，首先要构建系统化的信用法律法规体系，以此为依据，强化诚信的激利和约束机制，对"失信"主体给予相应的惩罚，增加其违约成本。可考虑借鉴国外经验制定《公正信用报告》和相应的个人破产、信用担保制度，建立健全我国的信用惩戒制度体系。

在完善制度体系的同时，需要增强相关法律法规的权威性，加大对失信主体者的惩处力度，可以考虑在《中华人民共和国刑法》中增加惩罚恶意失信的条款，定期开展金融案件专项整治。同时，一方面，必须树立信用信息是重要资源的观念，依靠现代电子信息手段，依法协调司法、金融、税务、工商、计量等各个政府部门和相关机构，以个人身份证、企业、组织的执照或管理代码等作为统一的信用信息代码、农村金融需求主体的诚信记录，建立具有权威性的信用档案，实行信用信息电子化、网络化、权威化、公开化、法制化，当前可以从建立银行间信用信息联盟入手，实行银行客户信用信息共享。另一方面，要将"诚信"参数作为影响农村企业和农户参与社会经济活动的因素之一，定期开展信用考核，实行信用考核制度化，对农业项目贷款的审查可以实行一票否决制，使信用成为一种资格。

（中国农业科学院农业经济与发展研究所研究员 夏英、王明昊）

第 3 篇
国家现代农业示范区规划编制与实施情况

　　国家现代农业示范区规划是在全面分析示范区农业发展现状的基础上，对其未来农业发展所做的安排和部署。其基本特征是根据区域经济社会发展形势，结合当地实际，认真分析今后一个时期区域内自然、经济、技术条件的变化趋势与发展需求，按照一定的规范和要求，对一定时间和一定条件下，示范区农业发展的总体走向、发展目标、整体布局、投资安排及推进措施等进行战略安排和总体控制的规范性文件。示范区规划属于专项指导性计划，具有专门性、综合性、战略性、可考核性等特点。课题组专家对黑龙江富锦市、广西田东县、湖北监利县、宁夏贺兰县、江苏泰州市五个国家现代农业示范区规划的编制和实施情况进行了调研和分析，认为五个示范区都高度重视示范区建设规划编制工作，但是，五个示范区之间，规划编制的水平参差不齐，规划实施的情况也有较大差异。

第 *12* 章

五个示范区规划编制工作的基本特点

总体来看，五个示范区的规划编制工作具有以下四个共同特点。

其一，规划的规范性较好。大多数示范区都委托了有资质的专业机构进行规划编制工作，个别没有委托他人编制规划的，也都请有关专家对规划进行了评审和把关。同时，为提高规划编制的质量，农村农业部向各示范区下发了统一的规划编制参考大纲。这些工作有效提高了规划内容的完整性和规划表现的规范性，而专业机构的参与，也确保了规划方法的科学性。

其二，规划的内容符合实际。不论是请专业部门的人员编制规划，还是由当地农村农业部门的干部自己编制规划，规划者都无一例外地对当地农业发展现状进行了深入了解和分析，因此，所编制的规划基本做到了现状清楚，描述到位，表现为规划主导产业的选择、区域布局的安排以及推进措施的建议等都比较符合示范区农业发展的客观实际，对当地现代农业发展优势的把握和存在问题的诊断也都较为准确。

其三，体现了国家现代农业示范区建设的总体要求和政策导向。每个规划都突出体现了"高产、优质、高效、生态、安全、持续"的国家现代农业发展总体要求，体现了确保粮食安全、狠抓质量安全、有效保护土地、注重节约资源等基本导向，在一些量化指标的设计上，不仅有总量的要求，还有分阶段性的分解以及分层级的细化与平衡。

其四，注意了与示范区其他规划的衔接。大部分规划都注意了与示范区现代农业发展有关规划的衔接和呼应。比如，与相关的上位规划（如全国和全省现代农业发展规划）的衔接，与同级专业规划（如水利规划、国土规划等）的对应，与区域内总体规划（如全县国民经济和社会发展规划）有关内容的配套等，这使得示范区规划的定位基本准确，相关条件和发展要求的分析基本到位。

示范区规划编制工作流程参见图 12 – 1。

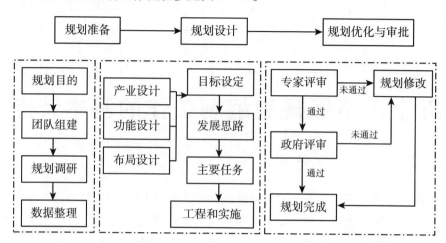

图 12 – 1 示范区规划编制工作流程

第 *13* 章

示范区规划实施情况

总体来看，示范区规划在推动当地现代农业建设和发展上发挥了很好的引领和规范作用，取得了显著成效。同时，由于主客观各方面的原因，在规划实施中，也不可避免地存在一些问题。

13.1　各地实施规划的具体做法

1. 广西田东县

整合各级财政支农资金，围绕粮食、果蔬、甘蔗、畜禽四大特色产业发展需要，加强农业基础设施建设；推进农业技术集成化应用；创新农业组织制度，构建新型农业经营体系；改善农业金融和保险服务（这是田东县的一大亮点和特色），先后组建田东北部湾村镇银行，将农村信用社重组改制为农村合作银行、农村商业银行，组建县助农融资担保公司，与广西金融投资集团共同设立了县域金融综合服务中心等，出台《开展农村产权抵押贷款试点工作的意见》，突破了"银行放贷难，农民贷款难"的"瓶颈"；创新农业政策和管理服务体制机制，成立了由县四家班子主要领导为组长的领导小组，建立了示范区建设联席会议制度。

2. 湖北监利县

一是围绕粮食、农产品加工等主导产业，推进农业经济平衡增长；促进农业科技推广应用。二是不断增加农业投入。2011~2014年，国家、省、县投入农业基础建设资金达12亿元，农机购机补贴达0.8亿元；2014年整合农业基础建设项目资金3亿元，带动社会资本投入6亿元。① 三是有力推动制度创新。2014年，县委县政府印发了《监利县现代农业改革与建设试点工作实施方案》，把现代农业改革与建设试点工作纳入重点工作考核，把现代农业建设的重要指标量化考核到乡镇和部门，一年一考核，三年一总评。

3. 宁夏贺兰县

一是落实规划，优化特色产业布局。依据贺兰县地理特征及"一优三特两新"产业发展，进一步优化农业产业功能区规划。确定了沿黄河金岸优质粮产业带、沿汉延渠、唐徕渠系蔬菜产业带、沿艾依河适水产业带、沿贺兰山东麓草畜产业带、沿正源北街休闲农业产业带六大优势产业带。二是加大投入，强化政策扶持保障。2014年，预算县级财政补助资金7600万元，重点对现代农业改革与建设各个环节进行扶持。同时，采取财政贴息、担保、以奖代补、先建后补、民办公助等方式，调动企业、社会投入农业改革建设的积极性。三是打造品牌，推进农产品品牌化战略。四是强化保障，创新农业风险防范机制。加大对农业保险的支持力度，完善保费补贴政策，推动建立适度多元化的农业保险体系。五是推进改革，突出体制机制创新。创造了"支部+协会"引领型、龙头企业带动型、土地股份合作型等七种土地流转模式以及"兰光""雄英""新平"等十种现代农业发展模式，在全区推广实施；建立支农资金整合平台，运用县财政撬动银行信贷，调动银行信贷和企业投入的积极性，放大财政支农效应。2014年投入1000万元，建立现代农业发展融资担保基金，与金融部门联合放大5~10倍，用于解决龙头企业、合作组织、种养大户融资难的问题，降低金融部门放贷风险。

4. 江苏泰州市（包含姜堰区）

一是突出规划先行，促进科学发展。发布《泰州市现代农业发展规划》等政策文件，在全市重点打造"五横、两纵"产业带、"一个中心板块"以及优质稻米、专用麦、加工蔬菜、畜禽养殖加工、特色渔业、银杏、花卉苗木、旅游休闲农业八大产业。二是突出政策引导，形成推进合力。出台了《泰州市"5218"工程现代农业园区项目考核奖励办法》，安排专项资金对现代农业园区建设进行奖励扶持。三是突出稳粮增收，夯实发展基础。坚持狠抓粮食生产不放松，变革传统农业生产方式，推广应用新技术、新模式，涌现出获垛"稻鸭共作"有机稻米、姜堰河横"三安"大米等近40万亩高效

---

① 本章数据均由地方农业部门提供。

粮食生产基地，亩效益由原来千元不到增至万元左右，形成了"一亩田、千斤粮、万元钱"高效生产模式。四是突出科技依托，提供有力支撑。加强农业信息化建设。在农业发展中植入现代管理理念，借助信息技术开发了全市高效农业地理信息系统、耕地资源管理信息系统、绿色稻米生产管理智能化专家系统，促进了生产水平的提高。开展农村实用人才农民系列中高级专业技术评选工作、"十大现代农业领军人物、创业之星、创新标兵"评选活动，培育典型，带动现代农业发展。五是突出市场开拓，解决后顾之忧。开展了"农产品营销促销年"活动，强化优质农产品的产销衔接，努力拓展市场，在"帮助农民销、指导农民赚"上下功夫。2011～2014年，每年全市有260万吨左右的农产品销往长三角大中城市，占农产品生产总量的60%以上。六是突出质量监管，保障农产品安全。

5. 黑龙江富锦市

一是健全组织机构，制定建设规划。成立了以市委书记为组长，市长、农业副市长为副组长，农口各成员单位一把手为成员的"农村工作领导小组"，全面组织领导国家现代农业示范区创建工作，初步制定了《富锦市国家现代农业示范区发展建设规划》。二是争取和出台扶持政策。近5年，累计争取国省资金2.65亿元，财政"三农"总投入达到1.45亿元，对土地规模经营、深松整地、示范园区建设、集中育秧基地建设以及大型农机合作社建设等给予政策性奖励与补贴。三是狠抓种植结构调整，粮食总产、农民人均纯收入再创新高。四是狠抓科技推广和体制机制创新。

13.2　规划实施的成效

1. 探索了一批现代农业发展模式

由于我们选择的五个示范区处在不同的农业类型区，主导产业差异明显，因此，他们在规划实施的路径上各有差异，现代农业发展的推进模式也各不相同。初步总结，可以将它们区分为粮食生产带动型（黑龙江富锦市）、金融服务带动型（广西田东县）、龙头企业带动型（湖北监利县）、农业园区带动型（宁夏贺兰县）、集体经济推动型（江苏姜堰区）五类农业发展模式，而这些模式的形成，与规划在主导产业选择、发展功能定位和实现路径设计方面的工作有直接的因果关系。

2. 有力推动了现代农业发展

（1）广西田东县。自2012年1月获认定为国家现代农业示范区以来，田东县按照《田东县国家现代农业示范区建设规划》，发展壮大农业主导产业，2014年全县粮食种植面积38.1万亩，总产量11.8万吨，粮食总面积和总产量保持稳中有升；以芒果、香蕉和秋冬菜为主的特色果菜产业总产值13.6亿元，同比增长12.9%；以生猪和林下养鸡为主的特色养殖产业总产值达12亿元以上，同比增长31%；2013/2014榨季全县蔗农蔗款总收入8.4亿元，同比增长19.3%；品牌化经营成效显著，"东星"牌白砂糖荣获"中国名牌产品"称号，增年牌山茶油荣获"2012中国十佳粮油高端品牌"奖，"田东香芒"获得国家地理标志产品保护认证；祥周镇中平村荣获全国"一村一品示范村"、广西"香葱村"称号。

2014年，全县农、林、牧、渔业总产值33.84亿元，同比增长8.1%；农民人均纯收入6419元，同比增长18.6%，增幅居全区前列。2014年，全县农、林、牧、渔业总产值9.53亿元，同比增长5.2%；农民人均现金收入5642元，同比增长13.3%。

（2）湖北监利县。2014年，农业总产值137.5亿元，比2013年的97.9亿元增加39.6亿元，增长40.4%，比2013年的125.54亿元增加11.96亿元，增长9.5%。2014年，农民人均纯收入达8354元，比2013年的5331元增加3023元，增长56.7%，比2013年的7334元增加1020元，增长13.9%。农业科技贡献率从2013年的45%提高到51%；水稻生产机械化率达到68%，比2013年增加2个百分点，其中机耕机种、机收机械化率达100%，水稻机插及油菜机收面积分别比2013年增加30万亩和15万亩。

（3）宁夏贺兰县。2014年完成农业总产值29.1亿元，同比增长5.3%，农业增加值14.3亿元，同比增长5%，截至2014年，全县农民人均现金收入达到10100元，同比增长11%，农民人均纯收入9390元，同比增长14.5%。

现代农业发展水平显著提升，农业产业体系更加完善。截至2014年，累计建成国家级现代农业示范园3个，自治区级现代农业产业园7个、银川市级现代农业产业园6个，园区建设规模达12万亩，园区产值占全县农业总产值的40%。引进国内外先进技术、品种，改造提升贺兰农业。新建供港蔬菜基地3930亩，全县供港蔬菜基地面积达到6430亩。

新型经营主体发展壮大。2014年，全县培育发展家庭农场16家，新培育农民专业合作组织20家，全县农民专业合作社累计达到130家；新培育区级龙头企业 8 家，市级龙头企业 4 家，壮大提升优秀龙头企业 7 家，其中销售收入过亿元的企业达到 7 家。

推进改革创新。一是开展农村各类产权确权登记颁证工作。在全县 5 个乡镇选择 10 个村先行试点，重点开展农村集体土地所有权、集体建设用地使用权、土地承包经营权、房屋所有权、村集体各类资产资源产权和其他产权确权、登记、颁（换）证工作，建立农村基本产权管理信息系统。二是加快土地流转推进规模经营。截至 2014 年，全县新增土地流转面积 5.66 万亩，累计达 20.7 万亩，占总承包面积的 36.3%。农业社会化服务体系不断完善，农业科技创新及推广进展顺利。

（4）江苏泰州市（包含姜堰区）。一是农业设施不断完善。与 2004 年相比，2014 年新增高标准农田 16.48 万亩，高标准农田比重达到 44.49%。全市水稻机插面积达到 96.9 万亩，秸秆机械化还田面积突破 200 万亩。二是粮食生产稳步发展。2014 年，全市粮食单产 491.46 公斤/亩，继续名列全省第 1 位，总产量达到 321.3 万吨。三是科技推广进步显著。2014 年，全市稻、麦、油优质化率分别达 97%、95%、98% 以上，优质高效蔬菜品种覆盖率达 80% 以上。

（5）黑龙江富锦市。一是农业扶持政策进一步强化。2010～2015 年，累计争取国省资金 2.65 亿元，市委市政府对农总投入达到 1.45 亿元，对土地规模经营、深松整地、示范园区建设、集中育秧基地建设以及大型农机合作社建设等给予政策性奖励与补贴。二是增产增收成效明显。粮食总产、农民人均纯收入再创新高。2014 年，全市粮食总产超过 46 亿斤，比 2010 年净增 11 亿斤，同比增长 31.5%，农民人均纯收入达到 12588 元，同比增长 31%。三是科技进步稳步推进。2014 年，全市优良品种普及率、农业标准化覆盖率、科技贡献率分别达到 100%、86% 和 54%。四是经营体制不断创新。2014 年，全市土地流转面积达到 85 万亩，规模经营面积 358 万亩，分别占总耕地面积的 14.9% 和 62.8%。经注册的农民专业合作社总数达到 152 个。全市 266 个行政村全部建立民主理财小组、全部实行财务公开、全部实行财务会计电算化管理。

13.3　规划实施中存在的问题

（1）规划编制方面，部分地区为了严密契合现代农业示范区申报规定的要求，生搬硬套农业农村部下发的规划编制提纲，使其农业的特点和个性没有在规划中得到恰如其分的反映与表达，一些应有的情况分析做得不到位，从而给后期实施带来了不少困难和问题。个别地方的规划由当地农业农村部门工作人员编制，虽然他们有熟悉本地农业情况的优势，但同时却存在对上面政策理解不深、对先进的规划理念与方法了解不多、对现代农业发展规律认识不足的问题，视野的宽度、站位的高度、把握问题的精度和掌握信息的完整度都有缺陷，规划编制质量不高，规划实施存在先天不足。尤其是姜堰区示范区的规划是融在整个泰州市规划之中的，没有单独编制规划，使得有关建设内容不够突出，影响了规划的宣传与实施效果的充分呈现。

（2）规划修订方面。大部分规划都存在修订不及时、不合理的现象。由于近年来国家和地方连续出台了很多支持农业发展的政策措施，农业发展的速度和规模常常超过事前的预测，加之农业改革进展迅速，规划中对于政策和体制机制的设计很快失灵，但不少地方或是出于对规划的敬畏，或是由于审批程序较为烦琐，没有及时对规划进行必要的修订，使规划内容落后于形势的发展，不能有效发挥其引领和规范作用；同时，也有个别地方存在规划变更太过随意的现象，领导的一句话、政府的一个决定就能改变规划走向，规划的严肃性、连续性遭到损害。

（3）规划实施的资金支持方面。普遍存在财政投入缺口大、社会资金投入不足、上级指导性意见多而具体资金支持少的问题。金融保险支持现代农业示范区建设发展的体制机制创新没有实质性的突破，信贷支持农业发展尚未真正破题，农业保险品种少、推进难、覆盖面严重不足，农业融资渠道不畅、融资难仍是制约各产业规模发展的主要"瓶颈"。

（4）现代农业发展方面。新型经营主体发展相对缓慢，培育新型农业经营主体发展的合力尚未形成，影响了农业的产业化和现代化进程。个别地区虽然经营主体数量增长快，但质量不高，生存能力不强，示范带动效果难以显现；农业产业化水平不高，特色产业经营优势不明显，农产品品牌多而杂，知名度不高，市场竞争力弱。

第14章

改进示范区规划编制与实施的措施

14.1 规划编制方面

（1）改进规划方法。一是改定性分析方法为定性定量相结合的分析方法，以定性为基础，以定量为手段，二者结合，综合判断。二是采用动态分析方法。规划目标是追求在产业发展与资源利用过程同步变化情况下社会、经济、生态效益的最大化，所以规划必须是动态的。而要想求得具有动态特点的规划方案，就必须采用动态的规划方法，即不仅要考虑规划初期和末期的数据，也要研究规划期间内每一个进程的数据。如果把规划期划分成几个时段，每个时段有明确的指标要求，对实施者来说就容易把握，规划也就容易落实。

（2）及时优化规划。由于我国正处于一个经济高速发展的时期，规划编制后，如果单纯地强调稳定性，而不根据实际情况变化进行调整，就不能发挥其应有的作用。只有适时对规划进行适当的优化调整，才能使规划由被动实施向主动实施转变，提高其影响和效益，促进现代农业健康发展。

（3）注重公众参与。规划系统是一个庞大而复杂的社会经济生态系统，规划的编制和实施需要考虑各种因素，仅靠政府和部分专家是不够的。这就要求在规划编制和调整工作中，注意引导和吸收规划区所涉及的公民参与进来。公众参与规则的编制和修订是一个有效的宣传教育和相互合作的过程，能反映公众的价值观、知识与经验。广泛吸取示范区所在地政府部门、社会组织、涉农企业、农户等方面的意见，采用咨询、交流、公示的方式，提升公众对规划的认知度、参与度和支持度。

14.2 规划实施方面

（1）进一步提高规划的法律地位。目前，规划实施的法律保障主要来自法律及其实施细则的相关规定，在具体实施中存在几个问题：一是对专门规划的规定还不完善，法律地位还不高；二是规划执行的保障措施不够，强制性、约束性不足。这些问题在涉农规划上表现得更加突出。应及时制定规划，编制与实施配套法规和制度，同时在实施过程中加大执法力度，逐步建立和完善规划监督管理，使示范区规划真正成为指导示范区建设发展的纲领性文件。

（2）逐步完善规划法规制度。有一部分地方的示范区建设规划由政府审批和发布，还有一些地方的规划提交人大审批，这些都能有效提高规划的严肃性和约束力，使之得到有效的尊重和落实。也有部分地区对规划的地位和作用的认识不到位，没有相应的制度来保障其实施，因此，需要从面上加强制度建设，完善规划审批制度，确定和维护规划的权威性，加大规划的执行力度。

（3）不断健全规划管理体制。当前，我国规划体系较为混乱，不同部门、不同层级对规划的规定和解释五花八门，规划名称不一致、规划标准不统一、规划执行不严格的现象比比皆是，其结果往往是规划之间互不尊重、互不衔接、互不匹配。有必要加强规划科学研究，健全规划管理体制，使不同行业、不同部门的规划能够有效衔接和统一，从而提高规划执行的效率和效益。

（4）加强规划实施考核。建立健全考核办法，对各地现代农业示范区建设规划的实施情况进行综合考评，并将其结果与示范区建设整体成效统筹评价，作为对示范区实施奖惩的重要依据。

（农业农村部农村社会事业发展中心研究员 詹慧龙；江西科技师范大学旅游学院讲师 刘渊；农业农村部规划设计研究院副研究员 高云）

第 4 篇

农业现代化金融支持的国际经验

第15章

研究背景

15.1 中国农业金融所面临的挑战

当前，中国农业金融面临的主要挑战包括以下九个方面。

（1）贷款产品不能满足需求。中国的农业金融，特别是对现代农业的金融服务的不足，在贷款方面体现尤为明显。商业金融机构所提供的贷款产品往往门槛高、条件多、手续复杂。绝大多数的贷款产品期限较短、额度很低，不能适应农业生产收益周期长、先期投入大的特点，同时在还款方式的灵活性方面也比较欠缺，无法满足生产和经营者对流动资金的需求。

（2）贷款抵押物缺乏。农户的贷款难最主要体现在贷款抵押物的缺乏。在土地经营权抵押、农机具抵押、农产品预期收益抵押方面，银行难以受理，存在困难。在农村土地经营权抵押方面，首先，农民的宅基地、使用土地的产权不清晰，缺乏法律效力，加上处置变现受到诸多限制，并且缺乏统一开放的土地流转市场，金融机构很难通过及时转让承包经营权来减少贷款损失；其次，目前农业保险涉及的种类和补偿额度非常有限，土地经营权流转后的风险进一步放大，金融机构面临较大损失；最后，办理抵押登记手续繁杂，担保和贷款产品的费率非常高，农户难以承担。而对于一般农户来说，土地是最主要的资产，如何将它的融资能力利用起来，需要一定的创新机制和配套法规政策。

（3）担保机制不完善。与贷款抵押物不足相应的是市场和政府部门在担保制度设计上的不完善。市场上，私营部门的担保机构规模较小，能力有限；政府部门有一定的创新尝试，但依然处在摸索阶段。

（4）农业保险有待发展。自 2003 年政府提出探索建立政策性农业保险制度以来，中国的农业保险取得了一定的发展，但依然存在很多问题。其中包括保险立法的缺失、制度体系不完善、风险分散机制和管理能力不足、保险产品的设计和创新需要加强。此外，指数保险，如天气指数保险、农产品价格保险、收入保险等目前在农村地区没有推行，也没有形成统一的推动政策。巨灾保险也没有得到开展和普及。

（5）基础设施建设投入不足。基础设施建设不仅包括农田水利、田间道路、土地整理等生产性设施，同时也包括冷库、仓储、批发市场等经营性的设施。这些公共产品的投入需要政府的大力支持。

（6）金融资金供给不足，农村资金外流。无论是商业银行还是政策性银行，对农业金融的供给均存在不足。近几年农村金融机构基本上是由农村信用社、邮政储蓄两家构成。大部分的邮储银行网点只开展了基本的存款、汇款和结算业务，几乎没有针对农户的信贷业务；而信用社的规模和作用也较小。商业银行在农村市场则几乎是以吸储、惜贷为主要形式，大量的农村资金被用于工商业、城镇发展等。金融资金的资源在城乡二元结构中配置非常不均衡。

（7）信用合作社发挥作用小。在农村地区，除部分小额质押贷款外，大部分贷款审批权都统一集中到了乡镇、市级分行，基层机构的贷款不断萎缩。信用合作社在农村网点较多，有很大的潜力，但在实际执行中效果不佳，很多农民认为农信社存在贷款手续复杂、没有关系贷不到款、利率比较高。信用合作社没有真正起到合作共赢、集中力量、资源合理配置的作用。

（8）价值链金融发展处于起步阶段。农业价值链金融近年来在中国一些省份和地区进行了一些有益的尝试，但规模较小，可持续发展能力较弱。价值链金融在推进农产品增加值、解决农民贷款难方面都有很大潜力，需要更多的实践经验和推广。

（9）政策性金融服务不到位。中国农业发展银行是目前中国唯一的农业政策性银行。但它的功能也仅限于粮棉油收购资金的发放管理和国有粮棉油流通环节的信贷服务，在一般性的农户信贷方面没有发挥出政策的优惠导向作用。

15.2　金融对现代农业的支持

现代农业是集约化、适度规模化、资本投入集中的产业。由于生产形式的改进、规模的扩大以及劳动力成本的上升，现代农业需要大量的生产性资金投入。同时，针对在农业现代化过程中所培育的新型经营主体，包括农民专业合作社、家庭农场等，也需要有创新的、适应市场需要的金融服务产品，以满足不同生产领域和生产主体的特殊需求。在农业金融机构营业网点的设立、服务职能、资金引流等方面，需要积极完善体系建设、运行机制以及监管机制。对于一些制度安排问题，例如土地的流转和确权、抵押品的认定和创新、政府或私营公司的担保机制等方面，也需要政策的积极引导和大力扶持，为农业现代化的发展营造良好的金融环境。农村信用体系建设上，还需要整体性的设计和统一规划。总的来说，对于现代农业的支持需要现代金融业与现代农业经营方式相结合，需要特别关注现代农业与金融业之间的衔接和配套。

15.3　发达经济体的经验借鉴

在以上这些方面，发达经济体有一些较好的做法，值得我们借鉴和学习。如美国农业部下属的许多机构承担了金融引导的职能。首先，规范市场的良好运转，建立完善的体系和法律法规；其次，充分发挥私营部门的活力，适度地为它们提供经济激励，并且做好监管；最后，对私营部门不愿或没有能力进入的领域进行覆盖，包括边缘化农户的贷款担保、基础设施投入等。在农业部门中下设专门管理农业金融的部门，可以确保对农业金融市场的引导，包括优惠政策和资金激励的长期性和一致性。加拿大的联邦政府机构对农业金融的支持以及公私部门协作的做法对中国也很有借鉴意义。荷兰、日本等国家所建立的政府担保基金、政府对基础设施的投入机制、农业价值链的一体化发展、巨灾保险推进等方面对中国同样有良好的启示。我们不仅要关注发达经济体现在的做法，也要考虑到农业现代化的历史发展进程，对这些国家农业金融体系上的演变和历史上所遇到的问题及解决途径进行考察，研究它们的正面和负面作用，特别是在中国现实情况下的适用性，以期对中国当前面临的挑战给予启示（DRC，2012）。

当学习发达国家的一系列优秀做法和优良经验时，我们必须明白中国有着一些特殊的情况，这使得把中国和发达国家的经验相比较起来变得相对困难。自然资源、发展阶段、机制结构等方面的差异限制了将国际经验应用到中国的可行性。例如，中国的现代农业示范区是通过行政机构来推广的，这种做法在世界上独一无二。北美聚集了大量的农业生产区，日本拥有多个科技示范农场，但这两种模式与中国却有所不同。在抵押贷款方面，发达国家的土地注册流程发展较早，土地私有化也拥有较长历史；但在中国，土地私有化的例子十分罕见。另外，涉及价值链发展。发达国家和发展中国家在推动价值链融资方面有着不同的目标。在发达国家，价值链融资旨在深加工，增加农产品价值；而在发展中国家，其目的是缓解抵押贷款短缺，提高信用等级，以及通过贷款审查。

第 *16* 章

农业现代化

16.1　全球农业现代化进程回顾

16.1.1　理论基础

对农业现代化的理论研究有很多，其中包括以下两种重要的学术观点。约翰·梅尔（John Mellor，1966）把传统农业向现代农业的转变过程分为技术停滞、低资本技术动态和高资本技术动态三个阶段。技术停滞阶段是一般所说的传统农业阶段。这一阶段的农业生产率增长主要取决于传统的农业生产要素供给的增加。而后是低资本技术动态农业，即传统农业向现代农业转变的阶段。这一阶段中农业仍然是社会的主导产业部门，市场对农产品的需求迅速增长，资本比劳动更加稀缺，因此重在提高土地生产率。第三个阶段是高资本技术动态农业，即现代农业阶段。农业在整个国民经济中的比重迅速下降，资本充裕、劳动稀缺，主要目标是提高劳动生产率。

而舒尔茨（Schultz，1983）的观点主要基于技术进步理论。他认为现代农业的核心内容是不断用现代生产要素替代落后生产要素，通过更好的资源配置（管理技术、栽培技术等）达到更高的技术效率，进而提高农业生产力水平。他还认为，农业在采用先进的现代要素时，也必须要有匹配的制度和生产力匹配的生产者，他们也是产生技术进步的重要条件。舒尔茨的理论不仅关注现代农业要素投入本身，并且关注创造有利于现代农业要素投入和提高效率的技术环境，指出现代农业的发展不仅关系到技术进步，还涉及金融、法律、文化等其他很多社会领域（DRC，2012）。

16.1.2　主要发展阶段

从农业现代化的主要内容看，国外农业现代化大体分为两个阶段：从工业革命到 20 世纪 60 ~ 70 年代为第一阶段，以机械化、生物化学技术为主要内容；20 世纪 80 年代以后为第二阶段，以可持续发展、先进的管理技术和环境的支持保护为主要内容。

1. 第一阶段

各国第一阶段农业现代化基本围绕提高农产品生产量起步。由于国情、资源禀赋和人口状况等不同，各国选择的技术道路也不尽相同。第一种是以美国、加拿大为代表的人少地多的国家，选择了以提高劳动生产率为主的农业机械化。第二种是以日本、荷兰为代表的人多地少的国家，选择了以提高土地产出率为主的生物技术化。第三种是以德国、法国为代表的国家，资源禀赋和人口状况介于前两种之间，采取了农业机械化和生物技术化兼顾的方式（Huffman，1998）。

以机械化起步的国家在提高了劳动生产率后，农业现代化的重点转向了生物技术化，以提高单产；而以生物技术化起步的国家在工业化过程中，劳动成本变得越来越高，所以把农业现代化的重点转向了机械化，以提高劳动生产率。这表明，各国农业现代化的方式、起步虽然不同，但从长期看整体内容基本是一致的，逐渐进入一个趋同化的全面发展阶段。到 20 世纪 60 ~ 70 年代，农业现代化普遍实行资金、技术密集型发展，广泛使用机械、电力、高产品种、化肥、农药，在农业生产率方面都获得了快速的发展。

2. 第二阶段

大多数国家在完成了第一阶段农业现代化之后，建立了以石油能源为基础的高投入、高耗能的农业模式。20 世纪 80 年代后，全球农业竞争加剧，提高国际竞争力成为各国的主要农业目标之一。因此，农业现代化进入了生态农业、精准农业为主的可持续农业发展阶段。资源利用效率、生态环境保护、农产品质量安全保障、现代生物技术、信息技术、新型农民培养、农产品产加销一体化、农产品国际市场控制等是第二阶段农业现代化的重点。

发达国家在这一阶段中迅速提高了农业科技和管理水平，在农业产值耗能、自然资源利用和耕作的信息化管理方面远远超越了发展中国家，并且在育种开发和国际市场布局方面获得了强大的掌控能力。

16.2　典型发达经济体的农业现代化进程和政策演变

16.2.1　美国

表 16 - 1 展示了美国农业发展的历程，一些比较显著的发展趋势包括：
（1）农业总产值占国内生产总值的比重持续下降，农业人口占比也明显下降；（2）农户平均收入水平持续、快速地上升；（3）20 世纪 50～80 年代，农场的平均面积迅速提高，之后逐渐平稳，并相应带来农场总数的减少；（4）大米和玉米的产量持续增长，小麦产量在 80 年代至 90 年代达到峰值之后逐渐平稳。

表 16 - 1　　　　　　　　　　美国农业现代化发展的数据

年份	GDP（以 2005 年美元不变价计）	农业GDP占比（%）	农业人口比重（%）	农户平均总收入（当年价）	农户平均农业收入（当年价）	农场总数（万个）	平均农场面积（英亩）	主要农产品产量		
								小麦（百万蒲式耳）	大米（百万英担）	玉米（百万蒲式耳）
1900			41						2662.0	
1910							625.5		2852.8	
1920							843.3		2695.1	
1930		7.7	21.5				886.5		1757.3	
1940							814.6	24.495	2206.9	
1950		6.8	16	5647.8		213	1019.0	38.813	2764.1	
1960	2794.8			4054	3949.0	297	1354.7	54.6	3907.0	2794.8
1970	4339.8	3.54	4	9472	2924.0	383	1351.6	83.805	4152.2	4339.8
1980	5927.3	2.89		18504	2428.0	429	2380.9	146.2	6639.4	5927.3
1990	8228.9	2.06		38237	2145.8	460	2729.8	156.088	7934.0	8228.9
2000	11558.8	1.19		62223	2166.6	436	2228.2	190.872	9915.1	11558.8
2010	13595.6	1.19		84459	2200.9	426	2206.9	243.104	12446.9	13595.6
2013	14444.8				2103.2	435	2129.7		13925.1	14444.8

资料来源：世界银行和美国农业部经济研究局。

美国的农业现代化依次经历了农业机械革命、生物革命和化学革命以及管理革命。第一阶段是大致从 20 世纪初至 20 世纪 30 年代的农业基本机械化时期。随着内燃机的广泛使用，农业机械的动力得到快速增强，拖拉机使用量从 1907 年的 600 多台增加到 1930 年的 92 万台（Dimitri，Effland & Conklin，2005）。机械化大大推进了美国农业经营的专业化和产品的高度商品化，使得农产品产量迅速提高，农业生产发展加快。这一时期美国的农业政策保持着传统的路线，以促进农业生产力的发展为目标。

20 世纪 30 年代爆发了世界性经济大萧条和农业危机，造成市场需求急速下降、农业生产相对过剩、农产品价格大幅下跌。这促使美国农业政策的重心转向了促进农民增收、提供农产品价格支持、限制产量过剩。这一时期以 1933 年罗斯福总统新政为标志。政策主要表现在两个方面。（1）以农产品价格支持为中心，限制产量。1933 年，美国颁布了第一个农业法案《农业调整法》，授权成立农业调整管理局，由政府直接补偿农场主和加工商的收入；并且成立农产品信贷公司，提供无追索权贷款来储存和处理剩余农产品，双管齐下以达到减少生产的目的。（2）实行农产品贸易自由化，扩大出口。1934 年，美国通过的《贸易协定法》促使美国降低农产品贸易关税，增加农产品的出口量，缓解国内产量过剩的情况。

20 世纪 40 年代之后，美国农业现代化进入第二阶段。第二次世界大战的爆发刺激了农产品需求的激增，农业生产进入高速运转的阶段，逐步达到高度的机械化。拖拉机保有总量激增到 1960 年的近 470 万台（Dimitri，Effland & Conklin，2005）（见图 16-1）。

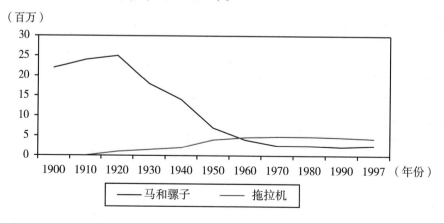

图 16-1　1990 ~ 1997 年农业机械化程度的发展

资料来源：美国农业部国家农业数据服务局。

随之而来的还有工业化、城市化带来的土地价格高涨，土地利用率的提高成为农业现代化过程中的一个突出矛盾，而机械化的发展已趋于平稳，因此，现代化的焦点转向了采用生物、化学技术，以提高土地生产率。同时，农业种植的集中趋势显著增加，农场数量迅速减少而平均规模迅速扩大，逐步形成大规模化的农业生产（见图 16 - 2）。农场总数从 1935 年的近 680 万个减少到 70 年代的 200 多万个，由平均每个农场所生产的农作物种类也从 20 世纪初的近 5 种减少到 1 种左右（Dimitri et al.，2005）。这一时期美国的农业政策重在调动农产品生产和加工的积极性，同时一定程度上延续价格支持政策，支持农产品贸易出口等。

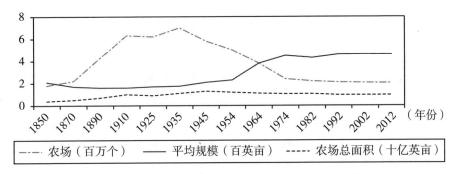

图 16 - 2   1850 ～ 2012 年农场数、农场总面积及平均面积

资料来源：美国农业部国家农业数据服务局。

美国农业现代化的第三阶段是将现代化科学技术广泛应用于农业生产的时期，即 20 世纪 70 年代至今。一方面，农业技术装备和生产效率进一步大大提高，尤其是把工业部门的管理技术运用于农场，极大地推动了农场的规模化经营；另一方面，在完善农业基础设施的条件下，逐步建立和完善了农业现代化的服务体系，把农业产业的各个环节结合成为了有机的整体，实行产业化经营（Jiang & Xin，2009）。

从 20 世纪 70 年代到 20 世纪末这一时期，生物、化学技术和现代管理技术广泛运用，耕种面积不断扩大，粮食连续丰收，农产品产量剧增。但同时，政府支持项目的财政负担很重，并且由于农业生产者的收入水平提高、农场规模扩大，农业补贴作为社会财富再分配的手段并不能达到预期效果。1973 年通过的农业法案首次采用以生产成本为基准的"目标价格"手段，并且兼顾农场主和消费者的利益，力图在不改变对农业进行支持的同时，避免农产品价格过高伤害消费者。政府还设立实施了灾害风险补助项目和针对农业科研与推广的国家农业研究、推广和教育政策法案。进入 21 世纪后，农业政策导向主要转向补贴"脱钩"和安全网的建设，建立基于收益的反周期支付、支持中小农场发展等。

从历史的角度看，美国农业政策的重点演变可以参见图 16 – 3。

图 16 – 3　美国农业政策的演变
资料来源：美国农业部国家农业数据服务局。

目前，美国政府的农业政策主要包括对农业资源的保护政策、农产品价格补贴政策、农业信贷政策、风险保障政策等。其中实行时间最长的是旨在推进产品升级和支持农民收入的商品计划。农业政策的目标主要包括：一是稳定和保护农业，主要通过休耕计划、粮食储备计划、政府农业信贷计划、农作物保障计划来实施；二是发展农业，建立农业经济研究机构，保护环境和农业资源，不断提高农业劳动生产率；三是维护市场秩序，保证公平交易，通过建立健全的法制，保护农民的利益和积极性。政府对农业采取各种干预措施，主要通过立法、协调等手段，利用经济杠杆的作用，间接地进行干预。总的目的是保证农民有利可图，保证消费者得到可靠的供应，并在对外贸易中保护美国的利益（Bao，2008）。

例如，国会负责推行年时较长的综合性农业法案。这些法案明确了农业和食品政策，内容涵盖农产品支持、园艺、畜牧、能源保护、营养援助、贸易和国际粮食援助、农业科研、农业信贷、农村发展、生物能源和林业。2014 年，新通过的农业法案很大程度上改变了农业商品支持结构，增加了农作物保险的覆盖范围，增强了能源保护的项目，重新批准并修改了营养援助计划，并通过 2018 财年预算授权了一些合适的资金项目为一些美国农业部负责的项目提供资金支持。尤为重要的是，最新的农业法案废除了直接支付、反周期支付计划项目、平均作物收入选择方案。因此，农作物支持受到了一定的影响。然而，当前的法案允许生产商在新增的两个项目中选择一个，这两个项目和价格或收入的减少相关。新增项目与早前的反周期支付计划项目、平均作物收入选择方案、价格损失保障和农业风险保障类似（Chite，2014）。

价格损失保障项目实际上就是一种反周期支付计划项目。一旦受保作物的价格低于"参考价"，农场就会得到一定的补偿。为了更好地保护生产商来对抗时常风险，"参考价"在 2008 年农业法案的参数基础上有所增加。目前的项目延续了以往政策的做法，即为 85% 的历年作物（或"基地亩"）买单（设计这种做法的原因是避免项目影响到种植何种作物）（Chite，2014）。

农业风险保障项目是价格损失保障项目的一种替代品。当农作物总收入下降时，这个项目就可以用来弥补农民的自身损失。当实际农作物总收入低于历史收入或"基准"收入的 86% 时（生产商承担了前 14% 的减产损失），保障支付（价格损失保障负责）涵盖 85% 的基地亩。农民同时可以选择保险涵盖的等级：县级或个人农场级别。生产商必须承担 14% 的损失（即便涵盖更多的本土损失），政府需要支付 10% 的损失，而余下的损失则由生产商购买的农作物保险承担（Chite，2014）。

根据 2014 年农场法案，市场贷款收益，与价格损失保障和农业风险保障相关的贷款补贴，每人最高额度为 125000 美元。同时，新合同要求总收入额度不低于 900000 美元（Chite，2014）。

此外，一些中小生产者还自愿组织成立了各种形式的农产品销售合作社，从而使美国的家庭农场和农资、农技、农产品销售市场之间构建起了完善的服务体系。合作社完全由农民自发联办、不依托于政府，活跃在农产品初加工、储运和销售环节，把分散的农户与大市场联结起来，增强了农业抵御各种风险的能力。

美国农业现代的发展过程可以给中国的农业发展提供许多启示。第一，政府的引导和调控作用功不可没。适宜的法律和政策可以全方位地规范和引导农业健康发展，例如美国政府的农产品价格补贴政策等。第二，发达的农产品购销体系、完善的农业社会化服务体系，也是农业现代化过程不可缺少的条件。美国的农业合作社通过分散经营和集中运销的市场化运作模式，构建了农村市场机制的传送，解决了农户、农场和市场的诸多矛盾，降低了小生产者的经营风险。

16.2.2　加拿大

加拿大是世界农业最发达的国家之一。农民户均耕地面积达 300 公顷。

在全国 3480 万人口中，农业人口仅占 3%。而一个农业劳动力可生产粮食和肉类近 250 吨，创造 GDP 约 5.16 万加元。农民组织化程度和受教育程度都非常高，农民人均收入 2.93 万加元，为城市人均收入的 1.4 倍，农村经济和农村社会高度发达。①

加拿大的农业现代化起步于农业土地的规模化。这一过程中，农业劳动力大量转向非农行业，实现了土地规模化集中，生产关系得到了极大改善。全国从事农业的劳动力从建国之初的 50% 下降到现在只有 3%。与此同时，加拿大服务业劳动力却从"二战"前的 3% 增加到现在的 74%，服务业吸收了大量的农业转移劳动力。同时由于农业劳动力的转移，使得农业土地逐渐集中形成规模化经营。全国家庭农场平均面积 300 公顷，每个农业劳动力可耕作 120 公顷土地。②

规模化生产的必需条件之一是农业机械化程度的高速发展。加拿大农业土地 98% 是家庭农场经营，从 20 世纪 50～60 年代开始逐步发展机械化，发展到今天生产机械化程度非常高，每个劳动力平均拥有两台拖拉机，大功率机械占很大比重，并相互配套使用，许多田间作业一次性就能完成。③

规模化同时带来了农业生产的专业化分工。大型农业机械的广泛应用，使生产力得到了极大解放，同时也使农业生产高度专业化，主要农产品产地非常集中，如萨斯喀彻温省小麦生产占全国 3/5，阿尔伯塔省大麦占全国 1/2，安大略省玉米占全国 3/4，尼亚加拉地区主要种植葡萄。④

与生产规模化伴随而行的是农业与食品工业和贸易的紧密结合，农业产业化和流通现代化发展迅速。到 2000 年，加拿大种养殖业总产值在国民经济 GDP 中占 2.3%，农业劳动力也仅占劳动就业总量的 3%。但与农业直接关联的食品加工业和农产品贸易业所创产值则占 GDP 总量的 10%，达到 600 多亿加元，劳动力就业占劳动就业总量的 15%，达 180 万人。食品加工业和贸易所创总产值和劳动就业机会均达到农业自身的 5 倍。⑤

加拿大城乡社会实行的一元化体制对农业现代化发展的进程也起到了重要作用。加拿大城乡一体化建设主要是发展大城市郊区和农村小城镇，城乡基础设施和社会福利、社会保险政策较为一致。农村居民和城市居民一样享

①②⑤　郭亨孝. 加拿大农村现代化之路与中国农村发展 [J]. 农村经济, 2006 (12).

③　范芝, 陈晓彤. 看加拿大如何发展家庭农场 [J]. 农产品市场周刊, 2015 (21).

④　罗红生. 加拿大生态农业审计的思考与启示 [J]. 审计与理财, 2015 (1).

受水、电、气、道路等社会公共产品和医疗、教育等社会福利与保险服务，为农业的发展建立了比较稳定的基础。

对加拿大的农业现代化发展起到主要推动力量的是各种类型的合作组织。加拿大农村合作社历史很长，早在 20 世纪初期就开始建立。农村发展的各个环节主要由各种合作社完成，政府主要是通过项目进行支持，不直接干预农村发展的具体环节。同时政府为农业发展建立各种保险保障机制，保护农民利益和农业发展。国家制定有完备的法律法规指导规范合作社行为。政府制定合作社总的宗旨是帮助合作社，合作社按社员要求走多样化发展道路，政府不强求合作社行为。合作社的作用是将单家独户农民联系起来，增强对市场经济适应能力的作用。主要分为五类。一是农业生产合作社。到 20 世纪末加拿大已有 400 多家，是加拿大经营最成功的合作社之一。二是金融类合作社。金融合作社是加拿大规模最大、社员最多、实力最强的合作社，资产达 167 亿加元。三是消费合作社。其主要为社员提供消费品批发和零售服务，共有 600 多家。四是服务类合作社。其主要是住房、保健、救护等服务型非营利合作社。五是生产合作社，共有 300 余个。此外，最新发展的一类合作社称为新一代合作社。其是以加工企业为中心、连接农户组成合作社，对收购产品实行加工增值，社员与合作社利益共享，风险共担。合作社为适应市场经济发展需要，也在不断创新，例如有的合作社还上市融资。[1]

最新的发展策略是由加拿大农业及农业食品部主持的向前增长项目 2（GF2），是一个正在运行的五年（2013~2018 年）政策框架，服务对象为加拿大农业部门。这个项目作为政府农业项目和服务的基石，将会有来自联邦政府、省政府、区域政府联合投资的 30 亿美元支持。GF2 项目侧重创新、竞争力和市场发展。隶属 GF2 项目的投资包括 20 亿美元成本分摊的项目。这些项目中，省政府和区域政府投资的分摊比例为 60∶40。这样做的目的是确保满足区域需求（加拿大农业部，2014）。各级政府不停努力通过政策调节来支持农业现代化。这些政策调节的目的是增加发展，促进风险管理等。

16.2.3　荷兰

荷兰农业以集约化经营为特点，以家庭私有农场生产为主，普遍采用高

---

① 郭亨孝. 加拿大农村现代化之路与中国农村发展 [J]. 农村经济，2006（12）.

新技术和现代化管理模式，单产水平很高。荷兰农业生产的各方面技术，包括环境、能源、信息、生物工艺和材料等，都居于世界领先地位。

荷兰建设现代农业的开端可以追溯到19世纪末。为解决当时因大量进口和生产者内部矛盾等问题而引发的农业衰退危机，荷兰政府的主要对策是提高生产要素的质量和利用率，改善投入品供给和农产品销售。第二次世界大战以后，荷兰的农业发展选择了将有限的土地资源用于发展高附加值的畜牧业和园艺业，优化结构，发展高效农业；并且高度重视科学技术在农业生产中的应用，不断提高农业的生产水平（Jiang & Xin，2009）。

荷兰的农业科研工作在农业服务体系中起着重要的引领作用，拥有专业设置齐全的全国农业科学研究网络。荷兰政府对农业研究与开发的投入有着很长的历史，全国首个由公共财政支持的试验站于1877年在瓦赫宁根建立，并且建设了一系列配套设施，包括各类研究、监管、测试设施等。20世纪50～70年代，公共财政对农业研发的投入大幅增加，达到每年增长4%左右（Alston，Pardey & Smith，1997）。此后，从基础研究到实用技术研究，研究部门逐渐增加，保证了研究成果在实际中的应用性。

农业的研究、推广和教育大多数都由政府成立的专门机构来实行。近年来，政府还组建成立了全新的农业科教中心，对全国农业科研和教学工作进行统一的协调和组织管理，在重点领域整合资源，集合优势，开展营养健康、可持续农业、环境变化等重要领域的研究和教学创新。同时，荷兰农业科研与教育经费60%以上来源于政府的投资，政府的大力支持和稳定的投入极大地促进了荷兰农业科技的发展进步和推广应用（Evenson & Gollin，2007）。

16.2.4 日本

第二次世界大战战败使日本经济受到严重影响，工业和城市经济损失惨重，大量退役人员返回农村。但经过20世纪50～60年代的经济高速发展，日本经济一跃发展成为仅次于美国的世界第二经济大国。日本工业的快速发展使大批农业劳动力流入其他产业，为农村扩大经营规模、实现农业机械化和促进农业技术进步等创造了有利的条件（Zhang & Xie，2012）。日本抓住了这些机遇，在农业的不断发展过程中通过农业政策的调整、相关制度的完善和强化政府对农业生产各方面的支援，创造了农业现代化高速发展的奇迹。

日本农业的发展历程大致可以分为以下三个阶段。

（1）探索阶段。日本自明治时期就开始发展农业现代化，大力普及先进农具、引进西方的作物品种改良和种植技术。自第二次世界大战后到 1960 年左右，日本政府以"农村民主化"和"粮食增产"为目标采取了一系列促进农业发展的措施。主要通过制定法令，利用提高土地产出率，增加单位面积产量和农业总产量。这些措施逐步缓解了粮食紧张。

（2）快速发展阶段。伴随经济的高速发展尤其是重工业的发展，日本农村劳动力大量外流，农业就业人口大幅减少。为了实现农业机械化和提高农业劳动生产率，从 20 世纪 60 年代至 20 世纪末，日本政府通过对农地法、食粮法等法律进行修改和完善，采取生产政策、价格政策和结构政策，使农业生产率和农民收入大大提高。

（3）完善阶段。20 世纪末，工业化的发展造成弃耕现象增加，食品、环境、能源等问题也日益受到日本民众关注，保障食品安全变得越来越重要。在这一阶段，日本注重发展"有机农业""生态效益农业""绿色农业"等现代农业模式，进一步提高农业现代化水平（Zong et al.，2011）。

日本农业现代化过程的突出特点是把科技进步放在重要位置，通过改良农作物品种，加强农田水利设施建设，提高化肥与农药施用水平，致力于提高单位面积产量，以提高土地生产率为主要目标。同时，由于土地资源所限，日本广泛采用小型农用机械对土地精耕细作，有效地改善了农作物的生长环境和条件，大幅度提高农作物的单位面积产量。在日本农业现代化进程中，农业科研、农业教育以及科学技术的普及推广发挥了重要的作用。

16.3　金融支持在农业现代化发展中的重要作用

16.3.1　农业金融的理论基础

巴里和罗比森（Barry & Robison，2001）将农业金融描述为农业产业中金融资本（贷款、股权以及资产租赁等）的获取和利用。它主要包括以下的组成元素：（1）市场，例如金融中介机构的组织和业绩、金融市场中交易的金融工具以及信贷配给机制等；（2）资本管理，包括个体组织以及整体产业的投资分析、资本结构、绩效管理、风险及流动性控制等；（3）政策，包括政府在解决市场失灵、私人部门供给不足等问题中所扮演的角色，以及如何以某些社会目标为基础，向特定人群提供私人金融资本所无法满足的帮助（Barry & Robison，2001）。

农业信贷的资金和服务提供者包括：商业银行、专业的合作制或股份制农业信贷机构，政府支持项目、信用社、农产品贸易或加工公司和金融中介机构（如保险、养老金、担保公司等）。这些提供者在组织结构、运营特点、专业程度、资金来源、相对重要性以及与公共部门的关系等各个方面都各有不同，但都在一定程度上提供了以下方面的服务：（1）贷款发放；（2）贷款注资；（3）风险承担；（4）流动性供给；（5）风险监管、贷款回收以及其他的贷款相关服务。

国内外对农业金融都有很广泛的研究，主要关注于盈利增长、投资分析、融资结构、风险和流动性管理、绩效衡量以及贷款与借款者之间的关系（Turvey，2009；2013）。

16.3.2　农业金融的特点

在金融方面，农业产业有其独特的特点。例如，农场生产通常资本密集、地理分散、生产规模和覆盖面有限、生产周期长。它们受经营风险和整体经济环境的影响很大。一小部分的农业生产者规模较大、组织结构复杂、融资来源广；更大部分的农业生产者则是规模较小、依靠自有资金维持，很少利用外部股权投资（Barry & Robison，2001）。

16.3.3　农业金融的必要性

许多理论和实践研究的结果都表明，一个经济体金融系统的完善程度与其经济的增长和发展高度相关。如果没有金融市场的存在，信息和交易的高成本（包括获取信息、执行合同、交易商品和债权等所需要的成本）往往会带来存款量停滞不前，抑制风险承担的积极性，限制投资行为，阻碍技术的发展和革新，进而降低经济增长的速度。通常，高回报率、技术密集型的生产需要长期的资本投入，而这时一旦获得的信息不完全，储蓄者们都不愿意将自己的资金用于存在风险的投资。金融市场的流动性、多样性以及在信息分享上的优势，可以引导和调动存款资金向这些高回报的项目转移（Barry & Robison，2001）。

由于农业生产周期长、风险高、受自然条件影响大、利润率低等特点，纯粹的市场机制会存在失灵，商业性金融机构通常无法获得足够的利润，因此，金融服务在完全市场机制的条件下供给存在不足。同时，很多学者（Binswanger & Khandker, 1995；Meyer & Nagarajan, 2006；Zeller, 2006；Weber & Musshoff, 2013）的实证调查研究发现，农业生产遇到的最大的问题在于贷款（包括小额信贷）的产品设计并与农户需求之间的不匹配。这也是因为农村的环境以及农业产业的一系列特点限制了市场自发形成的金融服务供给和需求，包括：对借款者和贷款者来说，交易成本都很高；由于收入水平波动很大，潜在的借款者和储蓄者都面临着很高的风险；外生的经济条件冲击；可用于应对风险的途径很少；无法得到足够和可靠的关于借款者的信息；符合条件的抵押物不足；政策、法律及许多规章制度对农业生产并不有利。

在这样的背景之下，政府需要制定一系列政策来引导商业性金融机构为农业提供最切合的金融服务，或者以设立政策性金融机构这种更为直接的方式（Jaffee, Siegel & Andrews, 2010）。

从发达经济体农业现代化发展的道路来看，不同经济体在设置服务农业的金融机构方面差别较大，模式各异，业务种类多样。但农业往往是获得政府信贷支持最多的部门，各类补贴力度也非常大。这使得农业从业者不仅能更优惠、更快捷地满足资金需求，并且支付较低的保费参加保险，减轻自然灾害、市场波动等因素造成的风险损失。此外，对科技研发、要素流通的金融支持也是各经济体推进农业规模化发展的主要手段，同时也带动了私人部门的投资。在公私部门相互结合的资金支持下，农业部门快速地发展高新技术，并且推动了以资本为基础的农业现代化（Zhao, 2010）。

第 *17* 章

发达经济体农业金融体系的发展

17.1　农业金融体系的发展

　　20 世纪上半叶，发达国家的农业金融往往独立于一般意义上的商业银行市场，而是依靠政府与农业生产者组织共同设立的专门服务于农业的金融机构。这主要有以下一些原因。第一，工业部门偏好可转让长期债券，并且商业银行也乐于为这样的产品担保；而农户为了获得土地购买和开发的资金，通常需要长期的按揭贷款，无法通过可转让长期债券来满足（Schickele，1978）。第二，农户偏好 3~5 年的中期信贷，来满足购买牲畜、设备和设施投资的流动资金；私人商业银行则往往不愿意承担中期信贷，而是偏好向工业和贸易公司提供 60~90 天期限的短期信贷，来与自身的短期负债（存款）相匹配。而农户所需的短期经营性信贷资金相对于其他产业部门又有着更高的风险。基于这些原因，私人商业银行通常没有把农户纳入为主要的客户范围，少量的农业信贷产品也往往收取较高的利率，在贷款续期和期限延长方面的灵活性也很低，不能适应农业生产的具体情况。

　　为了应对这样的情况，政府与农户合作，共同建立了一些私人合作性农业银行以及由政府担保甚至直接所有的合作性农业银行。许多类似的机构在 1940 年之前已经建立，并且随着对农业信贷需求增长和重要性的逐渐认识，以及政府对农业结构改革的努力，这些机构得到了更大的发展。

　　第二次世界大战之后，发达国家政府对农业生产力的提高投入了大部分的精力和资金，特别是通过市场相关法规的建立以及价格和收入支持政策来保护和稳定农业生产收入。在这样的支持框架下，政府选择了利用金融手段来鼓励农场生产结构的进步，包括土地、新机械、化肥和农药的使用以及先进的生产设施。这些生产结构上的政策干预很多都是利用信贷的调节作用（OECD，1970；Green，1987）。此时，由于以往长期的资本稀缺，农业信贷需求正在快速增长、政府各信贷相关管理部门也已经建立。在这样的前提下，政府对农业发展的直接干预非常有效。

从 1970 年开始，一系列的国际和国内环境转变对国家为农业提供的收入保护措施施加了很大的压力，包括世界贸易组织在乌拉圭回合谈判中对农产品贸易自由化的协定，以及各经济体国内的政府财政问题等因素的影响，政府对农业结构调整的干预逐渐减少。政府对农业金融的保护支持政策也逐渐趋向自由化，使得信贷市场逐渐结束了分化的模式（Cerny，1993；Coleman，1996）。

以下对不同经济体的农业金融体系做具体描述。

17.1.1　美　国

虽然美国的农业产值占 GDP 的比重不足 1%，但政府为之建立了完善的政策体系以给予农业、农村发展强有力的支持。美国国会根据农业发展尤其是农产品国际贸易的新情况，不断修订农业法案，对农业补贴等具体事项作出规定，并给予相对充足的预算拨款（USAID，2005a）。

美国有着丰富完善的多层次农业金融投入体系。其中对农业现代化的政策性金融支持主要以联邦设立的相关非盈利机构组成。它们负责向农村提供基础设施的建设资金，同时向无法从商业银行贷款的小企业小农户提供小额信贷。具体做法包括农业直接贷款、担保贷款、粮价补贴、农村基础设施贷款等多种措施。而商业银行则通过自己在农村的网点，为符合银行要求和有能力还本付息的农户提供贷款。这样的公私协作方式有益于解决农业产业化进程中不同主体的金融需求，支持农业农村发展、稳定农民收入（Zhang，2012）。

1. 历史发展和演变

美国农业政策性金融机构在 20 世纪初建立，主要是通过建立由政府资金支持、以私人部门合作社为基础的农业信贷系统（farm credit system，FCS）（Peoples et al.，1992）。该系统依靠出售政府债券来募集贷款资金，不吸收存款。农业信贷系统在全国 12 个农业信贷区中设立有联邦土地银行、联邦中期信贷银行、合作社银行和生产信贷协会四大类组织（Dolan & Collender, 2011）。其中，联邦土地银行主要为农民提供土地、农机具以及牲畜购置所需要的长期贷款；中期信贷银行为中短期的非固定农业资产购置提供抵押贷款，主要通过生产信贷协会发放至农户手中；合作社银行则为农业合作社提供贷款以及各类咨询服务，提供短期和季节性的流动资金贷款、基础设施建设贷款和农产品出口贷款，这些贷款也可以通过合作社下放至社员农户（Zhang, 2009）。

20 世纪 30 年代开始，农业信贷管理局成立，负责管理农业信贷系统下的四大类组织，它通过农业部下设的农民家计局（Farmer Home Administration）管理和推进实施具体的贷款扶持项目。农民家计局建立于第二次世界大战结束之后的 1946 年，是一个由政府出资支持、私人所有的机构。它也不吸收存款，而是利用政府提供的预付资本金。它主要为农业生产和农村发展提供信贷支持，帮助小农户和贫困农户解决信贷方面的困难，并在一些农业生产社区专门服务边缘化的小农户，承担最终贷款人的职责（US Department of Agriculture, 1985）。具体手段包括为个人、低收入家庭和老年人提供直接贷款或担保贷款，贷款用途主要有房屋建设和改造、农场环境改善、水资源系统以及紧急救助。农民家计局的贷款项目发展代表着此时美国对农业金融扶持宗旨的转变，即从大萧条时期的福利导向逐渐转变为引导面向家庭农场农户的经营性和采购性贷款，以帮助他们逐步获得更强的经济能力，直接向商业银行贷款（Barry, 1995）。

美国的农业政策性金融机构还包括 1933 年成立的商品信贷公司（Commodity Credit Corporation）。它的主要功能是管理和实施价格和收入支持计划，进行价格支持，控制农业生产。服务宗旨是稳定国内商品流通领域的农产品价格，支持农产品价格融资，并为农产品出口提供金融服务。主要产品包括农产品抵押贷款、仓储干燥和其他处理设备贷款、灾害补贴和差价补贴等。商品信贷公司于 1948 年成为美国农业部下属的联邦公司。

20 世纪 70 年代，农民家计局的项目覆盖范围有了很大程度的扩大，在借款人资格审查、贷款额度、项目数量上都有很大增加。1972 年颁布的农村发展法案首次授权了农业家计局进行担保贷款（Ahrendsen et al. , 2005）。1978 年颁布的农业法案宣布开展了经济紧急援助贷款计划，进一步为商业贷款受到紧缩、农场经营受到成本—价格双重压力的农户提供帮助（Dodson & Koening, 1997）。

20 世纪 80 年代中期，美国削减了部分农业信贷机构，并且逐渐从直接贷款向担保贷款转变。1985 年通过的农业法案降低了农民家计局直接贷款的份额，将其转移至担保贷款。1990 年颁布的综合预算调节法案（Omnibus Budget Reconciliation Act）再次强调了这一转变的重要性（US General Accounting Office，1992）。担保贷款占其贷款总量的比重逐渐从 1986 年的 35.9% 上升到 1993 年的 68%。这一过程也代表着农民家计局从主要服务那些私人公司不愿进入的市场领域转变为主要为商业银行或农业信贷系统银行的贷款提供担保。

20 世纪 80 年代的金融危机中，联邦政府的信贷促进项目发挥了很大的扶持作用（Stam et al.，1991）。商业性农业贷款的拖欠率急剧上升，造成大量坏账并使得很多农业贷款机构退出了农业市场。1987 年颁布的农业信贷法案宣布利用农业信贷系统为农业金融市场提供资金帮助，该法案还促成了私人机构美国联邦农业抵押放款公司（Federal Agricultural Mortgage Corporation）的建立，旨在为农业固定资产的按揭贷款市场增加流动性（Ahrendsen et al.，2005）。金融危机同样促使农民家计局做出了更多的转变。一是更加以市场为导向，并且力图将服务范围扩大到整个农业和食品行业，以及农村地区的其他领域。二是与其他金融机构一样受到更为严格的法规监管。在此之前，农业信贷系统一直是自我规范、由农业信贷管理局监督，而农民家计局也是仅由农业部的管理，不受国家银行业监管组织的管辖。

1994 年，美国成立了农业服务局（Farm Service Agency，FSA），整合了一系列过去较为分散的农业信贷支持项目，包括替代了农民家计局和商品信贷公司的工作。基本内容和方式不变，依然是通过直接贷款和担保贷款的方式为无法通过市场渠道获得信贷的农户服务。虽然农业服务局在农业贷款市场的份额并不高，仅占贷款总额的 3% 和担保总量的 4%，但在特定的地理区域和借款人群中起着很重要的作用（Ahrendsen et al.，2005）。

美国的农业政策性金融机构依据政府政策，对灾民救济、农村建设、价格支持等提供商业性机构不愿提供的低息、长期贷款支持，促进了美国农业与农村的现代化（Li，2008）。在政策性金融机构以外，商业银行也是农业信贷的主要供给者之一，承担了 50% 左右的农业贷款。

2. 政府部门组织体系示意图

目前，美国农业部的服务体系以及部门之间关系图如图 17 - 1 所示。

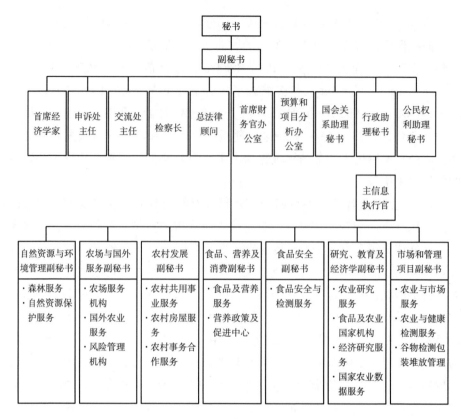

图 17 - 1 美国农业部组织机构

资料来源：美国农业部网站。

其中，农业部下属的农业服务局（FSA）和风险管理局（RMA）主要承担了对农业经营主体所需要的金融服务的管理和引导，分别侧重在农业贷款和农业保险两方面。从农业服务局和风险管理局的组织结构图（见图 17 - 2、图 17 - 3）可以看出，这两个部门在贷款和保险方面都有完备和详细的分工，在具体的金融服务项目、金融知识普及、制度支持（如资产确权和登记）以及监管评估等方面覆盖很全面。

17.1.2　加拿大

加拿大的农业金融体系主要包括由政府主导的政策性金融机构以及数量繁多的商业性金融机构，包括各类银行、保险公司等。

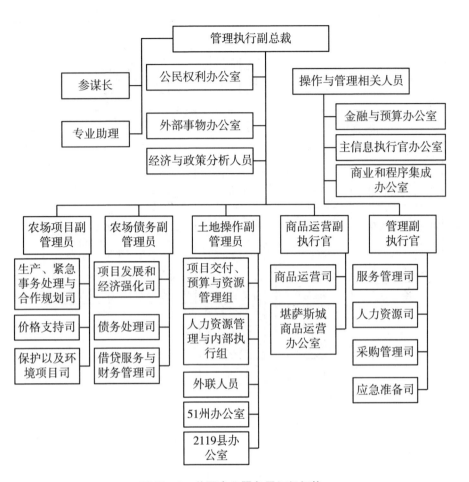

图 17 - 2　美国农业服务局组织机构

资料来源：美国农业部网站。

1. 主要历程和政策演变

加拿大的农业信贷最初可追溯到 1927 年，政府成立了加拿大农业贷款委员会（The Canadian Farm Loan Board，FLB），为农民提供长期抵押贷款。从1944 年起，加拿大联邦政府为了推进农业生产现代化的发展，开始实行政府担保贷款制度，并且通过了农场改进贷款法案（Farm Improvement Loans Act），目的是通过联邦政府担保的方式扩大对农业生产者和合作社的信贷支持。到1980 年，政府担保贷款总量占到了中期信贷余额总量的 12%（Canada Co-operative Association，2009）。该法案于 1988 年扩大为农场改进与营销合作社贷款法案（Farm Improvement and Marketing Cooperatives Loans Act，FIMCLA），

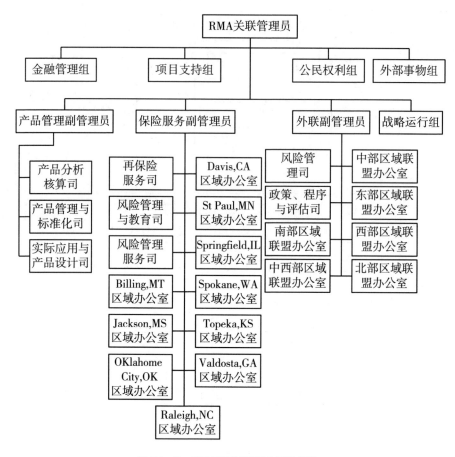

图 17 - 3　美国风险管理局组织机构

资料来源：美国农业部网站。

又在 2009 年修改并更名为加拿大农业信贷法案（Canadian Agricultural Loans Act, CALA），旨在扩大对合作社的支持以及提高贷款额度上限（Canada Co-operative Association, 2009）。

1959 年，联邦政府加大了对农业金融的干预力度，通过了农业信贷法案（Farm Credit Act），并以此为基础成立了国有的加拿大农业信贷公司（Farm Credit Canada, FCC），成为联邦政府的政策性金融机构。该公司主要利用联邦政府固定收入基金（Consolidated Revenue Fund）为农业生产者提供私人部门所不愿提供的长期贷款（Coleman, 1998）。FCC 是全国最大的农业长期贷款人，业务集中在农业方面，覆盖从家庭农场到农业企业等各类从事农业生产的客户。相对于省和地区性的政策性金融机构来说，对整个加拿大的农业金融运作起到了关键性的引领作用。作为一家皇家公司，它是加拿大农业金融体系中最重要的机构之一，通过加拿大农业与食品部直接向议会报告，也是联邦政府对全国农业发展进行资金投入的主要渠道。

FCC 为农业企业和农场主提供多元化的贷款服务，包括初始融资、现金流优化贷款、固定资产贷款；也提供各种类型的保险服务，包括人寿和事故保险、关键生产人员保险、支付保护保险等；除此之外，还积极参与风险投资项目。FCC 还与许多地区性的金融机构或联邦政府部门达成合作协议，共同推动特定领域的发展。例如，"加拿大西部农业附加值加工企业融资计划"，由该公司与加拿大西部经济多样化发展局合作开展，为西部中小型企业提供长期债务资本，可以用于商业性研发或市场开发项目，旨在提高附加值农业食品工业的发展以及进入国际市场的机会，带动该地区农村经济的繁荣。又如"全国生物酿造乙醇计划"，政府提供 1.4 亿加元资金以鼓励农民对加拿大乙醇业进行投资，由加拿大农业和食品部委托 FCC 进行管理（Bai，Xu & Wang，2006）。除国有机构外，省级机构也以利率补贴的方式为农业提供长期贷款，例如 20 世纪 30 年代成立的魁北克农业信贷办公室（Office du Credit Agricole in Quebec）。

20 世纪 80 年代，加拿大草原诸省的粮食谷物产业遭受了较大的冲击，FCC 实行了农场特别援助项目（Special Farm Assistance Program），承担最终贷款人角色，尽全力保证边缘化生产者的收入，花费了政府约 4 亿加元。这次事件促使加拿大的农业信贷政策开始了一定程度的向市场化模式的转变。1988 年，联邦政府决定 FCC 不再承担最终贷款人的职责，而是以平衡盈亏为基础提供适量的按揭贷款。由此，FCC 与私人贷款机构的利率差别逐渐缩小。1993 年通过的农业信贷法案进一步将 FCC 的服务范围拓展到了农场多样化经营、高附加值农产品产出和食品加工行业等各个门类，还包括提供设备、牲畜采购以及农业计划和经营等咨询和建议等。经过一系列演变，20 世纪 90 年代中期，FCC 这一国有企业逐渐从农业长期信贷服务的主导机构转变为与私人部门机构直接竞争的企业。

2. 农业政府部门组织体系示意图

加拿大的农业政府部门主要有联邦和省级两级相对独立、互相协作的系统。图 17-4 是加拿大农业部的组织结构图。值得注意的是，加拿大与美国相同，在农业部下专门设立了管理农业金融的部门。

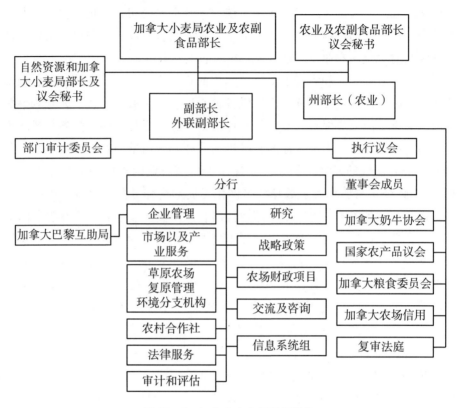

图 17 – 4　加拿大农业部组织机构

资料来源：加拿大农业部网站。

如图 17 – 5 所示，加拿大省级政府同样设立了农业金融部门，与联邦政府相呼应，共同协作，推动金融与农业的有机结合，履行引导和监督职能。

17.1.3　荷　兰

荷兰农民合作金融制度的组织资源是"农民合作银行"，相当于农民的金融合作社或信贷合作社，它的主要职能是为其社员提供信贷支持和其他金融服务。例如著名的拉博银行（Rabo Bank）就是从农民信用合作社发展起来的农民合作银行。目前，荷兰农民 90% 以上信贷来源于农民合作银行。

同时，为了有利于农民融资，荷兰政府设置了农业担保基金机构，主要为向银行借款的农户服务，并提供担保。此外荷兰政府还设立了农业安全基金，对因受自然灾害遇到困难的农户予以帮助（Fan，2009）。

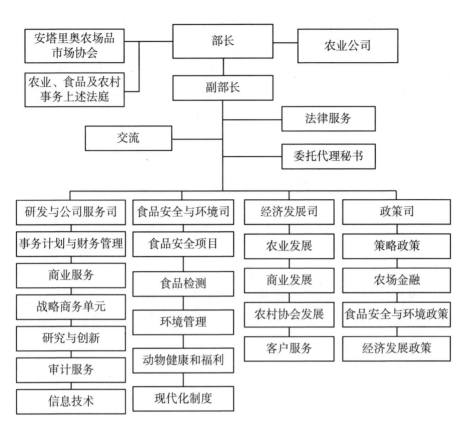

图 17 – 5　加拿大安大略省农业厅组织机构

资料来源：加拿大安大略省农业厅网站。

17.1.4　日本

1. 历史发展和演变

日本对于农业发展的政策性金融支持充足，占国民经济投资的 40% 以上。投资主要分为补助金和低息贷款。补助金重点用于农地基本建设和农机设备的购置，有专门的机构对农业基础设施进行投资建设。低息贷款包括政府发放的长期低息贷款，以支持农业结构改革；还包括对农协的农业现代化资金的低息贷款和为农产品的流通进行短期的贷款，以促进农产品市场的繁荣。此外日本政府还对农产品实行价格补贴政策，70% 以上的农产品价格受政府的价格政策支持。

在日本，农业商业性金融与政策性金融相互分离。农、林、渔业金融公库是日本农业政策性金融机构，由日本政府全资设立。它的目的是在农、林、渔业者向农林中央金库和其他一般金融机构筹集资金发生困难时，提供低利、长期资本以增加农、林、渔业的生产力。农、林、渔业金融公库向农业经营者和企业提供商业性金融机构不愿或不能提供的资金和服务，以满足农业现代化中各主体的资金需求。

农业协同组合是农民的合作经济组织形式，也称"农协"，在日本农业史上发挥了重要作用。它依据 1947 年所颁布的《农业协同组合法》组织创立，在 1947 ~ 1950 年不到 3 年的时间里，日本全国共成立基层农协 4000 余个，99% 以上的农民加入农协（Li et al. , 2012）。

20 世纪 50 年代，为支持以维持自耕农经济地位为重点的政策导向，农林公库发放了自耕农维持贷款；60 年代之后，信贷政策的重点转向生产结构调整，以及对农产品加工和流通的扶持；到 90 年代初期，日本的农产品市场逐渐对外开放，相应设立了"特定农产品加工资金"，旨在增强本国农产品的竞争能力（Liu, 2013）。

2. 农业金融体系

现代日本的农业金融体系主要由政策性金融、农协系统和民间金融三大部分组成。其中合作性质的农协金融系统占主体地位，政府的政策性金融机构为重要补充。

日本的农业政策性金融是在中央和地方政府政策之下对农业的财政拨款、贷款等投入，它通过直属金融机构直接进行长期、低息贷款，或对其他金融机构的长期、低息贷款提供补贴和担保，来促进农业贷款的普及、满足农业现代化的融资需求。由政策性金融体系提供的金融服务主要包括以下三个方面。（1）通过农、林、渔业金融公库融资。农林公库成立于 1953 年，是资金投入最多、最重要的政策性农业金融机构，由财政预算资金提供资本，由公库直接放贷或委托合作金融系统开展服务。2008 年 1 月，农林公库及其他相关部门进行重组整合，成立日本金融公司（Japan Finance Corporation）。最初公库融资的主要项目是土地整理、植树造林、渔港建设等基础设施的长期低息贷款，之后逐渐扩大到改善中小农业企业的贷款和综合设施建设资金贷款等。（2）中央及地方财政对农协金融系统和其他金融系统提供利息补贴，促进金融机构对符合条件的农业现代化融资需求提供服务，特别是农业现代化资金贷款。这些融资主要用于个人和公共设施建设、农机具贷款等。（3）其他财政补贴，包括自然灾害救济、新技术普及和推广等。

农协分为综合农协和专门农协两类。综合农协经营信贷、购销、共济（互助）等业务，其中的农业信用协同组合联合会主要负责农业金融的相关业务，它以农协系统的存款为主要的资金来源，再加上共济农业协同组合联合会经营灾害保险所得的资金，以合作性的农业金融方式向会员发放贷款，并且提供信用担保。

农协金融系统由三级组成，最底层为市、町、村一级的基层农协信用部门，中层为都、道、府、县一级的信用协同组合联合会，最高层为中央一级的农、林、渔业中央金库。在农业信用联合会的统一协调下，基层农协信用部门吸收农户存款、向农户发放贷款，剩余资金以存款形式上缴上一级的信用协同联合会，不能向系统以外的部门转移。由于农协的存款利率一般高于其他银行，并且营业网点遍及农村基层，还有工作人员定期上门服务农户，所以吸引了大量的农民存款，占比保持在50%以上（Nie & Xu, 2008）。信用协同联合会起着承上启下的作用，一方面，吸收基层农协的剩余资金、对资金不足的农协提供贷款；另一方面，将自身的剩余资金上缴农、林、渔业公库，也从公库取得自身资金不足的部分。农、林、渔业公库统领农协金融系统，不仅负责系统内部的资金融通，也对系统外的机构开展融资业务，发行农林债券、经营外汇业务，联通农协金融系统与国家财政、商业银行等的融资机构。

民间金融机构是农协金融系统之外的金融机构，在现代农业金融体系中所占的比重很小。贷款份额也只占到3%左右。2008年，日本农协系统金融机构的贷款占农业领域贷款总额的89%；其中农林公库的贷款占农业领域贷款总额的7%（Liu, 2004）。

日本农业金融体系的优势是将合作金融机构与国家的农业现代化发展和政策紧密联系起来，服务领域相对固定、信息资源充分、贷款的引导性强。同时，各级信用社独立性较强、经营自主权较大。而缺陷则是业务范围比较窄、资金利润薄、对政府优惠政策的依赖性强、财政压力较大。

图17-6是日本农业政府金融机构的组织体系。由农林水产省下设的经营局负责管理与农业金融、保险等相关的事务。

农林水产省		经营局 总务课 　调整室
主要官员： 　农林水产大臣（部长） 　副大臣（副部长） 　大臣政务官 　农林水产事务次官 　农林水产审议官 　农林水产大臣秘书官		经营政策课 　农业骨干综合对策室 农地政策课 　农地集成促进室
内部机构： 　大臣官房 　统计部 　消费·安全局 　食物产业局 　生产局 　经营局 　农村振兴局 　政策统揽		就业与女性课 　促进女性积极参与室 协同组织课 　经营与组织对策室 进入调整课 保险课 　农业经营收入保险室
农林水产技术会议 外部机构： 　林业与原野厅 　水产厅 其他地方派出与分支机构		保险监理官

图 17 - 6　日本农林水产省和经营局组织机构

资料来源：日本农林水产省（2020 年 4 月 1 日）。

17.2　重要参与者及案例研究

17.2.1　银行

拓宽银行农村网点的覆盖范围对于农业金融的发展尤为重要。在发达国家，银行在农村地区往往都设有营业网点，信贷员对当地情况比较了解，与农户也建立了比较长期的业务关系，对农户的资产、信用以及经营情况掌握全面，大大降低了金融服务以及贷款监管的成本，巩固了银行在农村地区的业务范围和深度。从美国的情况来看，8000 多家银行类法人金融机构中，有5000 多家是以县为服务范围的社区金融机构。①

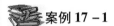 案例 17 - 1

荷兰拉博银行②

拉博银行植根于农业，最初是由许多地方性的农村信用社联合形成的联盟组织，吸收农村地区住户的存款，进而为经营商业、急需资金的农户们贷款。为了联合地区性银行的力量，达到管理上的规模化效益，1898年，有 6 家地方性的农村银行联合成立了总部位于乌德勒支的拉氏合作银行，另有 22 家成立了总部位于埃恩霍温的博氏合作银行。1940 年，两个合作银行合并为拉博银行，总部设在阿姆斯特丹。由于在农村地区有着广泛的客户基础以及充分了解当地农业情况、农户信用背景的信贷员，拉博银行可以为农户提供较低的贷款利率。而自下而上、充分民主自治的合作银行性质又确保了管理的透明度和自主性。

拉博银行主要从事农业、农业机械和食品工业等行业的金融交易。20世纪 80 年代起，拉博银行为了实现"为全球农业提供金融支持"的目标，开始着力开拓海外市场，业务范围经过多年发展已经覆盖到世界上很多国家和地区，包括澳大利亚、新西兰、美国加州地区等，全球共有 769家分支机构。

拉博银行由"农民自己的银行"起家，现在仍然占据着荷兰农业产业金融 85% ~ 90% 的市场，以及大约 40% 的中小企业市场。在零售业务方面，拉博银行在整个荷兰的市场份额位列第三位，拥有群过 30% 的账户总量，在全国共有 722 家分支机构。截至 2008 年，拉博银行的资产总量超过 600 亿欧元。

---

① 中国人民银行，《中国农村金融服务报告（2008）》。

② Wang X & Song L. Experience and lessons from the transformation of operation mechanism of Rabobank in the Netherlands ［J］. China Rural Credit Cooperation, 2008（4）: 74 - 76.

拉博银行集团根据业务类别划分了不同的部门来经营，一共分为14个细分类别，涉及地产、保险、资产管理。其中最主要的是140余家相对独立的地区性合作银行，以及他们的服务组织荷兰合作银行（The Rabobank Nederland），它为所有的地区性银行提供全方位的后勤保障和通用服务，包括市场营销、人力资源、信息技术、法律支持等，并且经营范围还扩展到批发银行业务以及国际农村金融和零售银行业务等。在此之外，拉博银行集团主要通过拉博基金会和拉博发展银行服务于自给农业的农民和小农户，为发展中国家的农业发展事业提供咨询服务和少量参股，包括坦桑尼亚、赞比亚、莫桑比克等国家。还通过拉博国际银行服务于大型农户和农场，活跃于农业的各个环节，包括农业投入、加工、零售及食品服务等领域。此外，在设计金融产品时充分考虑不同农户的需求，在农户、合作社、加工者以及销售者之间搭起资金服务流的桥梁，提供资本贷款以及生产资金以推动整个价值链的流动，分散风险。拉博银行的发展也得益于荷兰政府多方面的支持，包括免税优惠、混业经营、自发债券融资等（Wang & Song, 2008）。

案例 17 - 2

加拿大道明银行（TD Trust）[①]

加拿大道明银行为农业提供长期农业贷款。主要用于支持农业生产者在土地购置、土地整理、固定资产建设和翻修、农机具购买等方面的融资，贷款数额在25000加元以上，期限从6个月到5年不等，特别情况下经申请甚至可达到10年。对于新土地购置和其他资产购置的按揭付款期可以达到25年和15年。

---

① https：//www.td.com/ca/en/business - banking/small - business/credit/agricultural - solutions/。

17.2.2　政府机构

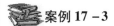 案例 17 - 3

加拿大政府①

加拿大政府对农业的资金投入和支持很大。政府对农业的投入主要来自联邦和省两个层面，项目涉及农业、农村和农民各个方面，主要分为三类。第一类是发展项目。这类主要是支持产业经济发展、产业发展能力建设、可持续发展。加拿大联邦政府这类项目很多，如农业和食品部的加拿大应用和农村发展基金主要用于农业和农产品工业贸易机会，调整结构扩大市场；加拿大联邦政府还与各省、区建立用于农业的联合项目，用于贸易风险管理、食品安全与质量、科技与创新、农村环境。第二类是保障和保险项目。这类主要用于保障体系建设、风险保险机制和抗风险损失与补贴。如加拿大农业收入稳定项目、农产品保险、农场改进和市场合作社借贷法案、运输补贴和紧急项目等。这些项目主要是联邦资金单独支持，有的也由联邦和省共同支持。第三类是特殊项目。这类主要考虑边远地区和原住民发展，如草原农场生活方式管理项目，原住民农场贸易管理导向项目等，资金主要由联邦政府投入。

加拿大政府对金融体系的支持还体现在法制和科技方面的保障服务。加拿大保护农业的法律法规和政策非常详尽，执法机构职责明确，每项法律法规都有相应政府机构和代表实施。如 1912 年《谷物收购和质量法》是由加拿大小麦管理局负责实施；1935 年《草原农场复兴法》由草原农场复兴管理局负责实施。有的协会也承担一些政府职能，如种子生产者协会对良种繁育、规范、登记、核定有详细规定，并实施检查。加拿大政府十分重视农业科技的发展，农业科技机构十分健全，从联邦到省都有相应研究机构。联邦侧重基础理论研究，省级、大专院校和企业科研侧重于应用研究。加拿大的农业科研经费（ARI）投入占农业 GDP 的 2% 以上，

---

① 郭亨孝. 加拿大农村现代化之路与中国农村发展 [J]. 农村经济，2006 (12).

2004 年总量达到 50 亿加元。此外，加拿大还十分注重农业技术培训，对农业技术培训实行"绿色证书"制度。并根据生产需要确定培训内容，以农民能力培养为目的，着重对经验丰富的农村骨干进行培训。加拿大还十分重视可再生资源的利用。通过项目支持在农村地区重点开发太阳能、风能以及木材、秸秆、动物粪便作替代燃料，注重生态环境保护与可持续发展。

17.2.3 合作金融组织

赫尔姆贝格尔和胡斯（Helmberger & Hoos，1962）最早提出了农业合作社的数学模型，被认为是合作社经济理论研究的标志性成果（Sexton，1995）。而最早的合作金融组织可以追溯到 1864 年由赖费森（Raiffeisen）在德国建立的存贷合作社——赖费森银行（Raiffeisen Bank），他第一次提出以"自我帮助"的理念来为城镇以及农村地区提供存款和贷款服务，并且制定了一些沿用至今的信贷合作社运营条例（Ingalsbe & Groves，1989）。

1988 年，美国对传统合作社进行了重组，并且形成了新型合作社（new generation cooperatives，NGCs），保留了传统合作社的大部分特点，但更加注重增值性生产活动。新型合作社的成员资本投入与产品营销和运送权利直接相关，并且可以转让，同时成员资格不对外开放或有很大的限制。这样的运营战略使新型合作社在组织上更为紧密，在市场上也具有更强的竞争力（Cook，1995）。

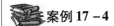案例 17-4

美国的农业信用合作管理体制①

美国为农业信用合作金融组织专设了有别于商业银行的、健全的管理体系，包括独立的监管机构（信用社管理局）、行业自律协会、资金融通

---

① Cheng S. Reform and development: advancing rural finance in China［M］. Beijing: Economic Science Press，2005.

清算中心和互助保险集团。美国的信用社体系下有开放的联合组织和稳定的清算体系。基层信用社可以自愿加入信用社联社，享受联社提供的计算机技术、资金清算、投资代理等各种形式的服务。联社以外，美国信用社协会也是为信用社服务的联合社团。与联社的经营性服务不同，协会代表会员信用社主要负责协调公共关系、进行职业教育、出版行业刊物、政策分析与研究和进行宣传采访等非经营性服务。此外，进一步支持信用社系统发展的重要一环是完善有效的保险机制。该保障体系内不仅有自愿参加的保险公司，也有由监管当局统一组织、具有一定强制性和约束性的保险基金——信用社存款保险基金。参加该保险基金的信用社每年将其吸收存款的一部分存入该基金，统一管理，主要用于对破产倒闭信用社的社员提供存款保证支付和对困难信用社提供资助。

美国的农业信用合作金融组织有以下两个特点。(1)"官办民营化"。最先由政府出资扶助创办，在政府的引导下发展起来，走上正轨之后政府又将股权逐步出手给合作社或农场主，成为真正意义上的合作组织。(2)独立发展并享受多重优惠政策。政府不干预信用社的经营和管理，并且允许它们根据需要自愿组成联社；信用社享受的优惠政策包括无须缴纳营业税和所得税，不收取存款准备金，允许信用社资金购买国债等(Cheng, 2005)。

17.2.4　私人部门

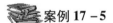案例 17 - 5

美国 ADM 公司①

美国 ADM 公司（Archer Daniels Midland Company）是一家大规模的粮食生产企业，2010 年净销售额 620 亿美元，净利润 19 亿美元。它是世界

① Li J M. Experience from value chain operations in foreign countries ［J］. New Countryside, 2007 (5)：33.

上最大的油籽、玉米和小麦加工企业之一，近年来，经营业务范围更是扩展到营养品工业、农粮储备、运输交通等，共有约 270 家制造工厂分布在全球 60 多个国家。ADM 坚定地执行"全产业链战略"，以食品为核心，打通连接农场到餐桌的所有环节。经过一百多年的发展，ADM 已经构建了完善的"产地→运输→加工→转化→配送→市场与销售"的全产业链。通过农产品的生产、加工、转化、配送、销售，延伸产业链，扩展品种，扩大生产规模和地理覆盖，增加市场占有率和多样化产品组合。它的触角深入产业链的各个环节，并且利用金融服务在盘根错节的环节连接处搭建起了资金的桥梁，使他们环环相扣，浑然一体。

ADM 公司旗下有 4 家金融企业子公司，分别承担农业管理、期货交易、风险管理、投资咨询等业务，搭建了全方位服务于农业生产的金融体系，既延长了价值链，又为其他业务发展提供了信息支撑和资本后盾（李军民，2007）。其中，HPBT 主攻农业管理、房产交易、涉农运作、咨询业务；ADM 投资服务公司为美国本土和国外企业提供 CBOT 等交易所的期货交易及结算服务；ADM 投资服务国际有限公司主要提供风险管理和交易咨询等服务；ARCHER 金融服务公司为全球市场客户提供全方位的期货投资策略和产品设计等服务。

17.3　对中国的启示

（1）农业金融法律法规健全，有效保障支持农业的政策性款项发挥实效。例如，自 20 世纪初开始，美国连续颁布了多项有关农业金融的法律法规。1916 年联邦农业信贷法，为美国农业政策性金融发展奠定了制度性基础。之后一系列修正案以及新法律的颁布进一步加强了农业金融发展的制度性。1933 年新政以来，美国政府陆续通过 40 多项农业立法，保障农村金融运作有章可循、有法可依，避免了行政干预和行政换届等造成的不规范现象，保障了农业农村的资金独立运行。在美国 12 个农业信贷区中，农业政策性金融机构均在农业信贷管理局的监督管理下实行独立经营。同时，政府制定法律对部分商业银行的农业贷款利率进行补贴，有助于减缓农贷资金转移的情况。

（2）金融体系中的各部门职能划分较细，服务对象明晰。以美国为例，农业政策性金融体系庞大，农业政策性金融机构较多，但分工明确、金融服务效率高。例如合作社银行推出的设备贷款，帮助美国在 20 世纪 40 年代初基本实现了农业机械化，极大地提高了农业劳动生产率。而商品信贷公司则是主要服务农产品流通环节，通过金融手段对价格进行调控，从而调节生产，帮助美国走出第二次世界大战后由生产力上升与消费需求减少之间的矛盾所引发的农业危机，缓解了 20 世纪 70 年代由于工农业"剪刀差"扩大导致农产品价格不断下跌对中小农户的巨大冲击等。可见，明确的职能划分使得各农业政策性金融机构的贷款更有的放矢，避免了职能重叠所导致的信贷成本增加和职能不清，农业政策性信贷的效率得到提升。

（3）高效灵活的行政管理。因地制宜的管理有利于促进农业信贷资金有效运行，例如，美国的每个农业信贷区设有一个农业信贷委员会，并在联邦设置信贷委员会。各区信贷委员会是联邦信贷委员会的分支机构，负责结合本区具体情况落实联邦信贷委员会制定的指导精神，制定适应当地生产需求的农业政策方针。这些农业政策方针由各农业政策性金融机构负责落实，并由各区农业信贷管理局进行监督和管理。不仅降低了多级行政管理的成本，使政策方针更具针对性和时效性，并且有利于克服农业生产地域性和季节性差异带来的调控困难，保障农业信贷资金有效运行。

第 *18* 章

主要国家农业金融支持的机制

18.1 农业金融的公共财政支出

公共财政是发达经济体对农业金融支持的最重要的机制，往往占据着主导地位。政府公共财政全额拨付或补助绝大部分资金来建立全国性的政策性金融机构，例如，美国的联邦土地银行、合作社银行等最初均由政府全资建立，农产品信贷公司的营业资金也由国库全额拨付；日本农林渔业金融公库的资本金也是由政府通过财政投融资计划出资。这些机构的贷款支持范围、利率优惠等特点都与政府政策密切相关，不以经济利益为主要目标，而是服务于不同历史发展阶段、发展状况和外部环境下的政策导向。

美国的政府投资主要落脚在长期、大规模的基础投资项目、政策性补贴以及大型农业基础工程，具有政策性强、涉及范围广泛的特点，如食品营养项目、保险补贴、环保项目、农村基础设施建设等。美国政府对农业发展的促进政策主要有以下两个方面。（1）通过设置专业的农业服务和管理机构，监督和管理农业生产，以确保向生产者和消费者提供公平的价格，并为其营造稳定的市场环境。美国农业部下设多个部门可以有效地为农户提供农业市场信息，并为农产品发展提供必要的生产标准指导，以促进本国农产品的生产和出口。（2）在金融和税收上给予许多优惠措施，特别是农业信贷优惠政策。

美国每年都要对农业进行巨额补贴。美国的农业补贴通过很多具体项目实施，并写入农业法案。美国农业部还通过无息或免偿贷款、进口关税配额及国内销售配额等手段以维持美国境内的农产品价格。农业补贴包括政府直接支付和农产品价格—收入支持计划，以帮助农场承担市场价格变动风险和收入风险（厉为民，2011）。

　　公共支出的一个侧重点是对核心技术研发的支持，包括农化产品、种业、机械、价值链延伸和扩展等方面。这一方向主要是通过由各经济体的政府开展目的性强、专业化的开发项目，通过细分而全面的项目计划来调配资金，鼓励科研机构、高校以及私人部门进行技术研发，并且提供初始资金协助成果转化和商业运转。

　　但同样值得注意的是，尽管公共投资所提供的公共产品可以提高私人部门的盈利能力，它也同时会产生宏观层面的挤出效应。因此，公共投资的净影响有可能不总是正面的。需要收集更广泛的实践经验、开展更细致的研究，来确定公共投资在不同条件下产生的影响（Mogues et al. , 2011）。

18.2　农业贷款

　　在农业方面，贷款交易中存在的风险是影响供应需求的最重要因素之一。从借款人资产担保情况对金融服务业拓展产生的影响上可以体现出这种风险。农民贷款人缺少可用的资产担保，这阻碍了正式信用服务进入农村地区，阻碍了其深化发展，同时也限制了农业金融业的发展（FAO，1996）。

　　通过银行资产担保要求时遇到的困难可大致归为两个原因：其一，他们没有任何固定资产来抵押担保；其二，他们的资产并不被银行所认可。在上述的两种情况下，银行都有可能拒绝贷款申请。缓解这个问题的方法可以大致分为两类："无抵押"策略和"有抵押"策略（Hishamunda & Manning，2002）。

18.2.1　无抵押方式

　　一种主要的无抵押方式是团体贷款，这种贷款模式已经在世界范围内取得了巨大的成功。例如，格莱珉银行在亚洲地区负责的一些项目，以及撒哈拉以南非洲地区绿色银行（Green Bank）负责的相似项目。村镇银行和联盟团体是解决抵押难题的另外两种流行模式。在村镇银行这种方式下，一个机构会首先进入一个村子，然后组织一个团体，这个团体的功能就和银行一样。团体中的成员会选举一个管理委员会，委员会接受相应的培训来运营银行。

实际上，这个团体中的所有成员都对贷款完全负责。

　　另一种无须抵押的农业信用来源就是政府借贷机构，位于美国的金融服务管理局就属于这类机构，金融服务管理局负责来自政府的农业专项贷款。这个机构会给那些处于边缘化的农民提供信贷服务，这些农民通常无法从私人商业银行那里获得贷款。同时，它还会帮助农民处理一些运营信贷方面的需要，如购买牲畜、饲料、机器以及设备等。

18.2.2　有抵押方式

　　在这一部分，我们主要参考联合国粮农组织的一篇文献，综述目前普遍使用的抵押贷款的替代策略。

1. 传统型抵押贷款

　　（1）认证。认证意味着签署一类文件来确保贷款的安全性，文件可由借款本人签署，也可由第三方签署。对借款方来说，认证的交易费用较低；但对借款方来说，如果认证签署方没有合适的信用记录或资信证明，这一过程就会对其产生额外的费用。

　　（2）土地抵押。大多数发达国家的土地主都十分明确自己资产的界限，同时拥有分配和使用土地所得的权利。因此，他们拥有绝对的权利进行土地转让、租赁、担保、继承等。例如，在美国，《联邦农业贷款法》和《农场信贷法》已经明确规定了农场贷款和担保的步骤，明确了借款方资质和贷款使用（农场土地、农业生产设备、投入、牲畜等）的规则，同时也规定了贷款的限制、条文和利率（Zhang，2007）。

　　然而，在全球范围内的许多发展中国家，土地的所有权比较模糊。如果土地归政府所有或土地为公用土地，任何个人或个人团体均无其所有权，那么尽管土地具有价值，它也不能被用来抵押贷款（Hishamunda & Manning，2002）。与此同时，土地所有权的归属是一个十分敏感的政治和社会问题，任何一丝改变都有可能牵扯到利益斗争、交易费用，甚至是冲突（Platteau，1992）。

　　（3）农业资产抵押。使用不动产进行抵押的主要优势在于基本上所有的农村生产商都拥有一些能够用来进行担保的资产和庄稼。再者，几乎所有的资产都可以被抵押变卖。

　　（4）担保资金。借款方或第三方（政府、非政府组织等）提供的担保资金旨在减少借款人的贷款组合风险，替代或补充其他的抵押贷款。这种方式的优势在于其转移性强、资金流动性佳。借款方有能力承担贷款交易中出现的风险。

（5）农业保险。农业保险自身并不牵扯到抵押贷款。然而，一些发展银行使用这种保险来抵抗农场贷款条例中所提出的各种各样天气原因所致的灾难。正如在之前的例子中一样，这种机制力求补充或避免从农业生产商那里寻求有形资产抵押。

2. 非传统型抵押贷款

（1）非传统型抵押。非传统型抵押指的是抵押牲畜、比牲畜更小的动物或家用电器等；而通常情况下商业银行和发展金融机构不接受上述物品作为抵押品。非传统型抵押的优势在于：大多数的农村生产商拥有此类能被作为抵押品的货物，且对借款方来说，交易手续费较低。

（2）共同团体基金。团体基金将联盟团体机制与保证基金机制结合在了一起。联盟团体中的每个组员都会向共同基金捐款（有的情况下为其他资产），共同基金可以被联盟团体中的任何组员用作贷款抵押。共同基金保存在一个借款方冻结了的账户中。一旦贷款合同生效，共同基金只能够用来偿还未支付贷款。

（3）专用储蓄账户。专用储蓄指的是借款方不间断地向一个账户存款，直到积累到一定存款量可被用作贷款抵押。一旦贷款借出，专用储蓄账户就像团体贷款基金一样会被冻结。直到贷款完全付清时，账户内的存款才开始计息。

（4）联盟团体。联盟团体是由那些能接触到贷款或接触到培训服务的人们创立的。团体成员集体保证借款服务的安全性。能否获得下一笔贷款取决于联盟团体成员是否及时还付了上一笔贷款。贷款可以借给联盟团体整体，也可以借给团体中的任何一名成员；还款责任可由组员个体承担，也可由联盟团体承担。

（5）预期收入。在一些发达国家，预期收入作为一种新型申请贷款的抵押方式出现。例如，《美国农场法案》规定，以保护收购价为基础，农产品可以用来担保农业贷款。

（6）仓单。仓单贷款是一种已被批准的贷款方式。农业部门人员可通过仓单获取金融服务，此金融服务的安全性由仓库中的存放货物保障，这种模式基于仓库运营商发布的存储货物清单。这对于农村中小型企业来说十分有益（Höllinger, Rutten & Kiriakov, 2009）。

（7）基层组织担保。在这种情况下，金融机构要求借款方隶属机构进行担保，因此跳过了收集借款方信用和偿还意愿信息这一步骤。这种模式在选择借款方和代收贷款方面运行良好。一旦机构中的人员数目较大，这种模式对监控贷款的效果就会大打折扣。

（8）互联或贸易相关信贷。这种模式通常为商户所采用。贷款的发放与另一笔贷款方和借款方贸易相关的交易紧密相连，两笔交易的条款通常在同一时间制定。倘若主要贸易交易中出现问题，贷款方通常情况下只能对后续贷款和贸易相关交易采取措施。这种模式与价值链融资机制相似，我们后续还会详细讨论价值链融资（Hishamunda & Manning, 2002）。

（9）政府贷款担保。政府贷款担保被几个经合组织国家用来鼓励建立商业水产养殖（Ridler & Hishamunda, 2001）。这种模式替代了抵押贷款，由于借款方违约的风险转移到了政府，因此转移到了纳税人身上。然而，如果一个政府有能力支持这种贷款担保，那么政府必须尽可能地减小担保的范围。这就意味着，政府确保贷款按时还付与银行回收贷款面临着相同的麻烦。如果政府不尽可能地缩小担保范围，政府向银行支付的担保费用就会增加广大纳税人的经济负担，很有可能会引发政治动乱。政府贷款担保的存在可能会削弱借款方偿还贷款的决心（Fleisig, 1995）。

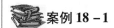案例 18 - 1

保加利亚农业贷款抵押试验[①]

在保加利亚，农业贷款的最大障碍是缺少合适的担保抵押。许多农村资产的担保抵押价值较低，并且很难监管、取消赎回权以及清算。除此之外，银行的法规使得银行在担保抵押方面的态度较为保守（FAO, 2005）。

政府因此进行了一系列法律和机制方面的改革，旨在鼓励使用农村资产作为担保抵押，简化索赔程序和取消赎回权的过程。经过艰难的努力，土地

---

① Food and Agriculture Organization of the United Nations. Bulgaria: Bank lending to small and medium sized enterprises in rural areas: an analysis of supply and demand ［EB/OL］. 2005, http：//www. fao. org/3/a - af097e. pdf.

归还程序已经完成。尽管许多继承者将土地瓜分，土地拥有权分散的问题仍然存在，大多数的农业耕地已被私人拥有①。尽管有了以上的种种改善，通常情况下农业耕地仍然不能用作抵押担保，主要因为农业土地市场中的买卖交易价格较低，以及农业耕地的价格较低。面临着诸多困难，政府试图通过建立市场信息系统来刺激土地市场（FAO, 2005）。

与此同时，一些金融机构接受移动产用作抵押担保，但移动产的估价非常低。中小型农场的场主很有可能将其农场中的大量奶牛和其他动物用作担保抵押（FAO, 2005）。

按照《粮食储存和贸易法案》，仓单系统为粮食生产商、交易商加工商提供了一个短期贷款的方式，他们可以用存储的粮食进行担保抵押。拥有私人执照的仓库出具的仓单可构成有效的机制来证明其存储的粮食可被用作短期贷款的抵押担保。通过把他们的粮食用作抵押担保，粮食生产商和加工商在选择出售的最佳时间时会有更大的灵活性。接受仓单作为担保抵押的金融机构具有高安全性的优势，因为贷款的安全性会由注册仓库的专业管理团队和监管机构的严密控制保证。

18.3　农业保险和再保险

18.3.1　世界范围概况

2007 年，全球年农业保险费达到 200 亿美元。2008 年，全世界有 104 个（超过全球一半的）国家以某种形式提供农业保险（Mahul & Stutley, 2010）。从地理分布上看，提供农业保险费的国家主要集中在发达国家和地区，即北美（55%）、西欧（29%）、澳大利亚和新西兰（3%），拉丁美洲和亚洲分别占 4%（Roberts, 2005）。

农业保险的发展经历了很长时间。美国和很多欧洲国家作为成熟的具有高渗透率的市场，其农业保险已有超过一个世纪的历史。在发展中国家，农业保险的雏形是公共部门提供的多种风险农作物保险计划（MPCI），该形式在 1950~1990 年，特别是拉美和亚洲地区得到了长足发展。然而，这些项目

---

① 在 2000 年，98% 的土地已经退还给了具有合法土地所有权文件的合法拥有者。

的效果乏善可陈。从 20 世纪 90 年代开始，大多数发展中国家经历了从公共农业保险到以市场为基础的农业保险的转变，该转变是政府通过商业保险领域发起的，通常通过公私合作伙伴关系完成（Mahul & Stutley，2010）。

2008 年，世界银行进行了一次针对 65 个国家的农业保险项目的调研，覆盖全球提供农业保险的半数国家，包含了发展的各个阶段。调研结果显示，农业保费补贴是农业保险中最常见的公共干预方式。在调研覆盖的国家中，有近 2/3 提供农业保费补贴，通常占总保费的 50% 左右。政府还提供公共再保险、行政和运行费用补贴，以及定损补贴。

2008 年世界银行调研所覆盖的国家中，54% 的国家有私有保险提供商，37% 的国家有公私合作伙伴关系。私营农业保险的发展随着国家发展水平的提高而递增（Mahul & Stutley，2010）。主要依赖于公私合作伙伴关系的共保池主要在中等收入的国家得以建立，它是一种提供农业保险的有效形式。公私合作伙伴关系能提升由政府资助的农业保险项目的效益，原因主要有三点：一是有助于更好地施行保险原则，例如建立更有效的承保程序和更科学的风险估价；二是降低行政成本；三是有助于私营保险公司建立更完善的财务制度。

在 2/3 的调研国家中，农业再保险的提供者为私营保险公司，另有 22% 的国家由公共部门和私营公司共同提供，而个别国家，例如日本，则完全由公共部门提供农业再保险。高收入国家公共部门对再保险的支持比例大于中等收入国家。其支持形式包括国有再保险公司，以及政府对超额损失进行再保险等。政府也对立法、研究、发展和培训提供支持（Mahul & Stutley，2010）。

农业保险主要包括以下五个大类：（1）单一风险保险，只针对某一种灾害风险进行赔付，如雹灾、地震等；（2）多风险保险，即针对两种或以上的灾害风险进行赔付；（3）产量保险，根据当地该作物的平均产量或该农户历史产量记录的平均值为基准，对灾害造成的损失进行赔付；（4）收入保险；（5）利润保险，收入和利润保险在美国开展较多（OECD，2008）。以上这些农业保险项目在发达经济体的实践中均有体现。

18.3.2　理论依据

农业是国民经济中相对脆弱的部门，特别在面对诸如干旱、洪水等自然灾害和市场的季节性和波动风险时尤为明显。农业保险是一种重要的风险管理策略和财政手段，用于应对这些影响农业发展的负面因素。由于它能将农业发展的风险转嫁于第三方，它还是一种提升农村经济发展和促进农业现代化的重要途径。同时，通过增加信贷途径和采取高产生产方式，它有助于实现农业现代化（Mahul & Stutley，2010）。

1. 增加信贷途径

由于诸多原因，农业生产者的信贷受限，这些原因包括高昂的交易成本、高概率的违约风险和协变风险、缺乏抵押品、产品和价格的波动等。信贷受限让农业生产者在面临不可预期的收入冲击时更加脆弱。

通过提供辨识、评估和降低风险的技术，农业保险能激励商业银行满足日益增长的农业信贷需求。同时，农业保险还能提升农民和农业部门价值链中其他参与者的信誉。它还能降低在面临产出和价格变动时农场面临的金融动荡，从而稳定包括加工和市场营销在内的后续产业。

建立农业部门的保险和农村信贷的联系在许多国家是一种惯用做法。具体来说，在发展中国家，例如印度，政府资助的农业项目通常与信贷挂钩。

2. 应用高产的生产方式

为了降低收入减少的风险，农业生产者通常选择更多样化的、低风险的生产方式或技术，而这往往导致平均收益下降。而通过转嫁风险于第三方，农业保险能帮助农民投资收益更高同时风险也更高的生产方式。许多国家的政府将农业保险视作农业现代化建设的重要手段。

在气候变化的背景下，保险还能有助于建立适应性生产方式。例如在印度，安得拉邦的农民从种植雨浇作物改为养殖家畜，以降低反复出现的干旱对生产的影响。一项专门的家畜保险政策专门为这些农民量身定制（World Bank，2006）。

18.3.3　发达国家的农业保险

1. 美国

美国的农业保险在分散农业风险、补偿农业损失、提高农业综合生产能力和促进农民增收方面发挥了重要的作用（Liu，2004）。它由政府宏观调控、立法管理，并进行财税补贴，由私营保险公司进行经营，形成了政府与市场共同主导的模式，形式灵活、险种多样，也提高了农民和商业性保险公司参与的积极性。参与农业保险的私人公司需要提出申请，并且通过严格审查才能得到代理农业保险的资格。目前共有17家公司参与，在与农业部风险管理局（Risk Management Agency，RMA）共同签订的协议范围内进行运作。风险管理局通过下属的联邦农作物保险公司开展和管理保险相关业务，它规定保险费率、管理保险和运营费补贴、对保险产品进行核准，并且对私营公司提供再保险（USDA，2013）。

1938年，美国政府出台《联邦农作物保险法》，第一次明确提出对于农作物的保险条例。最初只为小麦一种农作物投保，保障限额为正常情况下平均产量的50%~70%，保障范围为"干旱、洪水、冰雹、大风、冰冻、雷电等不可避免灾害所造成的损失"，保险赔付方式为小麦实物或现金。在此之后，由于保障能力弱、费率较高，农户自愿参加农业保险的意愿较低，美国的农业保险一度发展缓慢（Liu，2004）。直到1994年，国会通过了《联邦农作物保险改革法案》，推广互助储备计划、价格支持和生产调节计划、农民家庭紧急贷款计划等一系列福利计划。2000年，《农业风险保障法》实施，进一步提高了农作物保费补贴的比例，农业保险平均补贴额为保费的53%。可参加农作物保险的作物种类达到100余种，承保面积80多万公顷，占可保面积的76%，有65%的农户投保农作物保险（Zhou，2010）。

（1）管理体系和主要参与者。美国农业保险业务都由私营的商业保险公司进行，并由政府提供多项补贴和税收优惠。目前共有17家保险公司拥有政府授权经营保险业务，与农业部下属的风险管理局签订合作协议，开展符合政策规定的业务。

保险业在支持美国农业发展方面发挥了重要作用。2007年，美国农业保险业的保费为65.6亿美元，承保种植面积2.72亿英亩，责任金额673.5亿美元。其中政府对农业保险的补贴为38.2亿美元，占美国农业增加值的1%以上（Zhang，2012）。政府的大力扶持，是美国农业保险发展的主要动力之一，大规模的政府补贴支持对于农业保险的发展有至关重要的贡献。其中，政府补贴主要用于三个方面：一是由自然灾害产生的损失，则补贴全部的保费；对于种植风险农作物、收入保险等保费的补贴率为40%；二是对于私营保险公司产生的业务费用，政府补贴20%~25%；三是对于保险公司推广农业保险和教育所产生的费用，也由政府负责补贴（Zhang，2012）。

美国联邦农作物保险运作包括三个层次：第一层为联邦农作物保险公司，第二层为有经营农业保险资格的私营保险公司，第三层为保险代理人和农险查勘核损人。联邦农作物保险公司不负责农作物保险直接业务的经营，而是负责制定规则，履行稽核和监督职能，并投资再保险。私营保险公司愿意承担农作物保险业务，因为可以得到政府提供保费补贴、费用补贴以及其他方面的支持。农业保险行业利用优惠政策诱导商业性组织介入其中，政府由正面引导过渡到后台支持（见图 18-1）。同时，为提高参保率，政府在农业保险政策的制定上采取自愿保险与相对强制性保险相结合的方式。在此支持下，美国的农业保险覆盖范围广、保险总额也很高。根据 2012 年的数据，共有近3 亿公顷土地参保，总保额达到 100 亿美元以上，参保的农作物总价值超过1000 亿美元（USDA，2013）。

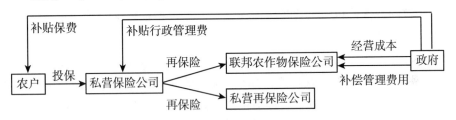

图 18-1　美国农业保险的机构服务流程

（2）保险和再保险产品。美国农业保险大约分为四大类。一是单产险。主要以个体农业生产者为计算单位，费率以历史数据为衡量标准。二是收入险。以个体承包单位为计算单位，费率以往年的种植历史数据和农作物贸易情况作为衡量标准。三是区域险。通常是以县为单位，费率以区域往年的种植历史数据和农作物贸易情况作为衡量标准。四是其他险种。以特定的风险农作物作为单独类承保对象。每种保险都对应着多种保险补贴率，从 55% ~ 85% 不等，相应的保险费率也不同。

保险公司经营这些保险产品均有政府提供经营补贴，并且在此基础上，政府还为保险公司所售出的保单提供再保险，使得私人公司在经营状况良好、赔付率较低的情况下有利可图；而在经营状况欠佳、赔付率较高时，不会有超过承受能力的损失。政府的再保险服务使得私人保险公司对其经营农业保险的损失可以有所预期，因而愿意进入该市场。

其一，巨灾保险。1938 年启动农业保险之后，美国的巨灾保险发展比较缓慢，主要是由于受到了政府另一项名为"特别灾害救助计划"的免费巨灾补偿项目的替代影响。1994 年通过的《联邦农作物保险改革法案》修正案，一方面取消了"特别灾害救助计划"；另一方面正式建立了巨灾风险保障条款，坚持广覆盖、低保障和低保费的原则，只对农户4年以上平均产量的50%提供保障，按照市价的55%~60%赔付。这种基础的巨灾保险缴费标准较低，总保费不超过600美元。美国在坚持巨灾保险广覆盖基础上，为了保证灵活性、给予资金充足的农户更多选择，还提供了另一种全险保障制度，将保障产量提高到65%~75%，按照约定价格的100%赔付，保费依作物种类、地区差异等风险因素而不同。对于巨灾保险，政府提供了全额保费补贴（Zhou，2010）。

其二，指数保险。指数保险是近年来在一些国家中尝试开展的一种保险产品，它的特点在于不是根据特定农户的损失为基准赔付，而是基于外在参数或指数的变化，包括天气指数保险、农产品价格指数保险等。指数保险可分为两类：区域指数保险（以区域内的平均产出或收入数据为基准计算指数）和间接指数保险（除产出和收入以外的指数，如温度和湿度数据等）。

区域指数保险通常基于一个同类、同质的区域投保。当该区域的单产低于限定值时，区域内的所有农户都可以获得赔付，而与每个农户的生产是否受到影响无关。区域指数保险的典型案例是美国的团体风险保护计划（Group Risk Protection）和团体风险收入保护计划（Group Risk Income Protection），分别以单产和收入作为参考指标。到2004年，美国的区域单产和收入指数保险占到总投保耕地面积的7.4%，但只占总保费的不足3%（OECD，2008）。

而间接指数保险中最常见的是天气指数保险。它最早于1997年在美国产生，目前在加拿大的应用最为普遍。降雨量、湿度、温度，以及其他许多天气指数都成为指数保险的参考指标（Zhang & Pan，2010）。

2. 加拿大

与美国政府支持、私人公司主营的组织方式不同，加拿大于1959年通过的《联邦农作物保险法》规定，由联邦政府和省政府共同支持办理农作物保险，建立联邦和省级两级政府组织的农作物保险机构，公共部门的非营利机构直接负责经营保险业务，业务经营费用由两级政府按照一定比例分担补贴，并且实行免税和再保险。同时对保费补贴50%左右，采取自愿保险与强制性保险相结合的方式。

加拿大农业保险的成功离不开政府的大力支持。首先，政府1959年颁布的《农作物保险法》和1991年通过的《农作物保险条例》确保了保险业务有章可循，各部门之间分工明确，有利于全国范围内的推广。其次，联邦政府在农业部设立了农作物保险局，及时对各地的农业生产情况进行了解，进行相应的统计分析工作，从而决定对地方政府提供资金支持的金额、期限和条件。保险费率的确定也是以大量数据模型的建立和分析为前提。同时，保险局着力协助省保险机构发展，修订农业保险计划，也对各省农业保险实施情况进行有效监督（加拿大农业部，2014）。该局还对保险公司开发的新保险进行初步审核，在满足社会需求的要求下，促进新保险的推广。

正在进行的五年计划向前增长项目 2（Growing Forward 2，GF2）中明确指出，农业保险是农业食品部门政策框架的一个非常重要的组成部分。农业保险是一个联邦政府—省政府—生产商共同承担费用的项目。项目通过最小化自然灾害导致的生产损失的经济影响来稳定生产商的收入。农业保险是一个省级项目，联邦政府会提供一部分保险费并承担一部分行政运营费。联邦政府同时向各州提供再保险项目（赤字财政）。截至 2014 年，五个省（阿尔伯塔、萨斯喀彻温、曼尼托巴、新不伦瑞克和新斯科舍）参与了再保险项目。

每个省自行发展和推广农业保险项目以便更好地满足本省生产商的需求。生产损失、产品质量损失以及以产量和非产量为基础的计划涵盖在保险项目中。各个省都很有动力提高自身的项目来满足不断变化的工业需求，然而联邦政府下达的法律法规会在 GF2 中提出。除此之外，这些保险计划的发展和推广要符合农场收入保障法案、加拿大产险条例和多边框架协议中的规定。农业保险计划为超过 100 种农作物提供保障，同时也涵盖牲畜损失。这些计划根据个人产量制定或区域产量制定。这些保险计划无须纳税，由政府再保险，保险费的补助大约为 50%。同时，存在自愿型和义务型两种保险项目。

政府的强大支持是农业保险在加拿大成功推行的重要因素。首先，1959年颁布的联邦《农作物保险法》和 1991 年颁布的《农作物保险条例》明确规定了农业保险的运行机制、不同部门和机构之间的合理分工以及全国范围内的保险产品普及。其次，联邦政府在 1964 年决定成立加拿大农业部下属的保险局（IBC）。该局负责收集不同地区的数据、进行详尽的研究，以便于当地政府确定对农业保险提供的补贴数额、期限以及条件等。保费金额的确定也是根据大量数据的模拟分析确定，进而保证公平性。同时，该局为省一级的保险机构提供发展策略的支持，修订宏观的保险计划，并且监督全国农业保险的发展。它还负责审查保险公司设计的新产品条款，并努力促进和提高农业保险在全国范围内的参与率。

在此基础上，加拿大联邦政府还为运营农业保险的非营利机构提供了再保险服务，同时担负着各地区农业保险部分的保险费用和资料审计补贴。而这些保险机构都必须接受各省政府的管理，且必须与联邦政府签订相应协议（Zhang，2012）。

天气指数保险在加拿大非常普及。例如阿尔伯塔省（主要的农业生产省份之一）针对青贮饲料种植所提供的湿度保险项目。当气象站测定当年湿度不足历史湿度的80%时，该保险项目为客户提供损失赔偿。在具体测定赔偿数额时，将多个气象站收集平均得到的当年种植季降水和降雨量与历史标准降水降雨量相比较，然后确定赔偿数额。该项目为省内22个风险种植区内的旱作作物提供保障。

类似的湿度指数保险项目在其他主要农业生产省份也得到普及，如曼尼托巴省和萨斯喀彻温省等。此外，玉米生长积温保险也是一个典型的天气指数保险案例。该产品基于一定区域内所测定的积温数据，为灌溉玉米生长过程的温度不足及春季霜冻提供赔偿，与实际玉米产出无关。数据来源是每年五月十五日之后的日测温度，并且根据既定的公式进行计算得出，与历史数据比较后确定赔偿数额。

此外，价格指数保险在加拿大畜牧养殖业生产者中也已经有了比较广泛的应用。畜牧价格指数保险（包括生猪、肉牛等）是为各阶段畜牧养殖生产者提供针对价格突降的一种保险产品。承保时，为保险标的建立一个底价，如果交易时市场价格（或综合市价指数）低于底价，则养殖户可获得差价部分的赔偿。

3. 日本

日本现行的农业保险制度开始于1947年颁布的《农业灾害补偿法》，采用"三级"制村民共济制度[①]：以市、町、村的农业共济组合为基层组织，直接承办农业保险；以都、道、府、县机构成立共济组合联合会，实行再保险。政府通过再保险特别基金会和国家农业保险协会等机构，为共济组合联合会提供再保险和一定比例的保费补贴，形成了政府与农民共济组合相结合的自上而下的农业保险组织体系。日本农业保险的特点是强制性与自愿性相结合，凡关系国计民生和对农民收入影响较大的农作物和主要农畜产品物实

[①] 农协的业务分工是：综合指导——全国农协中央会；购销事业——全国农协联合会；信用事业——农林中央金库；保险事业——全国共济农协联合会。http：//old. agri. ac. cn/AgriSciFare/GW/ZH/200306/15486. html。

行强制险，凡生产数量超过规定数额的农民和农场必须参加保险（吕春生等，2011）。由于农户参加保险仅承担很小部分的保费，大部分由政府进行补贴，并且实行再保险政策，农户和基层组织的积极性也比较高。

日本农业保险的保险费和事业费的来源及其任务有着严格的界定和控制，保证了资金的稳定性和长久性。保险费用只能用于投资，产生的增值部分用于风险基金，也为会员提供相应的防灾防患服务，保险费用不能用于农业保险的运营费用。农业保险的运营费用，则由政府补贴和农业相关的商业险盈余来提供。合理的资金应用是日本农业保险得以长久稳定发展的关键，为农业生产者灾后索赔提供了稳定的资金和使用方式。资金的专款专用减少了资金的违规使用情况，防止了腐败现象的出现，也提高了农业生产者的积极性（Liu，2013）。

18.3.4　发展中国家的农业保险

1. 印度

印度有超过 1.2 亿农民，其农业部门占国民生产总值的 20%，主要为平均种植面积为 1.5 公顷的小农场。2005 年，有 1800 万印度农民在国家农业保险计划（NAIS）下接受农业保险（Rao，2010）。

作为拥有大量小规模农业生产者的国家，印度面临的农业保险挑战主要是如何在为农民提供风险管理的同时保持系统可持续运作。在 1979 年，印度推行了一项以区域为基础的试点农作物保险计划，它以作物切割样本为衡量标准，量化平均产出，并为产量不足提供赔偿。参与农业贷款的农民均可自愿参加该保险。将保险和信贷挂钩已成为后续计划的一大特点。

1985 年，印度保险总公司将区域指数产量缺口计划扩展到 16 个州和 2 个联邦。该项目以门槛收益率和实际收益率公式为基础提供赔偿。门槛收益率或触发收益率为过去五年的移动平均产出乘以覆盖率（由某一地区的种植风险决定，通常为 60%~90%）。

尽管区域产出指数保险很适合印度国情，它仍有诸多不足之处。第一，保险单位区域面积大，且各有特点，减小单位区域面积迫在眉睫。第二，由于该指数完全基于产出，故播种前和收获后的损失并不能反映在产出指数上。第三，在全国进行超过一百万次作物切割实验来预估某一具体作物在某区域的产值耗费大量基础设施和人力资源，往往导致付款延期。此外，基于产出的保险仅针对有十年以上历史数据的作物，故推广的潜力受限。尽管存在这些不足，区域产出指数仍是应对印度国情的重要保险项目（Rao，2010）。

为了更好地推广农业保险，印度农业保险公司（AIC）在政府指导下成立于2002年，旨在改进开始于1999年的印度国家农业保险计划（NAIS）。该项目近年来已经扩展到印度的所有州和区域。政府作物保险对农作物信用贷款者来说是强制的，对非贷款者来说是自愿的。仅有20%购买作物保险的农民不是作物信用贷款者。

此外，印度的农业保险项目在其发展过程中向来受到中央政府和州政府的大力补贴，两者补贴额相当。补贴采取多种渠道，包括：维持远低于精算利率的平均保额，以保证农民负担得起保险项目；为耕地面积小于2公顷的农民提供保险补贴；为高损失率的案例提供超额损失的再保险；为印度农业保险公司（AIC）的行政和运营费用提供补贴。

以更好地为农民服务为宗旨，印度的作物保险计划经历了诸多变革，长远上看实现了财务可持续。印度农业保险公司正在努力扩展其市场，并建立精算体系，同时改革政府项目存在的诸多弊端，其中一个重要的问题就是付款的及时性。鉴于通过作物切割数据预估区域产量需要六个月到超过一年时间，农民有时在进行下一次耕种之前无法收到付款。印度政府通过一种混合评估的方法来应对这一问题。这种混合评估制有两种付款方式：第一种使用降水指数保险；第二种则使用区域产量评估，这能让付款更及时。

一项最近的发展趋势是由私有银行、保险公司在世界银行的帮助下提供其他种类的指数保险，例如基于天气的指数保险，用于帮助没有灌溉系统的农民应对重要种植季节降水不足的风险。

2. 巴西

巴西的农村保险系统经历了一系列严重的问题，影响了其发展。其中一个是提起索赔的金额和总保险费之间的鸿沟。从1995～2005年，总保险费为2.77亿雷亚尔，而索赔额达到了5亿雷亚尔，存在2.23亿雷亚尔的赤字。最糟糕的是2003年和2004年，南部的洪水和干旱让索赔额达到1.06亿雷亚尔，而总保费仅为0.4亿雷亚尔，这几乎让整个系统破产（Guanziroli & Americo，2008）。

一个重要的问题在于，该系统试图保障农民应对所有类型的风险，而巴西是一个幅员辽阔、区域气候差异极大的国家。此外，巴西农业的结构性因素也增加了风险，例如交通设施缺乏，农民由于缺乏技术支持导致财政管理措施不当等。

　　在巴西建立农村保险系统最主要的困难在于缺乏有效的数据库，用于计算家庭和商业性农业的生产力指标。混淆这两类数据会得到较低的平均产出，这些数据若被用于保险评估，则会使机械化程度较高的农业生产者无法投保。例如在马托格罗索，保险仅适用于每公顷产量低于 60 千克的大豆生产者，这就让每公顷产量达到 65 千克的机械化生产者无法参保。这样的保险无法吸引中等及大规模的生产者。

　　业界专家已就改进巴西农业保险提出诸多建议。一种提议是推行农村保险，以取代单纯的农业保险，即施行收入保险体系，帮助农民抵御农产品价格浮动和气候变化风险。在该体系下，农民不仅可以为自己的作物，还可为自己的整体收入投保。若一位农民因种植一种作物亏本，而另一种作物盈利，总体收入不受影响，则不必动用保险。然而，该方案面临着技术和政治上的问题。在施行该方案的美国，风险评估是基于过去五次纳税申报的平均收益作出的，而在巴西，大多数财产属于自然人，其纳税申报既不可靠，亦不可公开。另一种提议是提高政府的保险补贴额。2008 年，巴西政府保险补贴额占保费的 40%~60%，每笔补贴不超过 3.2 万雷亚尔（Guanziroli & Americo，2008）。这样的政策有利于中小型农业生产者，而无法帮助大规模生产者。不少专家提议政府建立巨灾基金，保护农民应对大型灾害性事件，截至 2014 年，这样的基金在巴西尚未建立。

3. 墨西哥

　　墨西哥的作物保险制度可以追溯到 1926 年。许多早期保险是由农业合作社自发组织，弥补由自然灾害导致的收入损失。然而，这种小规模基金运行面临诸多问题。1961 年，一家政府机构——国家农业与谷物保险公司（ANAGSA），开始直接负责销售作物保险，并提供 45%~61% 的保费补贴。

　　ANAGSA 计划最重要的特点是在银行层面将保险和信贷相连——作物保险成为从国有农业发展银行获得贷款的先决条件。同时，由于通过银行支付赔偿金，银行可以在赔付之前取消未偿债务。这个特点让该计划覆盖的农业产品扩展到了边缘化的、高风险领域，损失率超过 100%，公司因此经历了惨重损失，最终在 1990 年破产。此后，墨西哥农业保险公司（AGROASE-MEX）取代了 ANAGSA 成为国有作物保险公司，与 ANAGSA 不同，这家新公司在自由市场中运作，它在同样的规则下与五家私营企业竞争，所有的保费补贴直接划入生产者账中。

在 AGROASEMEX 的技术支持下,墨西哥成立了两百余家互助保险基金,为各种农民群体服务。1991～2000 年,AGROASEMEX 提供针对谷物和家畜的各种风险管理产品,保费补贴率为 30%,通过为总价值的 70%～90% 投保(而非像 ANAGSA 一样为 100% 价值投保),它有效降低了道德风险。通过合理应用现代承保技术,例如用扣除法应对道德风险,1999 年公司将家畜产品的损失率控制在 78.6%,作物损失率为 64.6%(Wenner,2005)。2000 年,AGROASEMEX 转型成为一家主要提供再保险的机构,同时致力于为互助基金提供技术支持,发展创新机制(参数巨灾债券产品)。自 2000 年以来,AGROASEMEX 已经实现盈利。

18.3.5 农业保险中的创新:指数型保险

在过去的 15 年里,金融和技术层面的创新使得保险变得更为便宜。在遥感和自动化天气测量领域的最新技术进展促进了创新型指数保险的发展。这种保险模式能将相关或协变风险从小农场经济系统中转移出去。然而,利用技术创新或区域产量保险这样较为古老的方式将风险进行转移的方式受到供求双方的限制。许多近期的项目表明,供应方所带来的挑战能被克服。基于区域产量,遥感植物生长数据的指数合同已被监管机构制定和批准。一些商业供应商已经开始出售此类合同,一些国际再保险公司已为此类合同再保险。指数型保险的一个创新处在于,当一个独立观察到的诱因(如当地气象台得出的降雨水平或一个特定区域的输出数据)表明保险中的承包事件已经发生,个体农民可以得到赔款来使自身免受农业生产风险。这种方式减少了抵抗一系列农业风险的保险费用,因此使得保险公司能够涵盖到贫困家庭。

指数型保险基于不受农民影响的独立诱发性事件,因而降低了道德风险和逆向选择,但同时可能带来更高的基础风险(即赔付不一定符合农民的实际损失),可能让农民无法理解。近年来,指数型保险的经验可总结如下:(1)保险需提高信贷获得率或采纳技术,以提升收入预期;(2)降低基础风险任重道远,或需要在天气预警、数据收集方面进行更多投资;(3)提升用户对保险产品的理解和信任度至关重要;(4)向小国、欠发达国家扩展该计划需要对天气预警设施等公共产品进行更多投资(Hill,2009)。

事实上,哈泽尔等(Hazell et al.,2010)发现许多试点项目都面临着需求较弱的问题。然而，许多证据证实，指数型保险能够帮助小型农场主更好地管控风险，增加他们的收入，同时提高他们子孙的发展前景（Carter，2012）。为了解决新型指数型保险所面临的需求问题（由于农民理解能力有限或对合同、自我保险、基础风险和经济符合方面缺乏信息所致），哈泽尔等（2010）提出"价值附加提案"，即把指数型保险和其他农业服务结合起来。

小型农场农业保险的最终目的是为了替代费用昂贵的自我保险，取代那些导致小型农场家庭贫困的应对策略，两者是阻碍小型农产家庭经济发展的根本原因。想从发展的角度采取保险政策，保险合同的设计必须以需求为中心，充分利用小型农场家庭，他们的生产技术和缺陷方面的数据。这些数据能够使他们对另类保险数据（如区域产量和基于卫星、天气的杂交组合）进行评估，同时使他们制定出数据最优化的保险合同，从而从经济角度减少未被保险的基础风险。

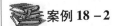 案例 18-2

天气指数农业保险[①]

在 21 世纪初，天气指数农业保险引起了各国政策制定者的兴趣，包括世界银行在内的国际金融机构鼓励低收入国家采取试点计划，这些国家作物保险迟迟无法普及，原因包括历史产出数据缺失等。天气指数农业保险的基本目的在于通过天气的不利偏差预估作物产量的偏差。它通过建模和数据分析建立作物产量和天气参数的联系，预估农民因天气变化遭受的经济损失，并计算赔付金额。

天气指数农业保险的一大优势在于赔付速度快，同时保险合同更透明，交易成本更低。由于运用客观、公开的数据，指数保险的道德风险更低（Hellmuth et al.，2009）。最重要的是，许多低收入国家缺乏除了天气数据之外的任何历史数据，非常适合采取天气指数农业保险。关于该保险形式已有大量文献，许多国家都已采取试点。

---

① Hellmuth M E，Osgood D E，Hess U，Moorhead A，Bhojwani H. Index insurance and climate risk：Prospects for development and disaster management ［R］. International Research Institute for Climate Prediction，2009.

而在为农民提供风险管理的同时，天气指数农业保险还面临诸多挑战，包括可信赖的高质量天气数据的缺乏、基础风险、复杂的指数保险合同等，主要原因是气象站数量不够、指数设计不合理等，可能导致无法评估产量损失。合理的基础设施建设和科学的天气指数设计是确保该保险成功运作的关键，它的成功运作能降低气候变化对农业生产的影响，确保农民收入稳定。

18.3.6 政府的作用

1. 概述

尽管农业保险是商业活动，政府参与仍是常见做法。通过农业保险确保农业生产力，保障农民福利是政府职责和利益所在。政府插手农业保险往往受到欢迎，因为私营部门常由于高额前期成本、分销及运营成本和无法获得再保险导致实力不济等原因不愿参与保险运营（Iturrioz，2009）。公共部门参与再保险可以从以下两个原因获得正当性：第一，在私营再保险市场中很难合理处置灾难性事件的风险，政府干预弥补私营再保险能力的不足；第二，在一些国家，如蒙古国，农业保险不够成熟，无法吸引国际私营再保险公司，故政府是唯一的保险运营商（Mahul & Stutley，2010）。

政府通过多种途径干预农业保险市场。最常见的机制是：（1）保费补贴；（2）对产品研发、培训和信息收集投资；（3）农业保险立法；（4）公共部门再保险；（5）行政费用补贴。世界银行表示，公共部门资助额度和农业保险覆盖率之间存在正相关。

农业保险模式可划分成三种：公共部门完全介入型（或称为政府控制型）、公私合营型和单纯市场型。三种模式的主要特点、优点和缺点如图18-2所示。

在三种模式中，公私合营型在政府支持和产品供应方面都是最平衡的，是成功农业保险市场的最佳模式。公共领域为促进农业保险项目的发展和扩大规模扮演重要角色，同时私营部门的参与为市场带来技术和创新。

农业保险的一种重要政府干预形式是提供重大灾害再保险。例如，韩国为损失率为110%～170%的案例提供私营国际止损再保险条约。韩国政府在2005年提供5000万美元的保费补贴，为损失率超过170%的案例提供不限量止损再保险（World Bank，2007）。

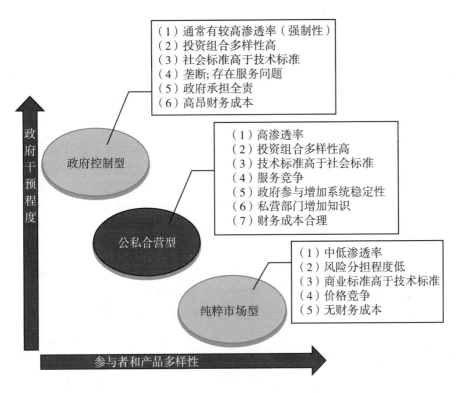

图18-2 农业保险模式的主要特点

资料来源：Iturrioz Ramiro. Agricultural insurance［EB/OL］. Primer Series on Insurance，2009，12，http：//documents. worldbank. org/curated/en/2009/11/14357033/agricultural - insurance.

2. 政府支持农业保险的案例研究

通过对作物保险进行对比研究有助于理解世界各地政府以各种形式对农业保险提供的支持。表18-1提供了对部分国家的比较。

表18-1　　　　　　政府对作物保险的支持类型（部分国家）

国家	政府财政支持形式						
	公私合营开始年份	农业保险池（共同提供保险）	公共领域多风险农作物保险公司	保费补贴	对作物保险管理费用的补贴	对研发和培训的财政支持	公共领域作物再保险
美国	20世纪30年代	否	否	是	是	是	是
加拿大	20世纪70年代	否	是	是	是	是	是
西班牙	1980年	是	否	是	否	否	是

续表

国家	政府财政支持形式						
	公私合营开始年份	农业保险池（共同提供保险）	公共领域多风险农作物保险公司	保费补贴	对作物保险管理费用的补贴	对研发和培训的财政支持	公共领域作物再保险
葡萄牙	1979 年	否	否	是	否	否	是
意大利	20 世纪 70 年代	否	否	是	否	否	否
墨西哥	1990 年	否	否	是	否	是	是
智利	2000 年	是	否	是	否	是	否
印度	1985 年	否	是	是	是	是	否
韩国	2001 年	是	否	是	是	否	否
法国	2005 年	否	否	是	否	否	否

资料来源：世界银行，2007 年。

表 18－1 显示，上述国家的政府主要支持形式是为种植者补贴保费。各国补贴力度各不相同，从墨西哥的 30% 到葡萄牙针对某些农民群体的补贴达到 85%。此外，美国还为农民免费提供灾害计划（CAT）（覆盖受保产量的 50%）。

农业保险保费补贴的形式各国有差异。一些国家采纳针对所有种植业和养殖业从业者的统一补贴额，无论是大型农场还是小型农户，无论是优质耕区还是边缘耕区。另一些国家，如西班牙和葡萄牙，则采取不同保费补贴，着重保护如脆弱型作物、重点地区、年轻农户、保险老客户等。

3. 一些建议

综合农业风险管理措施，包括降低物理风险和管理财政风险，有助于实现农业现代化。提供金融服务，包括农业保险和其他形式的风险金融机制，有助于农民采纳更高产的生产方式，并在自然灾害之后开始新的生产周期。

农业保险有助于实现农业现代化，然而它不能独立运行。只有当基本农业服务如推广服务得以建立，及时的农业投入受保证，农业产品的市场销路健全时，农业保险方能大力推广。

通过总结现有的农业保险项目，我们可以总结出重要的政策建议，主要从以下四个方面为决策者提供基本原则。

（1）定制农业保险项目。农业保险项目应为不同的客户需求建立相应的市场分区。农业保险有助于提升信贷率从而实现生产系统的现代化。适当的农业风险管理措施，如确保投入、降低风险的机制等，必须在商业保险运营之前得以建立。

（2）通过公私合营伙伴关系扩大农业保险市场。政府的首要任务是解决市场存在的管理问题，从而提升私营保险公司的参与度。政府应该主要着眼于发展风险控制机制，例如建立有效监管机制，进行公共宣传活动，收集与管理信息，以及提升自身能力等。一些国家已经发展出针对农业保险的管理框架，通常设立在非人身保险规范下。

（3）通过基于风险的价格信号鼓励有效财政规划并降低风险。在竞争性市场，保费应是基于风险制定的，其差异反映出潜在风险率，这让个人、企业和政府能通过对比降低风险所需投入和它带来的损失的减少额度评估农业风险管理的效能。风险指数保费还可帮助政府评估或有负债，从而制定农业损失预算。政府可更好地评估其在自然灾害中的负债，并制定相应应对策略。

（4）针对公共农业保险的保费补贴。政府应仔细分析由政府资助的农业保险项目的财务状况。将对于管理、运营、索赔等进行的补贴计算在内，政府在支持农业保险方面的成本可能高至原毛保费的 68%。高昂的补贴成本可成为政府的重大财政负担，对于中低收入国家尤是如此。此外，提供补贴还可能带来虚假价格信号，刺激农户从事不盈利或风险极高的农业生产。

补贴保险费提供的公共产品可提升风险市场基础设施（如数据收集、管理、研发和法律法规），从而规范私营农业保险竞争市场，并推动其发展。对社会保险费的补贴也是一种财富转移机制，是社会安全网计划的一部分，用以保证那些从事低盈利农业生产的农民也可以获得足够支持生活的最低收入（Mahul & Stutley，2010）。

18.4　农业价值链金融

18.4.1　农业价值链的风险和价值链金融的必要性

风险和不确定性在农业生产和农业产业链的各个环节中非常普遍，并且形式多样，主要的影响因素包括：难以预测的天气状况；无法准确预估的生物变化过程和自然条件；明显的生产季节性以及市场周期；生产地点和最终消费地点在地理上距离遥远；各国国内以及国际上对食物和农业产业的政治经济环境很特殊，并且有很大的不确定性（USAID，2005b）。

在农业产业中，通常情况下，产业链上的不同主体之间的相互依赖性很强，并且都需要同时应对很多方面的风险，主要包括天气、价格、物流、基础设施、卫生、环境、劳动力和政策。不仅如此，近年来，由于全球化和技术革新所带来的宏观结构、人口、体制等因素的转变更是加剧了农业和食品产业链的风险环境和管理方法的改变（Jaffee，Siegel & Andrews，2010）。

农业价值链需要的是一种整体性的思维，不仅需要关注在技术层面互相独立的不同环节之间的联系，同时也要关注这些环节自身的流程管理（King & Venturini，2005）。农业价值链涉及的环节包括投入品供给、生产、采收后处理、贮存、加工、出售和分销、食品服务、最终消费等一系列从田间到餐桌的过程。这些环节常常与其他产业链有交织，并且延伸到更广的区域和政策范围，涉及更多的公共以及私人机构和组织（Ma et al.，2011）。

农业价值链将农业生产资料供应、农产品生产、加工、储运、销售等环节链接成一个有机整体。价值链金融为农业产业化的经营提供稳定的资金支持和金融服务，可以促进农业产业化的经营和运作（宋雅楠等，2012）。农业价值链于 20 世纪 50 年代在美国产生，随后在世界范围内得到了充分的发展和完善，在世界农产品产业化和市场化过程中发挥了重要的作用。发达国家如美国、荷兰等，农业价值链和价值链金融的发展都已经达到了相当高的程度（Bai，2011）。

18.4.2　价值链金融的机制

1. 价值链金融的运行模式

农业价值链的运行模式主要包括以下几种。（1）生产者驱动的价值链模式，例如，小农户组成的生产者协会作为价值链中的主要组成部分，它可以帮助小农户进入新的市场、获得较高的市场价格、稳定的市场地位。（2）购买者驱动的价值链模式，是指农业价值链上的加工商、出口商、零售商、购销商、批发商等与农户生产者签订合同而形成的价值链。订单农业是最常见的购买者驱动的价值链模式。这种模式有助于确保供给，提高供给量，并且为更细微的市场需求服务。（3）协调组织推动的价值链模式，例如，政府部门、非营利组织、非政府组织为了减少贫困、促进地方经济发展而向小农户和农业企业提供支持，使他们能融入商业价值链中。（4）综合一体的价值链模式，这是最早的、最典型的价值链内部垂直一体化的形式，如超市价值链模式（Miller & Jones, 2010）。在中国现代农业的建设中，按照各地现代农业建设的主要带动因素形成了一些创新的农业价值链模式：龙头企业带动型、农户公司带动型、政府主导型、园区主导型等（Cui & Jiang, 2010）。

2. 价值链融资的渠道划分

根据基罗（Quiró, 2011）的理论，价值链融资按照不同的来源渠道可以划分为以下两种：（1）直接价值链融资，包括价值链参与者之间进行的融资，如零售商为供应商提供贷款、供应商为农民预付款等；还包括价值链参与者内部进行的融资，如农民与农民之间的借贷、农业合作社为社员提供的融资、农业资金互助组织提供的融资服务等。（2）间接价值链融资，利用价值链参与者之间的关系引导价值链外部的资金流向价值链。例如，银行可以以加工合同或其他商品作为抵押物为农民或加工商提供的贷款。

3. 价值链融资的产品分类

依据米莱（Miller, 2012）对价值链融资产品的系统划分，价值链金融产品包括以下五种类型：（1）生产融资，如贸易信贷、生资供应商信贷、销售商信贷、企业信贷、农民专业合作社信贷等；（2）应收账款金融，如应收账款融资、保理、福费廷等；（3）实物资产抵质押，如仓单质押、融资租赁、回购协议融资、融通仓等；（4）风险缓解，保险、远期合同、期货，订单农业、技术、信息服务等；（5）金融促进，如证券化、担保、合资等（Miller & Jones, 2010）。在实际的商业操作中，各项价值链融资产品往往将以上不同类型进行组合，打包服务，以最大化地满足客户的需求。

18.4.3　发展中国家的农业价值链金融

1. 发展中国家农业价值链金融的发展与风险

由于 2008 年的食品危机和商品短缺，公共部门对农业金融的投资兴趣在经历了多年衰退之后迎来复兴，私营领域也受盈利机会驱使增加投资（Miller, 2012）。同时，发展机构纷纷采取价值链融资的方式发展完善价值链。价值链金融具体是指"通过为价值链中的一个或多个环节量身订制服务和产品，降低金融风险和成本，提升价值链的整体效能"。价值链金融能创造更多农业金融机会，提升金融效能和酬劳，巩固价值链中各参与环节的连接。采取价值链金融的原因因背景、商业模式和参与者角色不同而各异。坎皮翁（Campion, 2006）提出，价值链内部金融动机与金融机构不同。尼奥罗

（Nyoro，2007）分析了非洲"价值链参与者更多受扩展市场的动力驱使，而非金融行为本身的利润"，贸易者成为获取利益的工具，供应商成为刺激销售的工具，而金融机构提供金融服务的目的是降低风险和成本。同时，价值链金融的获益者，如小型农户或其客户，也许能以此克服缺乏互助、贷款交易费用高等不利因素（Miller，2012）。

采取农业价值链的其他原因包括：全球化、自由化、碎片化的市场季节性不高，而产品多样性高；食品安全和可追溯性要求；更高的质量要求，基本环境规范的严格执行（Miller，2012）。同时，目前存在的阻碍因素有：提供的针对农业和农村产品的金融产品和服务种类不足，创新不够；金融中介机构缺乏在农村地区的覆盖率，生产者特别是小型生产者仍未享有保障。尽管主流意见是农业领域的贷款对于金融机构来说成本太高、风险太大（见表18－2），但包括荷兰合作银行和巴诺德（Banorte）银行在内的几家主要银行仍表示，若能将生产者有效地纳入可行价值链，农业信贷便是有利可图的（Shwedel，2007；Martínez，2006）。

表18－2　　　　　　　金融服务提供者的风险

风险类型	降低风险的措施
生产风险：因多种因素产生（投入供应、信贷缺乏或滞后、质量标准低下、储存与包装不当、天气风险、疾病等）	采取综合模式，注重整个链条的健康运行，金融机构获取更多参与者信息，包括生产者是否能保质保量完成供应，金融机构为链条各参与者（如投入供应者、储存设备、贸易）提供金融服务和保险服务
供应风险：指生产者（农民）不履行合同规定的供应义务。合同种植业常存在"侧边销售"（side－selling）的问题，损害农场信贷的还款机制	健全的生产者机构（农村合作社）以及团结群体的机制（基于存款的相互承诺机制）可督促农民履行合同规定的生产义务，降低侧边销售的风险。可信赖的供应能通过仓单完成抵押，FSP因此结社
金融风险：指农民、其他生产者或价值链的其他参与者不偿还信贷，风险由金融服务提供商（Financial Service Providers，FSP）或零售信贷提供商承担	吸纳信用度高的带头参与者可极大减少不偿还信贷额，提升信用程度。该措施在带头参与者（合作签署人）可以（如通过股本或会员存款）吸收风险、建立应对诸如歉收等情况的应急机制时更加有效。通过第三方安排提供金融服务不仅可以提升信贷投放效率，还可使不良贷款最小化
营销风险：指无法及时、按照既定品质、数量销售，包括短期和长期市场状况，以及营销合同签署或未签署的情况	价值链条中稳定的合同有助于稳定营业额，在不过于依赖某一市场时尤其如此。在与金融家协商时，销售和出口协定是强有力的己方优势，特别当金融家同时也在为价值链上其他农业项目提供金融服务时尤其如此。在利基市场，买方关系（如公平交易通道）能极大减小营销风险，甚至对小型生产者也是如此。产品标准和资格验证同样可以减小营销风险

风险类型	降低风险的措施
价格风险：由于市场价格在签署合同和投放产品期间的波动。按合同的不同类型，该风险由生产者（农民）或购买者承担	与终端消费市场直接相连可相对减小价格波动。信息技术可以将价格风险最小化。合同设置应实现透明，以帮助 FSP 评估风险。远期签约可以在价值链金融（VCF）中实现价格稳定
气候风险：指因天气变化造成的诸如干旱、洪水等情况。天气带来的冲击可能让农户陷入贫困，同时降低其投资热情	农业保险（包含天气保险）可以帮助小农户、FSP 和投入提供商应对中低频率的干旱、降水过多等风险。农民可以购买保险套餐（如信贷和其他金融服务、技术、农业信息）或单独购买，后一种方式更少见

资料来源：Miller C. Agricultural value chain finance strategy and design［R］. The International Fund for Agricultural Development，2012.

为食品链提供额外金融和投资服务非常重要，金融机构和政策制定者可更多与价值链参与者接触，帮助研发新产品和评估新市场。提升小生产者生产力、竞争力和在全球价值链中的参与度是农业促发展议程的重要内容（World Bank，2008），农产品价值链金融之外的诸多努力会对解决食品安全和农业从业人员贫困问题带来曙光。

2. 强化不同商业模式带来的发展问题

发展和强化价值链的策略取决于商业模式。一个重要的关于发展的考量因素是，由于小型农户是农村贫困人口的重要组成并在食品生产中扮演重要角色，他们是发展类机构提升社会经济水平、提升食品安全和促进经济增长的重要目标群体。因此，将小型农户融入价值链的模式应得到额外重视。例如，由于组织和培训小生产者的成本对商业公司太高，那么发展类机构，如非政府组织（NGO）和政府机构应该介入，促进小型生产者融入商业价值链。此外，由于其具有时限性且具有明确的退出策略，发展类机构很重视发展的可持续性，这已发展成为其发挥作用的有效途径。

3. 农业价值链金融（agricultural value chain finurnce，AVCF）的来源

如前文所述，价值链金融有内部和外部两种主要形式。缅甸的投入供应商信贷属于前者——通过农业投入零售商，小型农户可延期缴费（Myint，2007）。而肯尼亚是后者的典型范例——出口商通过银行付钱给农户，银行在扣除预先定好的贷款额后将钱支付给农民（Marangu，2007）。

然而，值得注意的是，AVCF 让不同的参与者依据各自承受能力分摊风险，而实际金融可能是直接的、间接的或是分层级的，即资金通过多个层级进入价值链。

4. 发展中国家与 AVCF 策略：考量与案例研究

政府与捐赠机构并不需在价值链金融方面有专业能力，然而，他们需要了解不同的价值链中不同参与者金融工具的效益与风险，并保证提供合理的机制管理其申请（见表 18 - 3）。

表 18 - 3　　　　　　　　　　对农业价值链金融工具的分析总结

工具	效益	局限性	应用前景
产品金融			
交易商信贷	(1) 农场融资交易简单易行 (2) 社会接受度高、知名度高 (3) 保障销售/购买，买家和卖家价格	(1) 真实市场价值不透明 (2) 通常非正式，可能出现单边销售（side - selling） (3) 在农业收获之前质量与数量均不确定	(1) 中间交易者的重要性得以保留，但随着价值链的融合其重要性会逐渐减弱 (2) 交易者有可能发展为批发机构
供货商信贷	(1) 购买者获取所需投入 (2) 供货者保障销售	(1) 投入成本可能很高 (2) 还款安全性不高 (3) 在许多地区缺乏有竞争力的供货商 (4) 小型农户使用率不高	(1) 降低行政成本，降低因与银行和产品生产者的多种联系引发的风险，或有助实现销售时直接支付 (2) 食品质量与安全越来越成为担心的重点
营销公司信贷	(1) 确保产品数量和价格 (2) 资金按需提前支付；付款通常直接享有折扣 (3) 通过合同设定金融、价格和产品	(1) 可能无法直接面向小型农户 (2) 随着信贷的发展，财政管理支出提升 (3) 合同常不被遵守	(1) 通过合同种植业实现价值链管控越来越重要 (2) 降低交易成本和风险
领头企业金融	(1) 保障市场和价格 (2) 为实现更高产量与质量提供技术支持 (3) 健全的监管和规范的合同减少侧边销售（side - selling）的机会 (4) 领头企业可对冲价格风险	(1) 较难适用于小型农户 (2) 签订固定合同的生产者无法从价格提升中获利 (3) 管理费用和合同执行成本	应用日益增多，提供市场准入、技术援助和信贷

续表

工具	效益	局限性	应用前景
应收款融资			
应收款融资	（1）减少了对出口商融资的约束，减轻进口商偿还紧迫性 （2）比银行贷款便宜	（1）需要证实跟进记录 （2）不适用于易腐货物 （3）不适用于大宗交易	（1）用于耐用商品进出口交易 （2）越发受到供货商、设备商和主要商品交易者青睐
保理业务	（1）提供营运资本 （2）通过将集合风险传递给第三方（因子）促进商业和金融	（1）设置复杂，需要保理机构 （2）在一些国家尚不合法 （3）金融市场缺乏相关知识与兴趣	（1）在农业方面的应用尚不多，但处于增长态势 （2）最好应用于加工者和供货商等产品流动和账户稳定的参与者
福费廷	（1）带来资本 （2）降低集合风险和成本 （3）可选择性地用于特定项目资金或账户	（1）需要销售折扣账户 （2）设置复杂，需要特定的福费廷和保理业务机构	（1）不如保理业务常见，但性质相当 （2）发票可协商，但相当复杂，因而限制了其发展潜力
物理资产抵押			
提货单	（1）以清单为抵押品，增加融资 （2）机构健全、互信深厚时，也可在提货单相关立法未完成的情况下运作	（1）交易商品必须按种类、等级、质量进行等级划分 （2）成本上升 （3）通常需要特别立法	（1）知名度相对高，可能得到更广泛应用 （2）可应用于价值链不同层级，增长潜力大 （3）目前应用于耐用商品，随着加工水平和仓库容量提升，其应用亦可扩展
回购协议	可降低融资成本，应用于一些交易状况良好的商品已取得成功	设置复杂：需要商品由经认可的抵押经理储存，需要设置商品交易所	（1）近期应用潜力不大 （2）出口者偶尔将其应用于部分商品
金融租赁（租赁—购买）	（1）提升贷款安全性，在默认情况下降低资产收回的难度 （2）在针对贷款的立法薄弱时格外有效 （3）常带来税收收益	（1）需要卖家、买家和金融者密切合作 （2）仅适用于不易腐产品的中长期购买 （3）通常要求保险	在法律允许的情况下，对设备购买有较高应用潜力

续表

工具	效益	局限性	应用前景
减轻风险产品			
保险	(1) 为价值链各方降低风险 (2) 广泛应用于诸如火灾、交通工具、健康和人身等保险 (3) 农作物和畜牧产品保险逐渐增多	(1) 成本高，用于农业产品时需要补贴 (2) 数据不足限制了保险中天气索引的应用	(1) 许多捐助者对此有极高兴趣，政府也在增加其应用 (2) 在没有补贴的情况下，在出台充足的数据之前产品保险增长将较缓慢
远期合约	(1) 公司可以对冲价格风险，从而降低金融风险和成本 (2) 可作借款抵押品 (3) 不依赖于商品交易所 (4) 当一方为另一方提供远期合约或固定价格时，价值链会产生收益	(1) 需要可靠的市场信息 (2) 交易商品须按种类、等级、质量进行等级划分	(1) 经常由大型企业应用于主要商品 (2) 一旦有可靠市场信息，便有极大增长潜力
期货	(1) 全球范围内用于农业产品以对冲风险 (2) 期货作为参考贸易价格基准 (3) 为价值链中各个参与者降低风险 (4) 对于火灾、交通工具、健康和人身等保险应用广泛 (5) 农作物和畜牧产品保险逐渐增多	(1) 商品按照标准单位交易，要求交易商品须按种类、等级、质量进行等级划分 (2) 要求建立管理规范的期货市场	(1) 当商品交易所运转良好时，增长迅速且潜力大 (2) 应用局限于大型生产者、加工者和营销公司 (3) 许多捐助者对此有极高兴趣，政府也在增加其应用 (4) 在没有补贴的情况下，在出台充足的数据之前产品保险增长将较缓慢 (5) 常被大型公司应用于主要商品 (6) 一旦有可靠市场信息，便有极大增长潜力
强化财政			
资产证券化工具	(1) 当均质池建立时，有可能完成低成本资本市场融资 (2) 已成功应用于小额信贷	(1) 成本高昂，设置复杂 (2) 因证券化问题受次贷金融危机的不利影响	在农业价值链投资和现金流方面应用前景有限

续表

工具	效益	局限性	应用前景
贷款担保	(1) 降低提供财政者或创业者风险，增加获得资金的机会 (2) 可增加价值链中所需投资	(1) 成本高，在农业中通常需要补贴 (2) 可降低贷款人的责任	偶尔用作激励手段刺激资本向基础设施、新兴市场、出口和产品生产流动
合资企业财务	(1) 提供股权资本，提升借贷能力 (2) 降低投资者财务杠杆风险 (3) 通常带来专业技能与市场	(1) 难以吸引拥有共同目标的投资者 (2) 稀释了投资回报 (3) 小型生产者难以参与	(1) 在全球化背景下前景不错 (2) 价值链中的战略伙伴关系（包括公私领域合作）越来越重要

18.4.4　案例分析

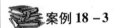

案例 18-3

加拿大丰业银行（Scotia Bank in Canada）①

加拿大丰业银行在农业金融服务方面拥有超过180年的历史，为农场经营者和农业企业提供全方位的金融支持，包括贷款、投资服务、继承规划以及支持农村社区建设活动等。其中具有典型价值链金融特点的服务有以下两个方面。

(1) 通过"丰业银行间接商业金融"服务，将大型的农作物生产投入品公司和汽油提供商与客户联系起来，提供定制的交易信用服务，满足买卖双方的金融需求。

(2) 与300多家独立的农业经销商合作，为农作物生产者和畜牧养殖者提供"采购点金融"（point-of-purchase financing），由经销商按照银行合约在当前交易的地点为生产者提供即时金融服务。

---

① https：//www.scotiabank.com/ca/en/commercial-banking/industries/agriculture/financing-for-agriculture.html.

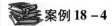 **案例 18 –4**

加拿大农业信贷公司（FCC）[①]

加拿大农业信贷公司与其他一些地区性金融机构结成联盟或合作关系，为农业生产各个环节的参与者提供全方位的金融服务和产品，很多都具有价值链融资的典型特征。代表性的项目包括以下两种。

（1）谷物生产要素融资计划（crop input financing program），这是与一些谷物生产投入要素的供货商结成联盟关系，农户可以在任何时间依据已批准的贷款额度提取款项，也可以根据现金流的状况安排合适的资金支付时间表，特定种类的贷款还可以通过供给商这一渠道获得批准。

（2）零售式融资（retail financing），例如农业信贷公司与阿尔伯塔省农民联盟（the United Farmers of Alberta，UFA）及其 95000 名成员合作，为他们购买生产设备、开展建筑项目以及各种创新项目提供融资。UFA在全省经营着 30 余家农业要素供给商店，它们的客户在购买要素商品时都可以获得农业信贷公司的融资，贷款额度从 4500 加元至 35000 加元不等；大型设备贷款还可以增加到 20 万加元，只需电话审批即可完成。客户还可以提前申请融资额度，一年内有效，避免到需要用款时临时申请（Bai & Xu, 2006）。

这两种金融服务都是将融资伸展到了价值链的参与者手里，使融资更加灵活、切中需求。操作程序的简化也推动了资金在链上的流动，增加了市场交易的活力。

---

① Bai Q, Xu A, Wang X. Comparison of policy – based financial systems in different countries ［M］. Beijing：China Finance Press. 2006.

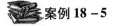案例18 – 5

尼日尔非正式库存信贷①

尼日尔非正式库存信贷系统，也称为仓单融资（通过这种系统，农民们会用一部分粮食存储量作为贷款保证经由自己隶属的机构来向当地的金融机构申请短期信贷），于1999年第一次被联合国粮食及农业组织试点推行，在减少农村贫困方面起到了关键性作用。通过这个项目，联合国粮食及农业组织力求找到创新机制来促进农民利用农业投入（例如化肥），并建立技术和经济标准来保证其可持续性。这个体系促进了农民使用高质量的农业投入，因此大大地提高了农业产量，同时保证了农业粮食稳定。这个系统依赖于其周期和发展的保证，并且该保证的恢复力取决于潜在利益（利润、新型贷款担保、粮食安全、农业周期证券/金融、清偿债务、解决贫困等）对股东（农民及其隶属组织、农村金融机构、开发项目、非政府组织、政府、捐助者）的激励程度的影响。这种模式很有效，因此已在尼日尔国内各区域以及周边国家中推行。布基纳法索、马里和塞内加尔也签署了联合国粮食及农业组织/比利时的多边合作计划。尼日尔的库存信贷经验不仅仅帮助扩大了现有的系统，同时有助于发展针对其他策略的项目，例如农民的机构运营式农场投入商店。在这种情况下，捐助者发挥几个核心作用，即农民联盟组织（FAO）以及促进正确的化肥使用（半干旱热作物国际研究所（ICRISAT））。FAO会向农民、他们的联盟和相关当地银行提供技术支持、必要的培训以及能力建设，而ICRISAT的工作是确保成功试验出恰当的化肥使用量，并且确保农民能够承担它的价格（LeCourtois & Olofsson，2010）。

---

① LeCourtois E. , Olofsson A. Case Study 2. Producer – driven financing of farm inputs：Niger informal inventory credit ［M］// C Miller, L Jones. Agricultural value chain finance：tools and lessons. Food and Agriculture Organization of the United Nations and Practical Action Publishing Ltd, 2010, 100 – 107.

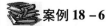 **案例 18 - 6**

中美地区的拉丁美洲金融服务（LAFISE）集团[①]

一直以来，尼加拉瓜的中介费用和信贷花费都十分高昂。造成这种局面的两个主要原因分别是信贷流程低效、农民回报较低。LAFISE 集团意识到，促进信贷链发展，而不简简单单为小股东农民提供直接贷款，同时使得现有的生产和市场体系不变，是解决问题的关键。LAFISE 的建立依托于自身超强的金融实力，尤其是因为它与班森特罗（Bancentro）银行系统有着密切的联系。这些能力体现在融资资源、国际影响力、资本市场运行丰富经验、国际金融和其他商业银行工具等方面。通过建立一个农业商业公司（Agropecuaria LAFISE），它加大了自身对农业领域的信贷力度，同时使其经营范围多样化，并对价值链进行了直接了解。除此之外，由于这个公司与小型生产商的直接交流不仅仅局限在融资和市场联系两个方面，它同时强调与非政府组织和政府的合作（通过正式/非正式的合作协议）来有效培训并组织股东使他们能够通过公司的标准。2010 年，LAFISE 集团为 5000 多个小型生产商提供完整系统的金融服务和价值链增值服务。整套的价值链涵盖加工、产品管理、国内和出口市场。除了其班森特罗银行系统和 LAFISE 农业外，LAFISE 目前还通过其他三个联合集团公司运行——存储和商品管理、保险以及贸易（Zamora & Miller，2010）。

① Zamora E., Miller C. Case Study 3. LAFISE Group: integrated financial instruments and value chain services [M]// C. Miller, L. Jones. Agricultural value chain finance: tools and lessons. Food and Agriculture Organization of the United Nations and Practical Action Publishing Ltd, 2010: 108 - 114.

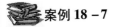 **案例 18 –7**

肯尼亚的"鼓网"（DrumNet）①

"鼓网"农村价值链管理系统于 2003 年 3 月首次作为试点项目启动，主要针对肯尼亚的小股东农民。整个系统依靠系统政策、流程和 IT 系统发展。IT 系统能够通过购买合同和主合同框架来完成金融、市场和信息三方面的交易。购买合同和主合同框架对整个价值链模型和减少农民市场风险来说至关重要。合作关系在"鼓网"系统项目中也同样扮演十分重要的角色。通过和机构合作，并凭借帮助农民提高自身能力和提供认证的方式，能够确保产品的质量。通过和商业银行合作，并根据银行从购买方获得的销售收入能够规划生产商团体信贷和银行服务。由此而生的 ICT 平台能够反映出所有成员、物流、信用流动、支付和会计事项。尽管"鼓网"目前仍然得到资助者（IDRC，IFAD & Monsanto）的资助，但它在前两个阶段中已经朝着以市场为导向这一远大目标行进。具体表现为：（1）三年后达到运营自给自足的能力；（2）五年后，成长为一个能够进行商业运作的公司，从东非和南非吸收 50 万～100 万的客户。随着该模式的成功，"鼓网"正在与竞投公司、证券银行和农民学校（一个由 FAO 建立并得到盖茨基金会支持的全国性农民团体网络组织）合作使自身成为一个商业模式。"鼓网"很有希望成为一个承受风险性强的商业运作化非洲组织（Campaigne，2010）。

---

① Campaigne J. Case Study 4. DrumNet and technological innovations［M］∥C Miller, L Jones. Agricultural value chain finance: tools and lessons. Food and Agriculture Organization of the United Nations and Practical Action Publishing Ltd, 2010: 126 – 137.

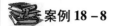案例 18-8

印度综合农业食品园①

近年来,印度农业部门已经开始通过农业服务中心一条龙式服务着手增加农业产品价值。一条龙式服务包括农业投入、融资、技术建议、仓库存储和市场。一系列包括乡村商业中心(Kisan-Bandu)、电子和农业服务(e-Choupa)和一站式服务商店(Hariyali Kisaan Bazaars)在内的模式已经在农业领域内出现。一种创新性模式当属 YES BANK 采用的农村改造中心。这个中心和综合农业食品园有着直接联系,后者促进多样化的农业生产链的空间聚集。通过这个体系,综合农业食品园包含现代化的生产和加工设施,与改造中心相联系。除此之外,综合农业食品园增加了生产商使用现代化管理措施和加工技术的机会,同时通过为价值链上不同端的产品量身定位,来提供较为廉价的信贷。最终,综合农业食品园缩短了价值链,提高了产品质量,改进了生产力,并且降低了生产商的风险。这些生产商必须采取亏本销售的手段,或者采取其他导致违约和信用危机的手段。这种模式使得 YES BANK 扩大了其金融服务覆盖面积并把风险分布在了整条价值链中(Chakravathy & Poosapati,2010)。

18.5 援助支持

在许多发展中国家,农业金融发展从许多援助国和多边机构的支持获益。尽管自从 2010 年官方开发援助(ODA)和农业与农村(ARD)的发展放缓(见图 18-3),从整体上来看,重心从援助者直接帮助生产环节转移到援助者直接关注,到政策发展和加强行政能力,援助者在金融系统和服务业产生

---

① Chakravathy K., Poosapati R. Case Study 5. Integrated agro food parks: avenues for sustainable agricultural development in India [M] // C. Miller, L. Jones. Agricultural value chain finance: tools and lessons. Food and Agriculture Organization of the United Nations and Practical Action Publishing Ltd, 2010: 137-145.

的巨大影响仍然在持续。

（百万美元）

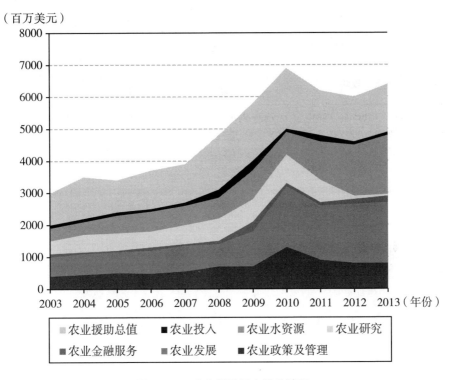

图 18 - 3　农业援助重心转移情况

注：以 2014 年不变价格计算。

资料来源：http：//stats. oecd. org/viewhtml. aspx？ datasetcode = CRS1 &lang = en#.

例如，鲁滕（Rutten，2012）鼓励采用创新和综合方法来使现有资助者支持仓单贷款发展以及商品交换，同时提高本土银行的实力（见表 18 - 4）。

表 18 - 4　　　　　　　　商品交易和仓单系统发展的新方法

传统方法	新措施
首先，为仓单贷款建立一个法律框架，然后促进交易	首先，研究潜在交易并将这些交易围绕法律条文限制组织起来；然后努力提高法律和条文框架
批准特定几家银行发行的仓单贷款再次贷款	通过使用再次批准贷款的期权，例如贴现窗口的等价物来促进可交易的仓单贷款工具的创新性发展
将产品交易看作独立项目	考虑农产品期货和期权以外的金融工具。这些工具目标锁定在实体贸易或如回购合同或项目债券的融资。然后，与潜在伙伴合作依次引进这些金融工具

续表

传统方法	新措施
商品交易应该与西方国家交易类似	充分利用现有资源发展节约成本型措施，以国家为基础制订特殊需要
电子注册的重要性较低	使电子仓单融资系统成为仓单贷款项目的基础，并运用这种技术吸引新的参与者加入这一领域

资料来源：Rutten L. Innovative agricultural finance and risk management strengthening food production and trade in the transition region［R］. Working Paper，FAO，2012.

第 **19** 章

公共政策

——发达经济体政府对农业金融的支持

发达经济体大都采取了财政支持、信贷和农业保险来支持保护农业。财政资金除了用于农产品价格补贴、收入补贴和出口补贴外，还包括农业基础设施建设、灾害补偿以及土地休耕补贴等。

19.1　政府财政对农业融资的支持

19.1.1　一般农业补贴

价格支持是各国普遍使用的农业促进措施。比如在美国实行了多年的目标价格制度（近年来替代为作用类似的参考价格）、欧盟的价格干预制度、日本的稻米价格支持和韩国的稻米政府收购计划等。OECD 国家 1986～1988 年的价格支持占整个农业补贴的比重达 77.1%。尽管近年来减少了价格支持，但 2007～2009 年价格支持仍占到农业补贴比重的 47%。

随着农产品供给问题的解决，农产品过剩、财政补贴负担沉重和国际竞争加剧等问题日益突出，各国先后将支持政策的重点转变为稳定农民收入、增强农产品竞争力，主要是减少价格支持水平，提供直接收入补贴。比如 OECD 国家采取脱钩补贴，该补贴占农业补贴的总额从 1986～1988 年的 1% 增加到 2007～2009 年的 23%。美国 1996 年开始采取与价格不挂钩的生产灵活性合同补贴代替原来的差价补贴，2002 年又用与农产品生产、价格不挂钩的固定直接补贴代替生产灵活性合同补贴。日本和韩国也分别于 1995 年、

1998 年开始对农业补贴政策进行调整，逐步增加直接补贴比重。

但是，对农业的补贴也存在着很多弊端，主要集中在政府补贴对生产以及市场活动的扭曲。例如，补贴可能会造成化肥、农药的过度利用，挤出私有部门在市场的份额，在资源不足（危机情况下）对受益人群的选择造成不公，形成金融机构对补贴的依赖等。特别是，一旦补贴机制形成就很难取消（Huang et al.，2011）。

19.1.2 信贷补贴

在通常情况下，资金提供机构需要得到特别的激励才会有动力为大部分农户提供满足需求的信贷服务。这样的激励机制主要是运营成本的转移（如政府补贴、税收减免等）。具体来说，因为信贷供给对于申请贷款者的弹性是很大的，一定量的补贴可以抵消贷款申请、监管和回收等环节的成本，也就是说可以减少风险溢价，进而降低借款成本。

信贷支持是各国农业资金来源的重要组成部分，各国财政大都对银行进行补偿，以支持其对农业提供低息或贴息贷款，并可以根据不同需要以不同方式提供贷款。美国商品信贷公司通过无追索权贷款方式，用农户多余的农产品作抵押提供贷款来解决农民过剩农产品的销售问题。法国银行受国家财政资助，向农民提供优惠贷款，对法国农业的现代化起了重要作用。

值得指出的是，信贷补贴同样会对市场供给与需求造成一定程度的扭曲，并且可能带来补贴依赖等其他潜在影响。

19.1.3 政府担保贷款

政府担保贷款的通常做法是在极端不利的自然或社会情况下，贷款机构或贷款者的损失数额超出承受能力，由政府保证贷款者或贷款机构的损失上限。政府的担保措施有效地降低了贷款机构所面临的风险，并且激励借款者申请贷款。这样的方式可以促进信贷的需求和供给，并且相较于利率补贴来说有着更好的针对性和更高的效率。这已成为美国、加拿大等对农业金融进行支持的非常重要的手段。

19.1.4　农业基础设施建设融资

农业基础设施的发展对农村地区扩大经济发展机会、提高农村地区生活水平以及社会凝聚力起着至关重要的作用。而这样的公共品往往需要非常大量的财力投入，收益也很慢，私人部门无法自发完成。因此，发达经济体政府都非常重视农村地区的基础设施建设，例如美国、法国、日本对农业基础设施的投资基本是由政府财政进行全额投入（Ji & Wang, 2014）。

19.1.5　推动农业保险的发展

由于农业风险大、不确定因素多、受灾害或国际国内市场价格影响较大、损失也难以估算，因此，为了推动利用保险方式保障农业生产和发展，发达经济体往往对农业保险提供很大的支持，做法包括法律法规的制定和完善、为从事农业保险的金融机构提供政策优惠、政府财政提供保费减免或补贴、政府承担大部分的风险损失等。

19.2　鼓励私人部门投资

除市场利润的调节因素外，政府部门鼓励私人投资进入农业金融领域通常有以下四种做法：税收减免或补贴、发放政府债券、制定宽松优惠的法规政策以及通过各类投资引导基金来调动私人部门的积极性。此外，政府还着力加强农业技术发明的知识产权保护，使得农业科技的研发能够获得更大利润，进而吸引更多的私人资金投入农业技术研发等领域，推动现代农业的发展。

19.3　公私部门合作

除制定相关公共政策外，政府的扶持还体现在与私人部门在价值链融资及其他农业投资方面的协作，共同促进农业价值链金融以及农业现代化的发展。

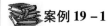案例 19 – 1

加拿大农业与食品价值链圆桌会议机制①

加拿大农业部与工业部联合建立了农产品价值链圆桌会议机制，通过与行业代表平等讨论和商议的方式，从政策引导、机制激励的角度对加拿大农产品食品行业实行扶持，协助管理部门制定有益于市场健康发展的政策法规。同时在省政府一级也有专门的价值链推进计划，搭建起与联邦政府和私营企业之间的桥梁。例如阿尔伯塔省的价值链计划不仅与联邦农业部的推动项目相辅相成，还与私人部门共同协作，包括为阿尔伯塔价值链发展投资公司（AVAC）提供大量资金支持，以促进其在农业产业链和现代化方面的推广。

19.4　农业发展基金

农业发展基金作为政府为农业提供金融支持的方式之一，具有导向性强、资金规模大、政策意义明显等特点。农业发展基金的利用渠道包括支持科技研发、为开发项目提供贷款等，主要是通过设立侧重不同产业或领域的发展项目，征集社会各界的申请，经过评估后发放基金，旨在从农业发展的各个角度提供资金支持。例如美国农业部管理的农村发展基金通过设立数十个农村发展项目，为农业提供贷款或直接拨款支持。主要的覆盖范围包括住宅及社区设施建设、能源利用和处理以及商业合作等方面，支持的形式多种多样，包括直接或担保贷款、补助金、技术支持、研究推广材料等。加拿大联邦政府和省政府每年也发布涵盖广泛的基金项目，促进农业现代化的技术开发。

---

① 李新萍，彭小波. 加拿大新鲜农产品流通情况分析［EB/OL］. 中国食品土畜进出口商会网站，2011 – 11 – 07.

第 *20* 章

对中国农业金融发展的启示

20.1 小结

首先，我们对农业现代化在世界范围内的发展模式进行了讨论，重点在阐述了以美国和加拿大为首的发达国家在农业现代化方面的做法，并且详细讨论了政府支持在推进此进程中如何起到主要作用。

我们进一步研究了这些发达国家农业金融系统的发展历程。从历史的角度出发有利于了解中国目前所处的发展阶段，以便更好地评价具体措施的可行性。我们重点研究了农业金融系统中各机构的设置和运行方式，回顾主要参与者的做法，并且进行了案例研究，以分析各主要参与者在农业金融系统中所发挥的作用。

随后，我们考察了不同国家推动农业现代化所采取的各种机制。公共财政支出、农业贷款、农业保险、价值链融资以及国际援助是许多国家普遍采取的措施。在分析这些机制时，我们特别注重涵盖发达和发展中国家两方面的经验，特别是详细分析了许多典型案例。

为进一步研究政府如何扩大影响力并利用金融手段推进农业发展，我们讨论了一些有助于加快农业现代化进程的公共政策。这些政策工具包括利用公共财政直接支持农业、鼓励私营部门投资农业、建立公私部门合作机制、支持农业发展基金的建立等。

20.2 对中国的启示和借鉴意义

20.2.1 农业金融系统

在世界上大多数国家，由于农业生产的高风险和独特的融资需求，农民通常很难获得商业银行提供的金融服务。因此，政府和农业生产机构往往共同建立一些专门为农业服务的金融机构，构成农业金融系统。发展农业合作银行、建立市场相关规定、执行收入保障政策等被重视起来。这样做的目的是为了提高农业生产力，尤其是保护和稳定农业生产收入。在某种程度上来说，来自国际和国内的压力致使诸如此类的保障政策逐渐变得自由化。然而，政府干预促进某些有利行为的措施仍然更加以市场为中心的方式持续。以下这些农业金融系统方面的干预措施值得参考。

（1）建立专门部门负责农业金融系统的规则制定及其发展方向。在大多数发达国家的农业部门，都会建立专门的办公室或部门具体负责农业金融和各类金融服务，包括贷款、保险等。取决于不同的情况，这些部门或主要起监督作用，或直接参与这些服务的运营，例如通过公私合作伙伴关系来完成。

（2）更加自由化的农业金融系统可以吸引更多私营部门参与。农业金融系统受到政府严格管控，通常由国有机构管理。私人部门可以主导对市场需求的满足，但也需要接受政府的管理和支持。

（3）一直以来，合作社金融机构在许多发达经济体农业现代化的过程中发挥重要的作用。在中国，发展农民合作社仍然处于起步阶段。合作社金融机构在参与金融活动，包括接受存款、参与金融交易等方面受到严格的管控，因此，合作社金融机构在市场中起到的作用非常不足。大多数合作社的成员属于小型农场主，他们的参与范围和影响能力十分有限。需要进行仔细评估合作社金融机构在农业部门中可以发挥的潜力和作用。

（4）扩大银行的服务网点分布对农业金融十分重要。在大多数的发达国家，大多数的银行已经在农村地区建立金融服务支行。当地信贷工作人员更了解当地情况，并与农户保持长期的合作关系。深入、全面了解农场的资产、信誉和经营情况能够大面积减少金融服务和贷款监督的费用。这对银行在农村地区建立更好、更多的服务分支来说十分有益。

（5）其他经验包括：为农业金融建立全面的法律法规，能够确保政策性资金的有效使用；金融系统内各部门职责和分工的明确能够有效地提高效率、提供针对性的服务，并且避免信贷资金的浪费；同时，基于当地情况高效而又灵活的管理方式能够促进农业信贷资本的有效使用。

20.2.2　保　险

为了减少收入损失的高风险，农户通常会采取多样化的农业生产，并从事低风险的生产活动，采取低风险的技术。然而，通常情况下这种做法的平均回报也较低。然而，农业保险可以帮助农民向更多高收入、高风险的农业生产活动中投资，因为保险可以将多余的那部分风险转移到第三方。许多试图现代化本国农业的政府都大力推行农业保险，将其作为一种转移风险的工具。以下是一些有利于推进农业保险发展的措施。

（1）在许多国家，采用公私伙伴合作关系的方式来促进保险发展显得十分成功和有效。与完全干预模式和纯粹市场决定模式相比，公私伙伴合作在政府支持和产品可用性方面最为均衡。来自公共部门的帮助能够促使农业保险项目的发展和扩大，来自私营部门的参与则为市场带来了技术、专业知识和创新。

（2）需要开发更多创新型保险产品。在发达经济体和发展中经济体，都可以找到诸如此类的成功案例。总体上来讲，指数型保险产品在发达国家表现出色，在某些发展中国家的试行也较为成功。然而，这种保险产品仍然在某些地区面临着巨大挑战。足够的基础设施、以需求为导向的合同设计以及增强对产品的了解和获取客户的信任都是成功推行指数型保险的关键。巨灾保险同样有希望成为降低农业风险的主要措施之一。

（3）农业再保险通常由政府执行或通过公司伙伴合作关系完成。支持的方式包括成立国有的再保险公司以及与私营部门签订超额损失的再保险协议。政府同样提供法律、科研、发展和培训方面的帮助。这些方面的支持非常必要。

（4）将保险和信贷绑定是推广保险产品业务的一种常用做法。保险信贷绑定合同能够帮助农业部门在取得信贷的过程中减少障碍。由于农民的风险被保险产品分担，金融机构更愿意批准贷款并且农民的违约风险也有所降低。

这种模式有效地增加了保险产品的覆盖面积，使农民更容易获得贷款，并且鼓励农民使用金融工具来应对各种各样的风险。

20.2.3 贷款

在农业方面，贷款交易中存在的风险是影响供应和需求的最重要因素之一，对借款人的资产担保和金融服务的业务拓展都有很大的影响。农民往往缺少可用的资产担保，使得正式信用服务很难深入农村地区，同时也限制了农业金融的发展。为了应对这些挑战，需要采取大量的贷款干预措施。

（1）通常情况下，政府会为农业信贷提供补贴，以增加信贷供给。可行的方式有：向金融机构提供信贷补贴，包括直接利率补贴以及间接补贴（例如税收减免、导向性政策、服务或产品推广等方式）；或提供相应补贴以促进政府金融系统中的机构发展，例如通过政府政策和行政条例来强化支持。

（2）政府可以提供贷款担保。随着农业信贷在许多经济体中的发展，大多数政府不再提供直接贷款，转而提供担保贷款，尤其是一些长期信贷产品。常见的做法是，为借款方和信贷机构提供一定限额的损失补偿。这种做法可以有效地减少信贷机构所面临的风险且促使借款方利用信贷优势。与利率补贴相比，这种方式目标更加明确，更加有效，能够促进信贷的供应和需求。

（3）创新替代贷款抵押的方式。为解决抵押资产不足的问题，可以推行一些有前景、非传统的替代抵押方式。这些方式可以基于预期收入、仓单、联盟团体基金等，也可以采取其他一些策略，例如从国有信贷机构团体借款或贷款。这两种方式都无须提供抵押。

20.2.4 价值链金融

由于 2008 年的粮食危机和商品短缺，公共部门在经历了多年来投资持续下降的局面后，在农业金融方面的投入快速增加。私营部门的收益也因随之而来的收益机会攀升（Miller & Jones，2010）。然而，发展机构同样被价值链金融模式吸引从而促进和发展价值链（Miller，2012）。尤其值得注意的是，价值链金融帮助农业拓展了融资机会，提高了融资效率和偿还率，增强了链条中各个参与者之间的关系。一些重点的内容包括以下三个方面。

（1）农业价值链融资的来源。农业价值链融资有两种主要的来源：内部和外部融资，或称为直接和间接融资。直接价值链融资是一种在行动者间提供的融资方式（零售商为供应商提供的贷款、供应商给农民的预付金等），还包括部门内部的融资（农民间提供的信贷、合作社为其成员提供的融资、农业互助基金组织提供的贷款等）。间接价值链融资从外部吸引资本流入价值链内部（例如，银行通过将加工合同和其他商品视为抵押来为农民和加工商提供贷款等）。

（2）策略。政府和资助机构无须精通价值链融资工具。但重要的是它们需要理解不同金融工具给价值链中的不同参与者所带来的益处和风险；确保采取适当的机制审查和管理创新的价值链金融产品。

（3）值得注意的方面。在金融干预之前需要考虑其他非金融手段。政策制定者/援助者也应该避免使用拨款来排挤私营部门和其他正在实施的举措。同样，尽管农业价值链这一手段对发展机构来讲算是一个有价值的工具，但它仅仅是为了达到更大目的的一种手段。换句话讲，农业价值链融资应该被用来展示和推广价值链融资的使用，或提高融资可用率。通常不建议援助方或发展机构直接借贷或向价值链投资。相反投资方或发展机构应该使用他们的资金来吸引本国的基金和投资。

20.2.5　公共财政支出

公共财政投资在发达国家中是最重要的现有农业金融支持机制，政府往往提供全部或大部分基金来支持国家政策导向性的农业金融机构。信贷支持、降低利率等都与政府政策密切相关。政策性农业金融机构不以利益最大化为目标；而是根据农业发展和外部环境的变化情况来调整服务对象和服务目标。一些值得关注的政策考虑包括以下三个方面。

（1）公共投资的一个重心在于支持核心技术的研究、发展和传播。核心技术包括农业生化产品、养殖、设备、价值链的发展等。这些核心技术主要依托于科研机构、大学以及私营部门。全面覆盖详细计划能够帮助确保资金分配的有效性。通常情况下，政府会为研究成果的商业化提供初始资金支持。同时，需要通过推广服务来促进高级农业技术的使用。这对提高农业生产力十分有益。这使得农民能够承接私人投资并承担一些生产风险（Mogues et al., 2011）。

（2）鼓励私营部门投资。除市场利润的调节因素外，政府部门鼓励私人投资进入农业金融领域通常有以下几种做法：税收减免或补贴、发放政府债券、制定宽松优惠的法规政策以及通过各类投资引导基金来调动私人部门的积极性。此外，政府还着力加强农业技术发明的知识产权保护，使得农业科技的研发能够获得更大利润，进而吸引更多的私人资金投入农业技术研发等领域，推动现代农业的发展。

（3）支持基础设施建设对发展农业现代化十分重要。基础设施方面（道路、投入与产出市场、市场情报、气象观测站等）的公共花费起着非常重要的作用，因为它减少了交通和交易的费用，提高了附加值和利润，同时增加了融资选择。通过提高教育、医疗以及其他生产支持服务的普及性，交通部门的公共投资可以产生多方面的影响，促进农业部门的可持续性发展（Benin et al.，2009）。

（浙江大学中国农村发展研究院、国际食物政策研究所北京办事处研究员 陈志钢；国际食物政策研究所北京办事处 陈燕然）

第 **5** 篇
利用规划和金融支持手段加快现代农业示范区实现现代化的建议

自 1978 年以来，中国农业虽然持续发展，并为总体经济发展作出了重大贡献，但是农业仍然是"四化同步"的短板。为此，中国将加快农业现代化作为"十二五"发展规划中的重大任务。考虑到地区间的发展水平和面临的情况有很大差异，农业部在 2009 年提出了建立现代农业示范区的设想，计划以此作为发展现代农业的平台，带动全国农业现代化的发展。2012 年 8 月亚洲开发银行与中国农业部共同设立了开展现代农业示范区规划建设和金融支持研究，并将该技术援助纳入中华人民共和国国别资助计划（2012 ~ 2014年）。该技术援助项目将在借鉴实现农业现代化的成功国际经验以及亚洲开发银行在农业领域有关成果和持续干预措施的基础上，重点开发现代农业示范区规划样板和开展现代农业示范区建设金融支持研究，并提出如何利用规划和金融支持手段，建设现代农业示范区以实现农业现代化的政策建议。

第*21*章

中国农业现代化的发展进程

21.1 中国农业现代化所取得的成就

中国的农业现代化概念最早可追溯到，1954 年 9 月周恩来总理在政府工作报告中明确提出了建设"强大的现代化的工业、现代化的农业、现代化的交通运输业和现代化的国防"的目标。农业现代化主要包括农业机械化、农业化学化、农业水利化和农业电气化。改革开放后，农业现代化突破以往农业"小四化"的局限，逐步包涵了科学化、商品化、集约化、社会化、组织化和一体化等内容。

总体来看，经过改革开放 40 多年的发展，中国农业现代化取得了历史性成就。

（1）主要农产品产量迅速提高。自 20 世纪 70 年代末农村经济体制改革以来，中国农业增长极为迅速。以联合国粮农组织（FAO）净农业生产指数衡量，1961～1978 年中国农业年均增长率为 1.9%，但是从 1978～2012 年，年产出增长率达到 4.0%，作物产量年均增长率为 3.2%，畜产品年均增长率5.8%；2005～2015 年中国人均农业产出增长率达到 3%，比全球 1.7% 的增长率高出近一倍。[1]

（2）农业产业结构不断优化。1978 年农业总产值占国民生产总值的28.2%，工业总产值占 47.9%，第三产业总产值 23.9%，2013 年三大产业的产值比重为 10.0% 、43.9% 、46.1% ；在整个农业总产值中，1978 年传统

---

[1] 本章数据主要来源于《FAO 统计年鉴》《中国统计年鉴》《中国科技统计年鉴》。

农业占 80.0%，林业占 3.4%，牧业占 15.0%，渔业占 1.6%，2012 年，传统农业下降至 52.5%，林业上升至 3.9%，牧业上升至 30.4%，渔业上升至 9.7%。

（3）农业设施和设备水平明显改善。灌溉与水利基础设施有了显著的改善，2011 年，中国有效灌溉面积达到了 6168 万公顷，较 1978 年增加了 37%。农业机械化水平迅猛发展，1978～2012 年，中国农业机械化程度提高了 7 倍之多，2012 年，大中型农用拖拉机、水稻收割机和玉米联合收割机数量分别为 490 万台、510 万台和 230 万台，小麦、水稻和玉米机械化播种与收割率提高了 55%。

（4）农业科技快速进步。随着杂交稻、杂交玉米、杂交油菜籽和抗虫转基因棉等核心技术的突破，中国一些重大的农业技术领域已经在全球形成了竞争优势，农作物良种覆盖率超过 95%。2012 年，中国农业科技进步贡献率达到了 54.5%，与农业改革初期的 27% 相比翻了一倍，并初步形成较为完整的科研、教学和推广体系。[①]

（5）农民收入持续增长。在农民人均年收入上，1978 年中国农民人均年纯收入为 134 元；2013 年，中国农民人均纯收入达到了 7907 元，其中农业收入在农民家庭收入所占份额由 1978 年的 90% 下降至 2013 年的 43%。

21.2　农业现代化发展面临的主要问题

近年来，全国粮食产量实现"十一连增"，连续 2 年跨上 6 万吨台阶；农民增收实现"十一连快"，农民收入增幅连续 5 年超过国内生产总值和城镇居民收入增幅。但现代农业发展过程中，仍然存在着小农经营占主体、农业产业结构不合理、基础设施薄弱、科技应用水平低等挑战。

（1）经营规模小，农业生产率仍然偏低。中国大部分地区的农业生产仍然以劳动密集型的小规模经营为主，机械化水平较低、单位耗能高、生产效率低。按照 18 亿亩耕地和 2.52 亿农村劳动力概算，2013 年，中国人均耕地只有 7 亩，农业比较劳动生产率只有工业的 9%，商品率只有 60%。

（2）靠天吃饭状况尚未根本改变，抗灾能力不足。很多水利设施，不仅

---

① 科技进步对农业增长贡献率提高到 54.5%［J］. 中国科技信息，2013（5）.

多年来没有新的发展，而且不断老化失修。农业产前、产后基础设施建设滞后和物质技术装备水平低，使农民极易遭受自然灾害的影响，农民收入容易出现较大波动。

（3）农业生产成本持续升高，农业比较效益低。随着工业化、城镇化的推进，一方面，化肥、农药等用量持续增加；另一方面，土地和劳动力要素价格上升，直接导致了农业生产成本的提高，而农产品价格的上升又受到国际低价农产品进口的打压。受其影响，种粮口粮化、农业副业化、农民兼业化趋势越来越明显，粮食和农业安全面临严峻考验。

（4）农业科技创新进展缓慢，难以满足农业发展的现实需要。农业科技经费不足，2013 年，政府农业科技投入占农业 GDP 的比重仅为 0.5%，长期低于 1%。重大突破性成果较少，基层农业推广人员的素质差、工作条件差、待遇低、活动经费少，肥料、水、农药利用率仅为 30% ~ 35%，仅相当于国际先进水平的一半左右。

（5）资源环境问题突出，严重影响到农业的可持续发展。耕地资源面临人口压力大、总体质量不高以及土壤退化严重等问题，大约 5000 万亩的耕地由于受到中、重度污染，大多不宜耕种；还有一定数量的耕地因开矿塌陷造成地表土层破坏，因地下水超采无法正常耕种。此外，化肥污染、农药污染、地膜污染、畜禽粪便污染以及秸秆焚烧污染等农业污染已成为中国水体、土壤、大气污染的重要来源，对中国的生态环境健康发展构成严重威胁。

（6）农民素质整体低，从事农业生产的人力资源不足。2013 年，全国农村人口文盲和半文盲占 5.73%，小学文化程度占 34.44%；初中文化程度为 52.44%；高中为 12.05%；中专及以上占 5.34%。每百个劳动力中大专及大专以上人数仅为 2.4 名。特别是随着农村大量青壮年劳动力流向城市和非农产业，农民队伍结构急剧变化，留在农村的大多是老人、妇女和儿童，农业劳动者素质呈现出结构性下降趋势。

21.3　农业现代化发展的新趋势

针对上述问题，党和政府进一步明确了农业现代化的发展思路，强调加快发展现代农业，增强农业综合生产能力，确保国家粮食安全和重要农产品有效供给；坚持用现代物质条件装备农业，用现代科学技术改造农业，用现代经营形式发展农业，用现代发展理念指导农业，大力繁荣农村经济，提高农村生产力水平；走生产高效、质量安全、资源集约、环境友好的现代化道路。

同时要求，全面深入推进以土地制度、经营制度为核心的农村改革。大力培育以种养大户、家庭农场、农民专业合作社和涉农龙头企业为主的新型农业经营主体；构建集约化、专业化、组织化、社会化相结合的新型农业经营体系；延长农业产业链，建立第一、第三产业融合的新型现代农业产业体系。

在政策引导的作用下，全国各地积极探索。土地流转速度明显加快，从2010 年的 14.7%，提高到 2014 年的 30%，家庭经营、合作经营、集体经营、企业经营等多种经营方式共同发展的格局初步形成。截至 2014 年底，全国农场总数超过 87 万家，农民合作社达到 128 万家，农业产业化龙头企业 12 万家，农业现代化出现规模化、组织化、一体化的新趋势。①

---

① 农业部部长韩长赋：加快转变农业发展方式［EB/OL］.中华人民共和国中央人民政府网站，2015 – 11 – 25.

第 *22* 章

国外农业现代化建设中的经验与做法

22.1 发达国家建设现代农业的政策和做法

从历史进程上看，典型发达国家的农业现代化大体分为两个阶段：从工业革命到 20 世纪 60～70 年代为第一阶段，以机械化、生物化学技术为主要内容，采取资金、技术密集型的发展策略，广泛使用机械、高产品种、化肥、农药；20 世纪 80 年代以后为第二阶段，以可持续发展、先进的管理技术和环境支持保护为主要内容，重在提高资源利用效率、农产品质量安全保障、现代生物技术、农产品产加销一体化等方面。

典型发达国家和发展中国家支持现代农业的政策涵盖范围非常广泛，其中值得关注的主要做法包括以下三个方面。

首先，重视对农业现代化的公共投资，把重心放在支持核心技术的研究、发展和传播上。这些核心技术包括农业生化产品、养殖技术、设备、价值链的发展等，主要依托于科研机构、大学以及私营部门，并且制定全面和详细的计划来确保资金分配的有效性。通常情况下，政府会为研究成果的商业化提供初始资金支持，并提供推广服务来促进高级农业技术的使用。

其次，鼓励私营部门投资。政府部门鼓励私人投资进入农业金融领域的做法包括：税收减免或补贴、发放政府债券、制定宽松优惠的法规政策以及设立投资引导基金等。此外，政府还着力加强对农业技术发明的知识产权保护，使得农业科技的研发能够获得更大利润，进而吸引更多的私人资金投入农业技术研发等领域，推动现代农业的发展。

最后，大力支持基础设施建设，包括道路、投入与产出市场平台、市场信息、气象观测站等。这些领域的公共支出减少了交通和交易的费用，提高了附加值和利润，并且增加了融资机会。通过基础设施的建设，教育、医疗以及其他生产支持服务的普及性也得到了提高，促进了农业部门的可持续性发展。

22.2　金融支持现代农业发展的主要做法

典型发达国家和发展中国家在利用金融手段支持现代农业发展方面有以下普遍做法。

22.2.1　发展农业保险

采用公私伙伴合作的模式发展农业保险。在许多国家，以公私伙伴合作的方式来促进保险发展的做法非常成功和有效。与完全干预模式和纯粹市场决定模式相比，公私伙伴合作模式在政府干预和产品可用性方面最为均衡。来自公共部门的帮助能够促使农业保险项目的发展和扩大，而来自私营部门的参与则为市场带来了技术、专业知识和创新。

开发更多创新型保险产品。农业保险服务和产品的创新在发达和发展中国家都有许多成功案例。特别是指数型保险产品在发达国家表现出色，在一些发展中国家的试行也较为成功。更完善的基础设施、以需求为导向的合同设计以及增强对产品的宣传都是成功推行指数型保险的关键。此外，巨灾保险也往往是降低农业风险的主要措施之一。

由政府执行或通过公私伙伴合作关系开展农业再保险，以鼓励私营部门更好地参与保险业务中。许多国家成立了国有的再保险公司，并与私营部门签订超额损失的再保险协议。同时，政府还会为私营部门提供农业保险相关法律、科研、发展和培训方面的帮助。

此外，将保险和信贷绑定也是推广保险产品的一种常用做法。保险信贷绑定合同能够减少农民在申请贷款过程中的障碍。由于农民的风险被保险产品分担，金融机构更愿意批准贷款并且农民的违约风险也有所降低。这种模式有效地增加了保险产品的覆盖面积，使农民更容易获得贷款，并且鼓励农民使用金融工具来应对多样化的风险。

22.2.2　支持农业贷款

为了增加贷款供给，农业贷款在许多国家会得到政府提供的补贴。可行的方式包括：向金融机构提供贷款补贴，包括直接利率补贴以及间接补贴（例如税收减免、导向性政策、服务或产品推广等）；或借助优惠的政策和行政条例等促进政府金融系统中的农业信贷机构的发展。

政府担保贷款是大多数国家采取的方式之一，尤其是针对中长期的农业贷款产品。常见的做法是为借款方和贷款机构提供一定限额的损失补偿，进而有效地减少贷款机构所面临的风险且促使借款方利用贷款优势。与利率补贴相比，这种方式目标更加明确、更加有效，能够促进贷款的供应和需求。

创新替代贷款抵押的方式。为解决抵押资产不足的问题，许多国家推行了一些创新的、非传统的替代抵押方式，例如基于预期收入、仓单的抵押以及通过国有贷款机构提供贷款服务等，以减少抵押品缺乏所造成的农业贷款不足。

22.2.3　发展农业价值链金融

价值链金融中可以利用的工具包括产品融资（交易商贷款、供货商贷款、龙头企业贷款等）、应收账款融资、资产抵押（货单抵押、回购协议等）、风险缓解（保险、期货等）以及金融衍生品（资产证券化、贷款担保等）。价值链金融可以为农业产业化经营提供稳定的资金支持和金融服务，巩固价值链中各参与环节的连接、促进农业产业化的经营和运作。

22.2.4　健全农业金融体系

在大多数发达国家的农业部门，都会建立专门的办公室或部门具体负责农业金融的相关服务，包括推广贷款和保险、制定金融业务规定等。取决于不同的情况，这些部门或主要起监督作用，或直接参与这些服务的运营中，例如通过公私合作伙伴关系来完成。

发挥合作社金融机构的作用。在许多发达国家，合作社金融机构在农业现代化的过程中发挥了重要的作用。这些机构往往在政府的大力支持下建立起来，逐渐过渡到由参与者共同自主的经营和管理，对提高农民的信贷服务可得性起到很大作用。

扩大银行的服务网点分布。在发达国家，许多银行都在农村地区建立了金融服务支行。当地贷款工作人员更了解当地情况，并与农户保持了长期的合作关系，因而有利于深入、全面地了解农户的资产、信誉和经营情况，大面积减少金融服务和贷款监督的费用，并且提高银行在农村地区的服务水平。

22.3　经验借鉴

由于发展阶段和资源禀赋的不同，各国在金融支持农业现代化方面所采取的政策不尽相同，在不同时期也有不同的侧重。通过对典型发达国家及发展中国家支持现代农业发展的研究，并结合当前中国农业现代化发展的水平，我们总结了以下可供借鉴的经验。

在农业保险方面，采用公私伙伴合作关系的方式来促进保险发展；开发更多创新型的保险产品，包括气候指数保险、巨灾保险等；加强农业保险所需的基础设施建设；探索将保险和贷款绑定的产品，以增加保险的覆盖面并提高金融机构的放贷意愿；成立国有的农业再保险公司；为私营保险部门提供法律、科研、发展和培训方面的帮助。

在农业贷款方面，加强为中长期或特定产业农业贷款产品的政府担保，减少贷款机构所面临的风险，明确、有效地促进贷款的供给和需求；促进金融机构对生产者在大型设施、机械方面的投入提供长期贷款；推行创新的替代抵押方式，例如基于预期收入或仓单的抵押，以减少抵押品缺乏所造成的农业贷款不足；利用一些间接补贴手段（如导向性政策、产品推广、促进公共部门金融机构发展等）强化对贷款的支持。

此外，支持价值链金融的发展，利用价值链金融手段帮助农业生产各个环节的参与者更有效地合作和连结、分散风险、提高竞争力；在基础设施建设、农业科技的研发和推广等方面进行长期、稳定的投入，确保农业领域资金充足、持续发展。

在农业金融体系建设方面，建立专门部门负责农业金融系统的规则制定及其发展方向；为金融系统内的各部门明确职责和分工；鼓励服务农业金融的银行机构扩大网点分布；为农业金融建立全面的法律法规，确保政策性资金的有效使用。

第23章

国家现代农业示范建设状况与成效

23.1 国家现代农业示范区的提出

2009 年 7 月农业部提出，在全国范围内创建一批国家级现代农业示范园区，以在工业化、城镇化进程中，同步推进农业现代化建设。按照规划编制科学、主导产业清晰、建设规模合理、基础设施良好、科技水平先进、运行机制顺畅六项基本条件，2010 年 8 月农业部认定北京市顺义区等 51 个县（区、市、垦区）为首批国家现代农业示范区。2012 年 1 月农业部认定北京市房山区等 101 个市（地）、县（区）、镇为第二批国家现代农业示范区。2015 年 1 月，在省级农业主管部门竞争性选拔和省级人民政府同意的基础上，经农业部常务会议审议，确定 157 个市（州）、县（区、旗、场）为第三批国家现代农业示范区。与前两批示范区已认定的部分重合县市合并后，国家现代农业示范区总数达到 283 个。[①] 目标是打造一批符合区域实际、发展理念超前、物质装备完善、科技水平先进、经营方式创新、新型农民培养成效显著的现代农业发展的先行区，充分发挥典型示范和辐射带动作用，形成引领区域现代农业发展的有力引擎，为区域现代农业建设积累经验、提供示范探索一条路子。

---

① 国家现代农业示范区达 283 个 ［EB/OL］. 中华人民共和国农业农村部网站，2015 – 01 – 23.

23.2 国家现代农业示范区的普遍做法

按照农业部的部署，在示范区建设中，各地普遍采取以下做法。

坚持规划引领，科学确定发展思路，合理布局发展区域，有针对性地制定发展扶持政策。创新体制机制，以培育种养大户、家庭农场、农民合作社等新型经营主体为重点，加大改革力度，为示范区建设提供强大动力。加大资金投入，积极安排专项资金，整合使用现有财政支农强农投入，引导金融资本和社会资本广泛参与。推进融资多元化，争取金融资本和社会资本对示范区发展进行支持，创新投融资模式，探索破解农村金融服务"瓶颈"的有效途径。构建现代农业发展支持保护体系，研究制定了推进现代农业建设的奖励政策和扶持办法，壮大主导产业，培育经营主体，优化产业体系。逐步建立起"目标考核、动态管理、能进能退"的管理机制。不断建立健全农村土地经营权的流转机制，推进土地的转包、转让、互换、出租、股份合作，盘活土地资源，促进土地向新型主体转移。

23.3 现代农业示范区建设的典型模式

针对示范区引领了中国特色农业现代化建设的职能，各示范区根据各自资源和经济优势，在加强农业基础设施建设、推进农业技术集成化应用、构建新型农业经营体系、改善农业金融和保险服务、创新农业政策和管理服务体制等方面进行了大胆创新，积累了很多经验，涌现出六个有创新、有突破的做法经验以及可推广、可复制的建设模式。

（1）粮食产业链带动模式。粮食产业链带动模式是指围绕提高粮食生产能力，以政府为主导，积极制定和落实强农惠农政策，大力推广和应用农业新技术，积极推进农业机械化；以农民专业合作组织为主要载体，推进土地规模经营；以农业龙头企业为核心，拉长以粮食为主导的产业链条；以培育种粮大户、农机大户为重点，提高农民的经营能力和整体素质。在实现粮食稳产高产的基础上，粮食主产区通过以粮养牧、以粮兴工、以粮活商、以粮强市等多种渠道，使粮食发展带动畜牧业、农产品加工业和商贸流通业的发展，促进农业增效、农民增收和农村进步共赢。这种模式以黑龙江富锦市为代表，适用于以粮食生产为主导的现代农业示范区，同时对示范区内粮食的种植规模、农田基础设施、农业机械化水平以及粮食产业化发展均有一定要求。特别适合在中国的东北、黄淮海、长江中下游、西南西北地区等主要粮食产区推行，特别是三江平原、松嫩平原、辽河平原、华北平原以及江汉平原等粮食生产基础良好的国家现代农业示范区进行快速推广。

（2）金融服务带动模式。金融服务带动模式是指以金融支持为载体，建立和完善金融组织体系、支付体系、信用体系、保险体系、担保体系、基础金融服务体系"六大体系"，逐步破解农民贷款难、银行放贷难、农村支付结算难等农村金融服务问题。同时，加大财政投入，重点扶持打造农业特色产业，积极培育有效金融需求主体，通过整合财政与金融部门资源，搭建试点平台，构建了财政引导、金融支持、保险保障、订单营销"四位一体"的农业发展新机制，带动农户脱贫致富，促进现代农业经济的快速增长和农民收入的稳步提高。这种模式以广西田东县为代表，完全适用于全国绝大多数现代农业示范区。

（3）龙头企业带动模式。龙头企业带动型模式是指由龙头企业作为现代农业开发和经营主体，本着"自愿、有偿、规范、有序"的原则，采用"公司＋基地＋农户"的产业化组织形式，向农民租赁土地使用权，将大量分散在千家万户中的农民土地纳入企业的经营开发活动中，在基地进行农业科技成果推广和产业化开发，以此推动农业综合开发和现代农业建设。这种模式以湖北监利县为代表，一般适用于一定区域内存在具有很强区域生产带动性的龙头企业或者企业联合体的区域。

（4）园区引领模式。园区带动型模式是指立足于本区域耕地资源的约束和农业经济发展基础较好的优势，从农业的功能定位出发，以园区为抓手，以发展粮食生产和发展高效、精品、外向型农业为两个主线，以打造精品农业为主要目标，通过政府引导、企业运作，大力推进标准化生产和集约化经营，创新农业经营体制机制，充分聚集资金、人才、信息等先进生产要素的优势，突破耕地资源的约束，形成信息化、优质化和品牌化的现代农业辐射源，引领现代农业发展。这种模式以宁夏贺兰县为代表，适用于产业结构多样，致力打造小范围精品农业的示范区采用。

（5）工商资本带动模式。为促进产业集聚、探索农业生产经营新机制，引导那些已经完全或在很大程度上离农的非农户和以非农收入为主的兼业小户，在保留承包经营权的基础上，尽快离土，并通过多种措施，保障其从事土地经营的一般收益，真正实现"留权、离地、得利"。这种模式以浙江湖州市为代表，特别适用于社会经济发展程度相对较高，工商企业具有反哺农业能力和动力的东南、华南等沿海地区的国家现代农业示范区，以及内地一些资源型工业区的现代农业示范区，如山西的运城、陕西的延安。

（6）集体经济推动模式。以姜堰为代表的江苏广大地区，通过引导农民将土地承包经营权向村级组织集中流转，再通公开竞标的方式，发展规模以上的农场，来推广农业适度经营；在此基础上，政府通过鼓励和支持以村级为单位，成立经营性农业服务组织参与良种示范、农机作业、抗旱排涝、沼气维护、统防统治、产品营销等服务，通过成立生产各环节的专业合作社及"全程托管"式的一站式服务合作社来完成示范区的社会化服务体系。这种模式以江苏姜堰区为代表，特别适用于经济较为发达，集体经济实力较强的发展地区。

23.4　现代农业示范区建设的成效

黑龙江、河南、山东、四川、河北、吉林、安徽、湖南、湖北等粮食主产省份把高标准粮田建设、大力推进机械化作为突破口，粮食综合生产能力屡上新台阶；江苏、浙江、辽宁、福建、广东、海南等沿海省份将发展设施农业作为重要任务，高效农业、精品农业等现代农业新形态发展势头迅猛；甘肃、宁夏、新疆、青海、山西、内蒙古等省份结合本地实际，大力发展节水、节肥、节地的节约型农业，走出一条现代农业建设与生态环境保护并行不悖的发展道路；北京、上海、天津、宁波、大连等城市以发展都市型现代农业为重点，高科技农业、会展农业、休闲农业渐成燎原之势；重庆、云南、贵州、西藏等西南省份大力发展特色农产品，高原蔬菜、花卉、茶叶、中药材等独具地方特色农业产业不断壮大。

根据农业部现代农业示范区建设工作领导小组办公室发布《2013 国家现代农业示范区建设水平监测评价报告》，2012 年示范区旱涝保收农田面积比重达到 51.5%，农作物耕种收综合机械化水平达到 72.5%，比全国平均水平高 15.3 个百分点，农业生产方式已主要依靠现代设施和机械作业，物质装备条件加快改善；土地适度规模经营和农户参加农民合作社的比重分别达到49.6%、40.6%，农村基本经营制度加快创新，农业经营方式已初步实现专业化、合作化。根据测评报告，153个国家现代农业示范区中的14个县（市、区、垦区）已基本实现农业现代化，成为我国现代农业发展的"领头羊"。

第**24**章

现代农业示范区规划编制与执行状况

在计划经济时代，农业规划是政府对农业资源配置的主要形式。但随着市场经济体制的逐步确立，农业规划已经逐步转变为凝聚各方共识，形成发展思路、制定相应政策的工具。为此，农业农村部已将发展规划的编制确定为现代农业示范区创建的必要条件之一。尽管每个现代农业示范区的具体模式和活动将取决于当地条件，发展规划应该符合国家政策，并涵盖现代农业示范区建设的主要内容，例如，资源利用、制度创新、绩效监测和评估，以及对非现代农业示范区的外溢效应影响。各示范区必须采用参与式方法，形成反映利益相关方发展现代农业的共识、确定不同地区现代农业示范区建设要素，开发出现代农业示范区规划。在规划编制完成后并经农业农村部审核后，示范区建设要尽量按照规模内容，开展示范区建设，农业农村部要按照规划要求对示范区每年进行考核评估，对没有完成规划任务的示范区进行剔除，对做得好的地方示范区进行奖励。因此，农业规划在示范区建设中既承担了凝聚共识、细化发展任务和内容的作用，也承担着示范区业绩监督管理的职能。

项目组通过江苏姜堰区、宁夏贺兰县、黑龙江富锦市、湖北监利市和广西田东县的调查发现，国家现代农业示范区都高度重视规划的编制和执行，对现代农业示范区建设起到了积极作用，但也存在很多有待进一步改进的地方。

24.1 示范区规划编制情况

规划的规范性较好。多数示范区都委托了有资质的专业机构来进行规划编制工作，个别没有委托他人编制规划的，也在请有关专家对规划进行了评审和把关。农业农村部向各示范区下发了统一的规划编制参考大纲，有效提高了规划内容的完整性和规划表现的规范性。

规划的内容符合实际。对当地农业发展的现状进行了深入的了解和分析，表现为规划主导产业的选择、区域布局的安排以及推进措施的建议等都比较符合示范区农业发展的客观实际，对当地现代农业发展优势的把握和存在问题的诊断也都较为准确。

体现了示范区建设的总体要求和政策导向。每个规划都突出体现了"高产、优质、高效、生态、安全、持续"的现代农业发展的总体要求，体现了确保粮食安全、狠抓质量安全、有效保护土地、注重节约资源等的基本导向，在一些量化指标的设计上，不仅有总量的要求，还有分阶段性分解以及分层级的细化与平衡。

注意与其他规划的衔接。大部分规划都注意了与示范区现代农业发展有关规划的衔接和呼应，使得示范区规划的定位基本准确，相关条件和发展要求的分析基本到位。

但规划编制的水平有较大差异，部分地区为了严密契合现代农业示范区申报规定的要求，生搬硬套农业农村部下发的规划编制提纲，使其农业的特点和个性没有在规划中得到恰如其分的反映与表达，从而给后期实施带来困难和问题；大部分规划没有及时对规划进行必要的修订，使规划内容落后于形势的发展，不能有效发挥其引领和规范作用，个别地方存在规划变更太过随意的现象，领导的一句话、政府的一个决定就能改变规划走向，规划的严肃性、连续性遭到损害。

24.2　示范区规划执行及效果评价

示范区规划落脚点最终都在建设项目和优惠政策两方面，实施情况参差不齐。规划多以发展为导向，有重点建设项目，并以此为抓手带动区域的发展；相关优惠政策的配置，地区优惠政策成为规划的核心。规划的实施带动重大项目部署，为地区发展构建平台，增强地区政策吸引力，为区域招商引资和区域合作创造重要前提，带动区域经济增长，培育新的经济增长极，提高了区域经济一体化程度，有效缩小了我国城乡差异。

但仍存在着以下问题：示范区规划执行缺乏统筹考虑，容易出现宏观导向作用不强，政策优势泛化；规划的整体趋同性仍然很高，会造成地方很多发展项目类似，会带来同质竞争和资源浪费；规划给地方赋予了较多的区域优惠政策，间接上使区域发展与市场轨道偏离；规划编制主管部门往往涉及多个部门，缺乏统筹协调，各职能部门协同不够，影响规划实施效果；在规划体系地位上就属于非国家法定规划，规划虽属于国家战略，但无法律效力，带来了实施落实的随意性，影响区域政策的权威性和持续性；规划编制尚未形成系统的标准和规范，科学性不足；不同省份地区仍然会各自为政，缺乏有效协调。

24.3   示范区规划编制规范与执行的改进方向

24.3.1   规划编制方面

遵循自然规律、经济规律和社会发展规律，深入调研，掌握第一手资料；充分反映民情、民意，坚持科学化、民主化；改变以往规划无所不包、涉及领域过宽的状况，突出政府公共职责，把规划重点放在需要政府扶持调控的领域；规划选题、编制、衔接、审批和执行都应严格遵循既定的程序规则。

示范区建设规划由所在县（市）政府组织编制，农业农村部门具体负责。涉及某一专业领域的内容，由负责该项业务的部门参与编制；严格按照规划正文和规划说明基本内容安排规划文本；严格按照前期工作、起草论证、审查发布三个阶段规划编制程序编制；文字准确精练、通俗易懂。

把规划编制与推进行业与区域发展有机结合，切实加强前期调研、基础材料搜集等各项工作；提高决策科学化、民主化水平，建立规划编制专家支持系统，利用卫星遥感技术、经济模型等进行规划目标测算，不断创新规划编制方式；将规划编制前期工作经费、论证经费和评估经费，列入年度预算；采用定性定量相结合和动态分析方法；适时对规划进行适当优化调整；注重公众参与，提升公众对规划认知度、参与度和支持度。

24.3.2　规划实施方面

提高规划实施的法律保障，严格遵循法律及其实施细则的相关规定；加强制度建设，完善规划审批制度，确定和维护规划的权威性，加大规划的执行力度；加强规划科学研究，健全规划管理体制，使不同行业、不同部门的规划能够有效衔接和统一；加强规划实施考核，建立健全考核办法，对各地示范区建设规划的实施情况进行综合考评。

第 25 章

.....

金融支持建设现代农业示范区的典型做法

25.1 中国农村金融的总体概况

（1）我国基本建立起政策金融、商业金融、农村合作金融等功能有别的农业和农村金融体系。从 20 世纪 90 年代前期我国启动农业金融领域的改革至今，中间历经中国农业发展银行成立（1994 年）、农村信用合作社与中国农业银行脱钩（1996 年）和股改、允许在农村试点地区设立"村镇银行"、"贷款公司"和"农村资金互助社"等新型农村金融机构（2005 年）、中国邮政储蓄银行正式挂牌成立（2007 年初）、农业银行成立三农事业部（2013 年）等标志性改革，实现了农业政策性金融业务与商业性金融业务分离和金融组织体系建设的不断完善，目前业已形成政策性金融、合作性金融、商业性金融相结合的农业和农村金融体系。

（2）我国农业和农村金融服务以正规金融机构为主要供给主体，但民间借贷的地位和影响不容忽视。在我国农业和农村金融组织体系中，作为农村正规金融主体的农村信用合作社，在提供农业和农村金融服务方面发挥了最广泛和最重要的作用。此外，以金融服务社、基金会、私人钱庄和各种成会等组织形式存在的民间金融机构，有效弥补了正规金融制度供给与制度需求之间的缺口。

（3）中国农业农村金融发展中存在供给不足、便利性差、持续性不强等问题。虽然我国农业和农村金融服务取得了很大进展，但仍有诸多技术性不足和制度性缺陷，具体表现为覆盖力度不足、金融机构的非农化倾向较强、金融运营效率低下、供需不平衡。

25.2　新型经营主体金融需求分析

随着农村第一、第二、第三产业的融合发展，农户生产经营范围和规模不断扩大、农村企业和农业企业持续壮大，私营经济和股份经济成分的增加，都提出了新的融资服务需求。通过种养大户、家庭农场和涉农企业的问卷调查发现，其需求特点有以下四个方面。

（1）农业贷款难，农业类企业的流动比率过低（0.42），对企业的日常运营和偿付能力存在明显的不利影响。2013 年，我国农业食品加工业、食品制造业和饮料制造业的流动比率分别为 1.22、1.26 和 1.26，样本企业平均流动比率则为 1.15。调研的示范区样本企业中，制造业企业（1.20）和商业企业（1.22）比较接近，但是，农业类企业的流动比率过低（0.42），对企业的日常运营和偿付能力存在明显的不利影响。这从结果角度印证了农业贷款难。我们在样本现代农业示范区调研中，种养大户有 72.2% 认为难以及时获得正规金融机构融资，贫困户、小农户贷款更难。

（2）资金供需普遍存在缺口，解决资金缺口的途径因产业而不同。在受访并反馈信息的 37 家样本企业中，同样按照种植养殖、农产品制造、农产品及生产资料流通进行分类，分别为 8 家、21 家和 8 家。在贷款需求方面，29 家企业表示，近三年存在资金缺口，解决资金缺口的途径比较多元化，但最主要的途径均倾向于金融机构贷款。三类企业中农产品制造业企业对私人资本投入和企业间融资的倾向性更为明显，而流通类企业则倾向于民间借贷。企业贷款的运用方向基本一致，基本建设和技术改造仍然是企业贷款的主要动因，唯制造业企业在流动资金方面对银行贷款的依赖性较大。

（3）贷款难仍是企业的主要反映，解决抵押品缺乏是一致的迫切要求。虽然样本企业最主要的资金融通渠道是正规金融机构，但同时对获取银行贷款存在一定难度表示认同，37 家企业中 15 家认为比较困难或十分困难，比例高达 41%，其中又以种植养殖业为甚，8 家此类企业中 6 家表示比较困难或十分困难。关于贷款困难的原因，受访者对金融机构网点分布和利率没有太多的反映，但其中 20 家企业表示金融机构的贷款条件过于苛刻（54%），与调研座谈中企业对解决抵押品缺乏的迫切要求一致。

（4）样本企业在融资渠道、融资方式、支持方式上，分别呈现出一定偏好。根据经营感受，样本企业对融资需求及如何改善金融服务表达了自身的想法。多数企业（62.2%）表示金融机构贷款仍将是未来的主要融资途径，同时对国家财政支持表现出了较大希望（18.9%）；在期望的融资方式方面，样本企业强烈希望能够采用信用贷款的方式（87.5%）；在融资支持方式方面，样本企业更多的选择贷款贴息业务（73.0%）。

25.3　金融支持现代农业发展的典型模式

近年来，金融机构主管部门针对农业新型经营主体出台相关金融支持政策，在中国人民银行、中国银监会的指导下，多地结合实际积极探索农村金融产品与服务创新，形成多样化的金融支持现代农业的典型模式。

（1）农民财产权的抵押、担保贷款。以重庆、福建、吉林梨树、山东寿光等地为代表探索开展了以农地经营权、林权、土地收益等为对象的抵押、担保贷款试点探索。

（2）"政银保"联动，组合式贷款。广西田东县在加强当地基层乡镇、主要行政村农村金融基础设施建设前提下，以较小额度财政投入为撬动，搭建起"一室一权一评级"的农村金融服务支撑体系，构建了"保险 + 担保 + 支付"三位一体的金融服务"三农"机制，形成可复制、易推广、能持续的"田东模式"。

（3）专业合作社联保贷模式。以北京为代表，一种是合作社联保贷，是指不少于三个农民专业合作社自发组织成联保小组，小组成员向农业银行申请信用，成员之间共同承担连带责任保证担保。北京联保贷贷款的对象为区县（含）级以上的示范社。另一种是合作社成员联保贷款，一般由 4~8 名社员组成联保小组，交叉循环担保，并由合作社提供保证担保。

（4）多种模式下的供应链融资。以龙江银行与中粮集团打造供应链金融"五里明模式"和河南金融企业联合支持粮食产业链贷款为成功典范。优势是：银行通过签订战略协议整合和发挥了各银行资金作用；信贷资金封闭运行降低了产业链系统风险和融资风险；消除了产业链发展短板，实现对粮食生产链各环节信贷支持的无缝连接。

25.4 未来改进空间

对于农民财产权的抵押、担保贷款，若形成具有普遍推广价值的制度模式，需要跨越现有法律的制度障碍；在贷款产品设计上，要提高贷款额度，延长贷款期限。目前贷款额仅占抵押值的 30% 左右，期限一般不超过一年；在运行机制设计上，要关键解决土地经营权抵押的变现问题。

对于"政银保"联动，组合式贷款，应试点探索不同银行信贷产品与保险产品相结合的可能性。除了目前的农户以传统农业保险产品的保单作为质押，向银行等金融机构获得贷款外，还可以引入小额信贷保证保险，由农户向保险公司支付利率之外的额外费率，并以保单直接从金融机构获得贷款，保险公司承担农户违约延期还款的风险。此外，要增加政策性农业保险的扶持力度。

对于专业合作社联保贷模式，要进一步发挥政府的引领和纽带作用，转变对合作社的扶持思路，把更多的财政投入与建立激励性、约束性的机制挂钩，借助市场这只"看不见的手"进行宏观调控，比如，建立地方性的农业担保公司或者对担保公司进行保费和保险金的补贴；对合作社贷款进行贴息和担保费补贴；对开展内部资金互助的合作社进行运营管理费用的补贴等。

对于供应链融资模式，在目前我国应用的生产者驱动的产业链融资模式、购买者驱动的价值链模式外，还应结合现代农业的建设的实际情况，按照各地现代农业建设的主要带动因素，创新农业供应链融资模式，如协调组织推动的供应链融资模式，以充分调动各方资源支持农业融资。

第26章

加快示范区农业现代化的建议

26.1　土地制度

（1）推进农业现代化进程的土地流转规范管理。加强土地承包管理，做好土地承包确权登记工作。全面推广使用"示范格式文本"，促进土地流转规范化。及时调处流转纠纷，保障流转双方的权益。

（2）继续建设和完善现有的土地流转服务体系。按照"村级是重点，乡镇是关键，县级是保障"的总体思路，建设土地流转服务体系。

（3）扩大土地流转规模。积极引导从事非农产业和兼业农户将土地向专业大户、家庭农场、农业企业、农民专业合作社等新型经营主体集聚。

（4）把新型经营主体的培育工作与土地流转同步进行。加快形成土地流转吸引主体开发、主体开发带动农业发展、农业发展增加农民收入的良性循环机制。

26.2　金融制度

（1）成立促进农业金融发展办公室。建议国务院成立促进农业金融发展办公室，办公室设在农业农村部，成员单位包括：农业农村部、人民银行、银保监会、证监会、财政部、发展改革委。其主要职责包括：研究全国农村和农业金融发展的有关政策建议，以及提出按程序修改和制定有关法律法规的意见；具体指导地方农业和农村金融的发展促进工作；跟踪调研农业和农村金融的发展情况，及时发现问题并提出解决问题的措施。

（2）制定"农业和农村投资法"，强制规定全国性金融机构的分支机构或资产规模达到一定数量，必须将一定比例的资金以适当的方式用于支持农村经济的发展。放宽农业和农村金融市场的准入政策，引入多样性的金融组织，包括非政府组织的小额信贷和其他民间自发的金融合作组织。

（3）强化政策性金融的引导作用。重新对农业发展银行进行市场定位，使其成为支持农村发展的综合型政策性银行。同时要拓宽业务覆盖面。逐步开办扶贫开发项目贷款、农业综合开发贷款、农村基本建设和技术改造贷款业务。通过发行农业金融债券和建立农业发展基金，拓宽筹资渠道。

（4）引导商业银行开拓农业和农村金融业务。

26.3　科技支撑

（1）完善农业科技创新体系建设，以现有各级各类农业科研院所、农业高校为依托，创建一批农业科技创新研究平台；积极促进和推动农科教及产学研结合；加大对农业科研机构的整合力度，建立"课题来源于实际、成果应用于生产"的农业科技创新机制。

（2）加大改造农业科技推广应用体系，积极完善省、市、县、乡、村五级农业科技推广应用机制；推进基层农业科技创新与推广应用队伍改革，推进县乡农业科技推广应用机构综合办站所，实行大农业大部门制；加大培育农业科技人才队伍体系。

（3）完善农业科技创新与推广应用的投入支持机制，建立农业科技创新与推广应用投入稳定增长机制，不断提高政府财政投入的比重；加大信贷对农业科技创新与推广应用的投入，各地可建立区域性风险基金、行业性担保资金、农户信贷担保基金；加快拓宽投融资渠道；积极引导工商资本、民间资本和外资投入农业科技创新与推广应用。

26.4　基础设施建设

（1）大幅度增加政府财政投入，逐步提高中央和省级财政对农业的投入比例，明确规定新增国债的使用应尽量向"三农"领域倾斜；加快构建财政支持农业基础设施建设的稳定投入机制；发行农业基础设施建设债券；从中央层面设立农业基础设施建设专项基金。

（2）积极引入社会投资主体，政府应给予社会投资者一定的优惠和奖励政策；可以考虑运用政府投资参股、财政贴息等形式引导和吸引社会资本的进入；促成投资者和金融机构的贷款合作；鼓励国有企业、民营企业等单独或联合组建担保公司，为社会投资者提供贷款担保；政府建立健全相关的法律和规章制度，同时切实转变政府职能。

（3）明确基础设施建设重点，有选择性地建设一批农民生产和生活急需的项目，主要包括：农田水利设施，特别是大力兴建和发展小型农田水利，着力改造大中型灌区末级渠系和小型排涝设施；耕地保护与土地改良，加快农村中低产田的改造，重点支持土地整理、灾毁复垦和耕地质量建设。

（4）健全农业基础设施运行管护制度。各地区可以根据各种基础设施的产权性质、使用年限、运行管护费用、受益人管护的便利程度等因素的差异，选择契合各自实际、易于操作、较为可行的运行管护制度和管护模式。

26.5　财政支持

继续把"三农"领域作为公共财政支出和中央预算内投资的优先领域，确保投入力度不断增加，重点向主产区和优势产区集中。继续增加农业投入资金规模，完善农业财政投入管理办法，提高财政投入农业的精准性、指向性。要围绕提高粮食安全保障能力，加强以水利为重点的农业基础设施建设的投入。加大和优化财政支持力度，加快构建农业可持续发展长效机制，完善农产品市场价格和调控机制。加大对新型农业经营主体的支持力度。

26.6　资源环境保护

（1）健全环保立法，严格环保执法。建立完善的农业资源环境法律体系，包括符合可持续原则的农业基本法；在基本法之下，要加强单行法建设，建立健全农业资源环境管理制度体系。

（2）明晰农业资源产权，规范产权流转机制不规范等问题，促进农业经营行为的长期化；通过征收环境税等办法，合理化农业资源产品及农用化学品的价格。

（3）通过政府引导，推动环保内生发展。引导农民采用绿色的农业生产方式；通过建立农业生态补偿制度，激励农民维持、保育农业生态系统服务功能；通过政府购买服务方式，鼓励和扶持农民进行植树、造林、种草等有利于环境的活动；通过实施行政奖励措施，引导农民和农业生产经营组织使用环保型农用薄膜或把农田不可降解残留的薄膜回收利用。

（中国农业科学院农业经济与发展研究所研究员　王济民）

参 考 文 献

[1] [美] 爱德华·肖. 经济发展中的金融深化 [M]. 王威等译. 北京: 中国社会科学出版社, 1989.

[2] 陈柳钦. 风险之门——我国金融体系改革的启示 [J]. 科学决策, 2001 (9): 47-50.

[3] 崔慧霞. 中国农村民间金融效率分析 [J]. 经济与管理, 2006 (10): 66-70.

[4] 丁长发. 农村金融三大流派理论述评 [J]. 时代金融, 2010 (3): 26-29.

[5] 高常胜. 加快推进国家现代农业示范区建设 [J]. 实践 (思想理论版), 2013 (4): 25-26.

[6] 高云, 詹慧龙, 陈伟忠. 国家现代农业示范区竞争力理论研究 [J]. 湖南农业科学, 2013 (1): 136-139.

[7] 高云, 詹慧龙, 陈伟忠. 国家现代农业示范区运行机制研究 [J]. 农业经济, 2013 (4): 9-11.

[8] 韩俊. 推进农村金融体制的整体改革 [J]. 中国金融, 2003 (17): 16-17.

[9] [美] 雷蒙德·W. 戈德史密斯. 金融结构与金融发展 [M]. 浦寿海等译. 上海: 上海三联书店、上海人民出版社, 1995.

[10] 李海峰. 农村金融发展文献简述 [J]. 经济视角 (下), 2011 (2): 81-83.

[11] 李丽纯. 后现代农业视角下的中国农业现代化效益水平测评 [J]. 农业经济问题, 2013, 34 (12): 7-14, 110.

[12] 厉为民. 主导世界农业发展的三个模式 [J]. 紫光阁, 2011 (2): 29-31.

[13] 凌涛. 探索农村金融改革新思路——也谈我国农村信用合作社体

制改革的争论 [J]. 金融研究, 2001 (7): 60-66.

[14] 楼裕胜. 农村金融与非正规金融对农村经济增长影响的比较研究 [J]. 中南大学学报: 社会科学版. 2009 (2): 235-241.

[15] 吕春生, 王道龙, 王秀芬. 国外农业保险经营主要模式 [J]. 农村经营管理, 2011 (11): 48.

[16] 人民银行成都分行课题组. 美国家庭农场融资体系发展及启示 [N]. 金融时报, 2014-01-02.

[17] 帅勇. 金融深化的第三条道路: 金融约束 [J]. 经济评论, 2001 (5): 94-96.

[18] 宋雅楠, 赵文, 于茂民. 农业产业链成长与供应链金融服务创新: 机理和案例 [J]. 农村金融研究, 2012 (3): 11-18.

[19] 谈儒勇. 金融发展理论与中国金融发展 [M]. 北京: 中国经济出版社, 2000.

[20] 王东祥. 加快浙江现代农业发展应综合施策 [J]. 浙江经济, 2013 (24): 12-13.

[21] 王蕙. 中粮集团打造农业供应链金融模式 [J]. 农经, 2013 (7): 64-65.

[22] 王建生. 加拿大的农技推广和农村金融制度 [EB/OL]. 中国农经信息网, 2011-02-26.

[23] 王曙光. 构建真正的合作金融: 合作社信用合作模式与风险控制 [J]. 农村经营管理, 2014 (5): 11-13.

[24] 温铁军: 三农问题与世纪反思 [M]. 北京: 生活·读书·新知三联书店出版社, 2005.

[25] 温信祥. 日本农业现代化的金融视角 [J]. 中国财经信息资料, 2013 (18): 46-48.

[26] 尹成杰. 新阶段加快建设现代农业的思考与建议 [J]. 理论参考, 2013 (8): 15-17, 32.

[27] 张国亭, 中国农村金融组织体系发展研究 [J]. 经济与管理, 2008 (11): 10-13.

[28] 张鸣鸣. 新型农业经营体系和农业现代化——"新型农业经营体系和农业现代化研讨会暨第九届全国农经网络大会"综述 [J]. 中国农村经济, 2013 (12): 84-88.

[29] 赵庆国, 张志鹏. 寿光模式: 县域金融体制改革的典范 [J]. 金融经济, 2010 (8): 44 - 46.

[30] 郑泽华等. 金融抑制、金融自由化与中国的金融改革 [J]. 西南金融, 2000 (4): 32 - 35.

[31] 中国农业发展银行山东省分行课题组. 加入 WTO 后我国农业政策性金融发展战略研究 [J]. 农业经济问题, 2001 (7): 43 - 47.

[32] 中国银行业监督管理委员会. 中国银行业农村金融服务分布图集 [EB/OL]. 中国银行保险监督管理委员会网站, 2008 - 08 - 05.

[33] 周立. 中国农村金融: 市场体系与实践调查 [M]. 北京: 中国农业科学技术出版社, 2010.

[34] 周脉伏, 徐进前. 信息成本、不完全契约与农村金融机构设置——从农户融资视角的分析 [J]. 中国农村观察, 2004 (5): 38 - 43.

[35] 朱琴华, 陈利, 沈小婷. 农业生产与农业生态环境和谐发展的路径探讨——以江苏省为例 [J]. 财贸研究, 2013, 24 (6): 56 - 61.

[36] 朱绪荣, 邓宛竹. 现代农业示范区主导产业规划方法研究 [J]. 中国农学通报, 2013, 29 (2): 44 - 51.

[37] 邹武平. 银行供应链金融业务风险及其防范 [J]. 网络财富, 2009 (16): 47 - 48.

[38] Agr. gc. ca.. AgriInsurance program-agriculture and agri-food Canada (AAFC) [EB/OL]. 2009. https: //agriculture. canada. ca/en/agricultural-programs-and-services/agriinsurance-program.

[39] Ahrendsen B L, Dodson C B, Dixon B L, Koenig S R. Research on USDA farm credit programs: past, present, and future [J]. Agricultural Finance Review, 2005, 65 (2): 165 - 181.

[40] Alston J M, Pardey P G, Smith V H. Financing agricultural R&D in rich countries: what's happening and why [EB/OL]. Washington D. C., U. S. http: //www. ifpri. org/sites/default/files/publications/eptdp29. pdf, 1997, September.

[41] Bai M. The netherlands: value chain of innovative agriculture [J]. Agricultural Economics, 2011, 11: 74 - 76.

[42] Bai Q, Xu A, Wang X. Comparison of policy-based financial systems in different countries [M]. Beijing: China Finance Press, 2006.

[43] Bao Z. Experience of agricultural modernization abroad [J]. World

Economics and Politics Forum, 2008, 5: 20.

[44] Barry P J. Industrialization of US agriculture: policy, research, and education needs [J]. Agricultural and Resource Economics Review, 1995, 24 (1): 128 – 135.

[45] Barry P J. Needed changes in the farmers home administration lending programs [J]. American Journal of Agricultural Economics, 1985: 67 (2): 341 – 344.

[46] Barry P J, Robison L J. Agricultural finance: credit, credit constraints, and consequences [J]. Handbook of Agricultural Economics, 2001 (1): 513 – 571.

[47] Benin S, Mogues T, Cudjoe G, Randriamamonjy J. Public expenditures and agricultural productivity growth in Ghana [R]. International Association of Agricultural Economists 2009 Conference, 2009: 16 – 22.

[48] Binswanger H P, Deininger K, Feder G. Agricultural land relations in the developing world [J]. American Journal of Agricultural Economics, 1993, 75 (5): 1242 – 1248.

[49] Campaigne J. Case Study 4. DrumNet and technological innovations [M] // C Miller, L Jones. Agricultural value chain finance: tools and lessons. Food and Agriculture Organization of the United Nations and Practical Action Publishing Ltd, 2010, 126 – 137.

[50] Campion A. Agricultural value chain finance in Peru [R]. the Latin American Conference, 2010.

[51] Canada Co-operative Association. Briefing on the new Canadian Agricultural Loans Act [R]. 2019.

[52] Carter M. Designed for development impact: Next-generation index insurance for smallholder farmers [M] // C Churchill, M Matul. Protecting the poor a microinsurance compendium Volume II. Geneva: International Labor Organization, 2012.

[53] Cerny P. The deregulation and re-regulation of financial markets in a more open world [M] // Cerny. Finance and world politics: marktes, regimes and states in the post-hegemonic era. Aldershot, Hants: Edward Elgar, 1993.

[54] Chakravathy K, Poosapati R. Case Study 5. Integrated agro food parks:

avenues for sustainable agricultural development in India [M] // C Miller, L Jones. Agricultural value chain finance: tools and lessons. Food and Agriculture Organization of the United Nations and Practical Action Publishing Ltd, 2010, 137 – 145.

[55] Cheng S. Reform and development: advancing rural finance in China [M]. Beijing: Economic Science Press, 2005.

[56] Chimhowu A. Aid for agriculture and rural development in the global south: a changing landscape with new players and challenges [R]. WIDER Working Paper No. 2013/014. UNU-WIDER, 2013.

[57] Chite R M. The 2014 Farm Bill (P. L. 113 – 79): summary and side-by-side [R]. CRS report R43076. Congressional Research Service, 2014.

[58] Coleman W D. Financial services, globalization, and domestic policy change: a comparison of North America and the European Union [M]. Basingstoke: Macmillan, 1996.

[59] Coleman W D, Grant W P. Policy convergence and policy feedback: agricultural finance policies in a globalizing era [J]. European Journal of Political Research, 1998, 34 (2): 225 – 247.

[60] Cook M L. The future of U. S. agricultural cooperatives: a neo-institutional approach [J]. American Journal of Agricultural Economics, 1995, 77 (5): 1153 – 1159.

[61] Cui K, Jiang H. Four models and experience for agricultural modernization in China [J]. Technology and Economics, 2010 (2).

[62] Dimitri C, Effland A, Conklin N. The 20th century transformation of U. S. agriculture and farm policy [J]. Economic Information Bulletin, 2005 (6).

[63] Dodson C B, Koening S R. The Farm Service Agency's limited resource interest rate program in the 1990s [R]. Agricultural Income and Finance, Situation and Outlook Report, USDA/Economic Research Service, Washington, DC. 1997.

[64] Dolan J A, Collender R N. Agricultural banks and the federal home loan bank system [J]. Agricultural Finance Review, 2001, 61 (1): 58 – 71.

[65] DRC (Development Research Center of the State Council), Rural Economics Research Office. Research on agricultural modernization with Chinese char-

acteristics [M]. Beijing: China Development Press, 2012.

[66] Evenson R E, Gollin D. Contributions of national agricultural research systems to crop productivity [J]. Handbook of Agricultural Economics, 2007 (3): 2419 - 2459.

[67] Fan A. Experience and lessons from cooperative banks' service for rural finance in the Netherlands [J]. Rural Finance Research, 2009 (11): 22.

[68] FAO. Bulgaria: bank lending to small and medium sized enterprises in rural areas: an analysis of supply and demand [EB/OL]. 2005. http: //www. fao. org/3/a - af097e. pdf

[69] FAO. Collateral in rural loans [EB/OL]. 1996. http: //www. fao. org/fileadmin/user_upload/ags/publications/collateralreport_e. pdf. 1996.

[70] Fleisig H. The power of collateral [J]. Public Policy for the Private Sector, 1995, 43.

[71] Green G P. Finance capital and uneven development [M]. Boulder, CO: Westview Press, 1987.

[72] Guanziroli C E, Americo Basco C. Managing agricultural insurance in Brazil [J]. Comuniica Magazine, 2008.

[73] Hazell P, Anderson J, Balzer N, Hastrup Clemmensen, A Hess, U. Rispoli F. The potential for scale and sustainability in weather index insurance for agriculture and rural livelihoods [R]. Rome: International Fund for Agricultural Development, World Food Programme, 2010.

[74] Hellmuth M E, Osgood D E, Hess U, Moorhead A, Bhojwani H. Index insurance and climate risk: prospects for development and disaster management [R]. 2009.

[75] Helmberger P G, Hoos S. Cooperative enterprise and organization theory [J]. Journal of Farm Economics, 1962 (44): 275 - 290.

[76] Hill R V. Innovations in insuring the poor [R]. International Food Policy Research Institute, 2009.

[77] Hishamunda N, Manning P. Promotion of sustainable commercial aquaculture in Sub-Saharan Africa-Volume 2: Investment and economic feasibility [EB/OL]. FAO, Rome, 2002. http: //www. fao. org/docrep/005/Y4206E/Y4206E00. HTM.

［78］Huang J, Wang X, Zhi H, Huang Z, Rozelle S. Subsidies and distortions in China's agriculture: evidence from producer-level data ［J］. Australian Journal of Agricultural and Resource Economics, 2011, 55 (1): 53 – 71.

［79］Huffman W. Modernizing agriculture: a continuing process. Staff General Research Papers 1381 ［D］. Iowa State University, Department of Economics, 1998.

［80］Höllinger F, Rutten L, Kiriakov K. The use of warehouse receipt finance in agriculture in transition countries ［R］. FAO Investment Centre, 2009.

［81］Ingalsbe G, Groves F. Historical development ［J］. Cooperatives in agriculture, 1989, 106: 110 – 11.

［82］Islam N. Foreign aid to agriculture: review of facts and analysis ［R］. IFPRI Discussion Paper 01053. IFPRI, 2011.

［83］Iturrioz, Ramiro. Agricultural insurance. Primer Series on Insurance ［EB/OL］. 2009. http: //documents. worldbank. org/curated/en/2009/11/14357033/agricultural-insurance.

［84］Jaffee S, Siegel , Andrews C. Rapid agricultural supply chain risk assessment: a conceptual framework ［R］. Agriculture and Rural Development Discussion Paper, 2010, 47.

［85］Ji L, Wang H. Analysis and experience of agricultural investment in the U. S. , France and Japan ［J］. World Agriculture, 2014 (1).

［86］Jiang H, Xin L. Thoughts and practices for agricultural modernization in China ［M］. Beijing: China Agriculture Press, 2009.

［87］King R P, Venturini L. Demand for quality drives changes in food supply chains ［J］. New Directions in Global Food Markets, 2005, 794.

［88］LeCourtois E, Olofsson A. Case Study 2. Producer-driven financing of farm inputs: Niger informal inventory credit ［M］// C Miller, L Jones. Agricultural value chain finance: tools and lessons. Food and Agriculture Organization of the United Nations and Practical Action Publishing Ltd, 2010: 100 – 107.

［89］Li J G. International comparison and experience on financial support for agricultural modernization ［J］. Xinjiang Finance and Economics, 2007 (4): 55 – 58.

［90］Li J M. Experience from value chain operations in foreign countries

[J]. New Countryside, 2007 (5): 33.

[91] Li S, Zuo Z, Li B, Nong T, Chen B. Research report on the public finance and related economic system in Japan [EB/OL]. Chinese Department of Public Finance, 2012. http: //nfb. mof. gov. cn/mofhome/tfs/zhengwuxinxi/faguixinxifanying/200910/t20091029_225138. html.

[92] Liu W. Practice and lessons from the development of rural finance in Japan [J]. World Agriculture, 2013 (1): 6 –9.

[93] Liu X. Experience from the agricultural insurance system in the U. S [J]. Chinese Economics and Trade, 2004 (22): 46 –47.

[94] Lv C, Wang D, Wang X. Main models of agricultural insurance operations in foreign countries [J]. Rural Management and Operation, 2011 (11): 48.

[95] Ma J, Zhang Y, She C. Value chain finance innovations and case studies based on the development of contract farming [J]. Rural Finance Research, 2011 (7): 11 –17.

[96] Mahul O, Stutley C J. Government support to agricultural insurance: challenges and options for developing countries [J]. World Bank Publications, 2010.

[97] Marangu K. Kenya BDS program, experience in value chain facilitation [R]. the AFRACA Agribanks Forum, 2007.

[98] Martinez E. Banorte Banca agropecuaria [R]. the Latin America Conference, 2006.

[99] Mellor J W. The economics of agricultural development [M]. Cornell University Press, 1966.

[100] Meyer R L. Subsidies as an Instrument in agriculture finance: a review [EB/OL]. 2011, https: //openknowledge. worldbank. org/handle/10986/12696.

[101] Miller C, Jones L. Agricultural value chain finance: tools and lessons [R]. FAO, 2010.

[102] Miller C. Agricultural value chain finance strategy and design [R]. The International Fund for Agricultural Development, 2012.

[103] Miranda M J, Farrin K. Index insurance for developing countries [J]. Applied Economic Perspectives and Policy, 2012, 34 (3): 391 –427.

[104] Mogues T, Yu B, Fan S, McBride L. The impacts of public investment in and for agriculture (No. 01217) [R]. IFPRI Discussion Paper, 2012.

[105] Myint K. Value chain finance [R]. Asia International Conference, 2007.

[106] Nie F, Xu W. Enlightenment on rural finance reform in China from the development of agricultural associations in Japan [J]. Agricultural Economics, 2008, 1: 73 - 74.

[107] Nyoro J. Financing agriculture: historical perspective [R]. the AF-RACA Agribanks Forum, 2007.

[108] OECD. Agricultural insurance schemes [EB/OL]. 2008. http://ec. europa. eu/agriculture/analysis/external/insurance/existing_en. pdf.

[109] OECD. Capital and finance in agriculture, Vol 1 [R]. 1970.

[110] Peoples K L, Freshwater D, Hanson G D, Prentice P T, Thor P. Anatomy of an American agricultural credit crisis: Farm debt in the 1980s [M]. Lanham, MD: Rowan & Littlefield, 1992.

[111] Platteau J P. Formalization and privatization of land rights in sub-Saharan Africa: a critique of current orthodoxies and structural adjustment programmes [R]. London School of Economics: London Suntroy and Toyota Centres for Economics and Related Disciplines DP No. 34, 1992.

[112] Quirós R. Agricultural value chain finance [J]. Food and Agriculture Organization, 2011.

[113] Rao K N. Index based crop insurance [J]. Agriculture and Agricultural Science Procedia, 2010, 1: 193 - 203.

[114] Ridler N, Hishamunda N. Promotion of sustainable commercial aquaculture in sub-Saharan Africa, Volume 1 [R]. Policy Framework, 2001.

[115] Roberts R A J. Insurance of crops in developing countries [R]. Rome: FAO, 2005.

[116] Rutten L. Innovative agricultural finance and risk management strengthening food production and trade in the transition region [R]. Working Paper, FAO, 2012.

[117] Schickele R. Agricultural policy: farm programs and national welfare [M]. New York: McGraw-Hill, 1978.

［118］Schultz T W. Transforming traditional agriculture ［M］. Transforming Traditional Agriculture Chicago: University of Chicago Press, 1983.

［119］Sexton R J. A perspective on hemberger and hoos' theory of cooperatives ［J］. Journal of Cooperatives, 1995 (10): 92 – 99.

［120］Shwedel K. Value chain financing: a strategy for an orderly, competitive, integrated market ［EB/OL］. 2007. www. ruralfinance. org/id/54079.

［121］Song Y, Zhao W, Yu M. Development of agricultural value chain and innovations of value chain finance: mechanism and case study ［J］. Rural Finance Research, 2012 (3): 11 – 18.

［122］Stam J M, Koenig S, Gale H, Bentley S. An analysis of farm financial stress, farm exits, and public sector assistance for the farm sector in the 1980s ［R］. Agricultural Economic Rep. , No. 645. USDA/Economic Research Service. Washington, DC, 1991.

［123］Stiglitz J E. China: Towards a new model of development ［J］. China Economic Journal, 2008, 1 (1): 33 – 52.

［124］Stiglitz J E. Rethinking development economics ［J］. The World Bank Research Observer, 2011, 26 (2): 230 – 236.

［125］Turvey C G. Biography: agricultural finance review ［J］. Agricultural Finance Review, 2009, 69 (1): 5 – 14.

［126］Turvey C G. Policy rationing in rural credit markets ［J］. Agricultural Finance Review, 2013, 73 (2): 209 – 232.

［127］USDA. About the Risk Management Agency ［EB/OL］. 2013. http: //www. rma. usda. gov/pubs/rme/aboutrma. pdf.

［128］U. S. Agency for International Development (USAID). A fresh look at rural and agricultural finance ［EB/OL］. RAFI Notes, Issue 1, 2005a, http: // www. microlinks. org/sites/microlinks/files/resource/files/ML3293_rn__1_a_fresh_ look_at_raf. pdf.

［129］U. S. Agency for International Development (USAID). Value chain finance ［EB/OL］. RAFI Notes, Issue 2, 2005b, http: //www. value-chains. org/ dyn/bds/docs/499/USAID% 20AMAP% 20Value% 20Chain% 20Finance% 202005. pdf.

［130］U. S. Department of Agriculture (USDA), Farmers home administration. a brief history of farmers home administration [R]. Washington, DC: USDA, 1985.

[131] U. S. General Accounting Office. Farmers Home Administration: billions of dollars in farm loans are at risk [R]. Washington, DC: USGAO, 1992.

[132] Wang X, Song L. Experience and lessons from the transformation of operation mechanism of rabobank in the netherlands [J]. China Rural Credit Cooperation, 2008 (4): 74 – 76.

[133] Weber R. & Musshoff O. Can flexible microfinance loans improve credit access for farmers? [J]. Agricultural Finance Review, 2013, 73 (2): 4 – 4.

[134] Wenner M. D. Agricultural insurance revisited: new developments and perspectives in Latin America and the Caribbean [R]. Inter-American Development Bank, 2005.

[135] World Bank. World development report 2008: agriculture for development [R]. The World Bank, Washington D. C. , 2008.

[136] World Bank. China: innovations in agricultural insurance, technical annexes [R]. Washington, DC. 2007.

[137] Zamora E, Miller C. Case Study 3. LAFISE Group: integrated financial instruments and value chain services [M] // C Miller, L Jones. Agricultural value chain finance: tools and lessons. Food and Agriculture Organization of the United Nations and Practical Action Publishing Ltd, 2010: 108 – 114.

[138] Zeller M. A comparative review of major types of rural microfinance institutions in developing countries [J]. Agricultural Finance Review, 2006, 66 (2): 195 – 213.

[139] Zhang H. Comparison of investment and financing systems in foreign agriculture and their enlightenments for China [J]. Asian Social Science, 2009, 5 (12): 60 – 64.

[140] Zhang L. Research on the development of agricultural insurance in developed countries [J]. World Agriculture, 2012 (9): 18 – 21.

[141] Zhang X. The early rural land finance system and its enlightenments in the U. S. [J]. Rural Economy, 2007 (4): 126 – 129.

[142] Zhang X, Pan Y. International practices and experience for China on

agricultural weather index insurance [J]. Social Sciences, 2010 (1): 58 –63.

[143] Zhang X, Xie P. The realization path of Japan's agricultural moderni-zation and its precious experience for China [J]. Asian Agricultural Research, 2012, 4 (12): 10 –12.

[144] Zhao W. Research on the support of public finance and policy-based agricultural finance aiming at food security and increase of farmers' income [M]. Beijing: Economics and Management Press, 2010.

[145] Zhao X. Current challenges and development choices facing rural fi-nance in China [J]. Rural Economics, 2012 (8): 66 –69.

[146] Zhou Z. Analysis on the development of catastrophe insurance in the U.S [J]. Rural Finance Research, 2010 (7): 74 –78.

[147] Zong Y, Wei Y, Shen J, Yang D, Wang H. Enlightenments for China's agricultural modernization from the experience of Japan [J]. Agricultural Economics, 2011 (4): 13 –15.

图书在版编目（CIP）数据

现代农业示范区规划建设和金融支持研究/王济民等著．
—北京：经济科学出版社，2020.12
ISBN 978 - 7 - 5218 - 2200 - 7

Ⅰ.①现…　Ⅱ.①王…　Ⅲ.①农业园区 - 规划 -
研究 - 中国②农业园区 - 金融支持 - 研究 - 中国
Ⅳ.①F324.3②F832.0

中国版本图书馆 CIP 数据核字（2020）第 254115 号

责任编辑：齐伟娜　赵　芳
责任校对：王京宁
责任印制：范　艳

现代农业示范区规划建设和金融支持研究

王济民　等著
经济科学出版社出版、发行　新华书店经销
社址：北京市海淀区阜成路甲 28 号　邮编：100142
总编部电话：010 - 88191217　发行部电话：010 - 88191540
网址：www.esp.com.cn
电子邮箱：esp@ esp.com.cn
天猫网店：经济科学出版社旗舰店
网址：http://jjkxcbs.tmall.com
北京季蜂印刷有限公司印装
710 ×1000　16 开　18.25 印张　310000 字
2021 年 12 月第 1 版　2021 年 12 月第 1 次印刷
ISBN 978 - 7 - 5218 - 2200 - 7　定价：76.00 元
（图书出现印装问题，本社负责调换。电话：010 - 88191510）
（版权所有　翻印必究　举报电话：010 - 88191586
电子邮箱：dbts@ esp.com.cn）